강박장애 극복을 위한

마음챙김 워크북

마음챙김과 인지행동치료를 통한 강박장애 극복 길잡이

Jon Hershfield · Tom Corboy 공저

최영희 · 한미리 · 신승민 · 설지환 · 최상유 공역

The Mindfulness Workbook for OCD

학지사

The Mindfulness Workbook for OCD: A Guide to Overcoming Obsessions and Compulsions Using Mindfulness and Cognitive Behavioral Therapy
by Jon Hershfield, MFT and Tom Corboy, MFT

역자 서문

역자 대표로 이 책의 서문을 쓴다. 나는 정신건강의학과 전문의로서 수련 과정 동안 정신분석적 역동치료와 정신약물치료를 배웠다. 그리고 정신사회 재활치료를 배우러 미국으로 가서 UCLA 의대 정신과의 로버트 리버만(Robert Liberman) 박사로부터 행동치료를 배웠다. 미셸 크라스크(Michelle Craske) 박사에게 공황장애의 인지행동치료를 배우고 나서, 인지행동치료의 창시자인 아론 벡(Aaron Beck) 박사와 그의 딸 주디스 벡(Judith Beck) 박사로부터 인지행동치료를 배웠다. 인지행동치료는 끊임없이 진화하면서 스키마 치료로 발전하였고, 창시자인 제프리 영(Jeffrey Young) 박사에게 스키마 치료를 배웠다. 그리고 인지행동치료는 더욱 진화하여 소위 제3의 물결로 불리는 마음챙김에 근거한 치료법들이 나오기 시작했고, 스티븐 헤이스(Steven Hayes) 박사로부터 수용전념치료를 배웠으며, 존 카밧진(Jon Kabat-Zinn) 박사에게는 MBSR을 배우면서 마음챙김의 기본을 깨달았다.

지난 30년간 인지행동치료, 스키마 치료, 마음챙김에 근거한 접근법을 임상에 적용한 경험을 바탕으로 CASH(Change and Acceptance Self Healing: 변화와 수용의 자가치유)

라 부르는 총 6회기의 초진단적 통합심리 자가치유 프로그램을 개발하였다.

다양한 강박장애 환자들을 치료한 임상 경험을 통하여, 행동치료의 직면 및 반응방지 훈련이 마음챙김 명상과 잘 어울려 강박증상을 호전시킨다는 사실을 발견하였다. 이를 좀 더 체계적으로 알릴 방법을 찾던 중, 우연히 이 책『The Mindfulness Workbook for OCD』를 발견하게 되었다. 읽어 보니 기대 이상으로 강박장애의 기존 치료법에 마음챙김을 잘 적용하는 방법들이 소개되어 있었다. 그래서 가능한 한 많은 사람이 강박장애를 극복하는 데 도움이 될 수 있도록 메타 연구소의 스태프들과 함께 번역을 시작하였다.

이 책의 저자인 존 허시필드(Jon Hershfield)는 심리치료자인데, 자신이 강박장애로 오랜 시간 고통받아 왔다고 한다. 그래서 이 책에는 자신의 강박장애 극복 경험이 잘 녹아 있다. 톰 코보이(Tom Corboy)는 LA에 강박장애 치료센터를 오픈하여 전통적인 인지행동치료에 마음챙김과 수용의 원리를 잘 통합한 심리치료 시스템을 개발해 나가던 중, 허시필드와 만나 그와 함께 강박장애에 마음챙김을 적용하는 방법을 개발하게 된 것이다.

이 책은 환자들 스스로 방법을 배워 자신에게 적용시킬 수 있도록 돕는 워크북이다. 인지행동치료, 스키마 치료, 마음챙김 접근법 모두 자가치료자를 양성한다는 점에서 이런 자조 책자는 큰 도움이 된다.

번역에 참여한 신승민, 설지환, 한미리, 최상유 선생은 모두 메타 아카데미의 통합심리 자가치유 전문가 연수 과정을 수료한 전문가들이다. 특히 신승민, 최상유 선생은 메타 연구소에서 나와 같이 진료를 하고 있는데, 통합심리 자가치유의 높은 수준에 도달한 분들로 내가 신뢰하는 치료자들이다. 한미리 선생은 어려운 여건에서도 MBSR의 교육과정을 마치고 드물게 MBSR 국제 지도자 자격을 가진 성실한 치료자이다. 설지환 선생도 정신건강의학과 개원의로 열심히 진료에 임하고 있다. 바쁜 중에도 시간과 노력을 들여 성실하게 번역 작업을 해 주신 노고에 감사드린다. 아마도 각자 이번 번역 작업을 통해 많은 것을 배우고 경험했으리라 믿는다. 또한 이 책이 출간되도록 도와주신 학지사의 김진환 사장과 백소현 차장께도 심심한 감사를 드린다.

부디 이 책이 강박장애로 고통받는 여러분들에게 극복의 희망을 줄 수 있기를 바란다.

2020년 10월 어느 날

역자 대표

회인 최영희

들어가며

『강박장애 극복을 위한 마음챙김 워크북』을 읽게 된 것을 환영한다. 이 책이 강박장애 전문가들의 치료를 대체할 수는 없겠지만, 부가적으로 치료를 돕는 중요한 도구로 이용될 수는 있을 것이다. 치료자의 안내가 있든 없든 간에 그러할 것이며, 당신이 강박장애를 지니고 있고, 정신건강 수준이 더 좋아지기를 바라며, 마음챙김의 개념을 통합하기를 원한다면 이 책이 큰 도움이 될 것이다.

이 책을 쓴 우리는 누구인가

나는 28세에 강박장애로 인해 무수히 많은 문제와 투쟁하며 삶의 위기에 이르렀고, 더 이상 혼자서는 앞으로 나아갈 수 없다는 것을 깨달았다. 당시 나는 두 가지 결정을 했는데, 그로 인해 내 삶은 영원히 바뀌게 되었다. 하나는 강박장애 전문가에게 치료적 도움을 구했던 것이고, 다른 하나는 강박장애에 대한 글을 쓰기 시작한 것이었다. 나의 치료자는 정보를 처리하는 나의 통상적인 방식에 도전하도록 가르침을 주었다. 인지치료와 행동치료, 나를 지배하는 강박장애로 인한 불편함을 수용하는 것, 이 모두를 결합시키는 것은 실로 고된 작업이었다.

강박장애에 대한 글을 쓰기 위해 내가 택한 플랫폼은 온라인상의 토론 게시판이었다. 이 게시판에서, 나는 마이클 제니크(Michael Jenike), 제임스 클레이본(James Claiborn), 조나단 그레이슨(Jonathan Grayson)을 만났다. 그리고 인지행동치료와 마음챙김에 대한 이들의 아이디어를 모으기 시작했다. 예를 들어, "당신이 그런 생각을 가지고 있다는 것만으로도 그 생각들은 중요한 것이다."라고 여기지 않기, 혹은 "불확실성이 불편하기에 불확실성은 견딜 수 없는 것이다."라고 여기지 않기 등이다. 나처럼 강박장애를 앓고 있는 동료들은 온라인상에서 자신들의 강박장애 경험을 보다 정확히 표현하는 단어를 발굴하기도 했고, 이들은 나를 고무시켰으며, 이메일이 제공할 수 있는 것 이상으로 그들에게 되돌려주고 싶게 만들었다. 내 아내와 부모님의 든든한 지지를 받으며 나는 인생의 기어를 변속할 수 있었고, 나아가 임상 심리학 석사 학위를 취득할 수 있었다. 나는 톰 코보이(Tom Corboy)가 운영하는 LA 강박장애센터에 고용된 뒤, 톰 코보이가 내담자에게 제공하는 자료들이 내가 겪어온 험난한 여정에서 도움을 받아온 바로 그 핵심 개념(인지행동치료와 마음챙김 태도에 의한 수용)을 지지하고 있음을 알게 되었고, 내가 있어야 할 적절한 자리에 내가 있다는 것을 깨닫게 되었다. 이 모든 것이 인지행동치료의 임상적 접근과 마음챙김의 더욱 개인적이고 자기성찰적인 접근을 결합하는 과제로 되돌아가도록 해 주었다.

센터에서 지내는 시간 동안, 내가 그간에 글쓰기로 만났을 뿐이었던 강박장애 내담자들을 직접 마주하며 치료 작업을 할 소중한 기회를 가질 수 있었다. 서로 다른 이야기가 수없이 흘러 나왔지만, 결국 그것은 동일한 하나의 이야기이기도 했다. 생각과 감정을 있는 그대로 수용하는 것이 얼마나 어려운지 말이다. 면담 사이사이의 시간을 이용하여 나는 내가 관찰한 패턴과 치료에서 이루어진 작업들에 대하여 블로그에 글을 썼고, 톰은 그 글들을 LA 강박장애센터 웹사이트에 실어 주었다. 이 글들이 New

Harbinger 출판사의 제스 오브라이언(Jess O'Brien)의 관심을 끌게 되었다. 그는 강박장애에 대한 마음챙김 서적의 수요를 인식하고 있던 차였다. 한 번도 책을 내어 본 적 없던 무명 저자인 내게 기회를 주고, 워크북 프로젝트를 사람들에게 전달하고자 했던 제스의 쉼 없는 노력 덕분에 이 책이 나올 수 있었다.

최근 수년 동안 치료자로서 강박장애를 지닌 사람들을 직접 도울 수 있었던 것, 열정을 지닌 강박장애 치료자 공동체의 일원이 되었던 것, 이 책을 쓰게 된 것, 이 모든 것들이 내게는 과분한 기회이기에, 깊은 감사를 드린다.

– 존 허시필드(Jon Hershfield, MFT)

내가 마음챙김과 수용의 개념을 알게 된 것은 완전히 뜻밖의 자료 때문이었다. 1989년, 나의 아버지께서 M. 스콧 펙(M. Scott Peck)의 『아직도 가야 할 길(The Road Less Traveled)』을 읽어 보라고 내게 권해 주셨다. 한 번도 들어본 적이 없는 책이었지만 나는 그 책 속의 다음의 문구를 보자마자 큰 충격을 받았다. "삶은 어렵다."(Peck 1978, 15)

그게 시작이었다. 이후에 이어지는 문구들은 더욱 도전적으로 다가왔다. "우리가 진정으로 삶이 어렵다는 것을 알게 된다면, 그리하여 우리가 진정으로 이것을 이해하고 수용할 수 있다면, 삶은 더 이상 어렵지 않게 된다."(Peck 1978, 15)

이것을 어떻게 받아들여야 할지 도무지 알기 어려웠다. 전형적인 중서부의 유년기를 보냈던 나에게 어려움이란 맞서서 정복해야만 하는 것으로 믿도록 자라왔기 때문이다. 삶이 던지는 어려움을 수용해야 한다는 개념을 즐겨 생각해 본 적도 결코 없거니와 내가 이러한 발상을 좋아할 거라는 확신도 전혀 할 수 없었다.

1990년대 초반, 나는 서던캘리포니아대학(University of Southern California)의 상담심리학 대학원을 다녔고 강박장애의 치료에 대한 논문을 쓰고 있었다. 그때까지 이 분야의 연구들은 강박장애의 치료에 있어 가장 효과적인 것이 인지행동치료라는 확정적인 결론을 내놓고 있었다. 당시, 나는 LA에서 대학원 후 과정의 인턴으로 일하고 있었는데, 한 내담자가 페마 초드론(Pema Chödrön)의 『도피하지 않는 지혜(The wisdom of No

Escape)』(1991)라는 책에서 평안을 얻는 방법을 소개해 주었다. 이 책은 인간 경험에 있어서 본질적인 고통과 불편을 마음챙김의 태도로 알아차리고 수용하는 것으로 인한 이로움에 대하여 초점을 맞추고 있었다.

때로는 교사도 학생으로부터 가르침을 얻는다. 나는 그 책을 구입하였고, 곧바로 그 책이 지닌 논리적 명료함에 깜짝 놀라고 말았다. 초드론의 기본적인 주장은 바로 이것이었다. 우리가 우리에게 다가오는 원치 않는 생각과 감정을 부인하거나 회피하는 것을 단지 멈춘 뒤, 마음챙김의 태도로 그것들을 수용하고 나아가 그것들을 통해 배우고자 하는 것을 선택한다면, 우리가 겪는 불편감이 줄어들 것이라고 말이다.

이후로 수년 동안 나는 마음챙김과 수용에 초점을 맞춘 많은 책을 읽었다. 그리고 1999년에는 LA 강박장애 센터를 설립하였다. 이 센터는 오직 강박장애와 이와 관련된 불안장애의 치료에만 특화된 사설 외래 기반 클리닉이다. 이후 우리의 치료 프로그램은 전통적인 인지행동치료와 마음챙김과 수용의 원리들을 통합하려 하는 목표에 전적으로 초점을 맞추어 왔다.

내가 존 허시필드(Jon Hershfield)를 만난 것은 2009년이었다. 그가 센터에 지원했던 것이다. 존이 매우 영리하고 동기가 충만했기에 나는 대학원 이후 과정의 인턴직에 그를 채용하였다. 존이 강박장애의 복잡한 특성들에 심오한 이해를 가지고 있다는 것이 명백했다. 나는 인지행동치료와 마음챙김과 수용의 원리를 임상적으로나 글쓰기에서나 겉보기에 별다른 힘을 들이지 않고도 수월히 통합해 내는 그의 능력에 끊임없이 강한 인상을 받았다. 쉽게 말해서 존은 이 모든 걸 완벽히 이해하는 사람이다.

이 책은 워크북으로 사용되도록 고안되었다. 강박장애의 치료를 위하여, 전통적 인지행동치료의 기법들과 다소 추상적으로 여겨지기도 하는 마음챙김과 수용의 '메타(meta)' 원리들을 잘 섞어내며 독자가 직접 해 볼 수 있는 접근법을 제공하고 있다. 삶이 당신에게 던지는 것들이 무엇이든 마음챙김의 태도로 경험하고 수용할 수 있도록 이 책이 도울 수 있기만을 간절히 바란다.

— 톰 코보이(Tom Corboy, MFT)

이 책에 관하여

이 책의 목표는 마음챙김의 개념이 강박장애 치료에 있어서 인지행동치료와 결합하여 어떻게 사용될 수 있는지를 논의하고자 하는 것이다. 인지행동치료는 현재 강박장애 치료에 가장 표준적인 치료법으로 증상 완화에 있어서 유의미하고 효과적이라는 것이 지속적으로 입증되어 왔다(Houghton et al. 2010). 실제로, 직면 및 반응 방지 기법을 사용하는 매우 짧은 단기간의 집중 인지행동치료만으로도 강박장애 증상들은 4주도 안 되어 현저하게 호전된다(Saxena et al. 2009). 마음챙김과 인지행동치료를 결합시켜 보는 하나의 탐색적 시도(Fairfax 2008)가 있었는데, 그 결과로 드러난 것은 마음챙김이 인지행동치료를 보완해 주고, 나아가 치료의 효과를 향상시킨다는 점이었다. 우리는 이 책에서 인지행동치료와 마음챙김을 활용하는 것이 치료에 어떻게 기여할지에 대하여 탐색해 보고자 한다.

이 책은 모두 3부로 구성되어 있다. 1부는 세 가지 치료 양식(마음챙김, 인지치료, 행동치료; 이 세 가지 치료 양식을 결합하여 '마음챙김 기반 인지행동치료'라고 부른다)에 대한 기초적인 이해를 하는 것에 초점을 맞추고 있다. 강박장애에 적용할 때는 각각의 치료 양식의 주요 도구들에 친숙해지는 것을 목표로 한다. 마음챙김의 태도로 알아차리기, 인지 왜곡에 도전하기, 직면 및 반응 방지 기법(ERP)이 그것이다.

2부는 강박장애에서 드러나는 강박사고의 흔한 예들을 각각 나누어 살펴본다. 그리고 각각의 다양한 강박사고들을 다루기 위해 1부에서 배운 도구를 어떻게 활용하는지 기술한다. 이 과정을 통해 강박장애가 촉발적 사고와 감정을 이용하여 어떻게 당신으로 하여금 강박행동으로 반응하도록 몰아붙이는지를 이해하는 힘을 기를 수 있다. 각 장에서는 강박사고를 다룸에 있어 명상 기법을 이용하여 당신의 사고 과정을 길잡이하는 조언들을 제공할 것이다.

3부에서는 강박장애와 함께 살아가는 과정과 강박장애를 겪고 있는 자로서 건강한 관계를 유지하기 위해 마음챙김을 이용하는 과정 등에 있어 여러 세부적인 내용을 탐색할 것이다. 또한 치료적 자원으로 추천하는 것들에 대해서도 확인할 수 있을 것이다.

숨 고르기

강박장애를 겪고 있다면, 실상 강박장애에 대해 무언가를 읽는 것이 항상 쉽지만은 않다. 이 책을 읽어가며 때로는 어떤 개념들로 인하여 촉발이 되거나 '찔리는' 느낌을 받을 수도 있을 것이다. 책을 읽는 동안 어느 정도의 속도가 당신에게 적절하든 간에, 일단 정보를 받아들여라. 그저 책이 당신에게 정보를 제공하도록 내버려 두어보고, 독서를 완수하기 위해 쉴 틈이나 여유가 필요하다면 이 또한 자신에게 허락해 보라. 앉아서 단숨에 완독한다고 해도 특별히 상을 주진 않는다. 단지 당신이 강박장애와 싸우기 위해 도구를 얻고 힘을 기르는 것이 당신에게 주는 진정한 상이 되기를 우리는 바란다.

차례

1부

마음챙김과 강박장애

●●●

강박장애는 정신의학적, 심리적 정신건강 문제로서, 평생 유병률은 약 2.3% 정도이다(Ruscio et al. 2010). 강박사고는 원치 않는 생각이 지속적으로 침투하는 것을 뜻한다. 생각 그 자체, 심상, 자극, 강한 충동, 기억 등이 모두 해당될 수 있다. 강박사고는 원치 않는 사고일 뿐 아니라, 고통을 주는 사고라고 할 수 있다. 강박행동은 이런 강박사고로 인한 고통을 줄이거나 피하기 위한 행동이며, 씻기, 확인하기와 같은 신체적 활동일 수도 있고, 재검토하기나 중화하기와 같은 정신적 조작 활동일 수도 있다. 용어에 대한 설명은 다음 장에서 더 자세히 논의할 것이다.

장애는 마땅히 있어야 할 것이 없거나, 안정적이지 못한 상태를 말한다. 즉, 제대로 작동하지 않는 상태를 '장애'라고 한다. 강박사고나 강박행동이 있다는 것만으로는 강박장애라고 진단하기 어렵다. 기능의 손상, 삶의 질 저하, 강박사고와 강박행동으로 인한 시간의 낭비라는 조건이 충족되어야만 장애로 진단될 수 있다.

당신의 강박장애

만약 강박장애와 관련된 책을 읽은 적이 있다면, 아마 다양한 사람의 사례를 보았을 것이다. 그들의 이야기를 보고, 자신의 이야기처럼 느꼈을 것이다. 당신의 이야기는 당신에게 일어났기 때문에 독특하다. 하지만 대부분, 모든 강박장애 이야기는 당신의 이야기이다.

어느 날, 어떤 생각이 떠올랐을 것이다. 그 생각은 당신의 신념에 맞지 않는 생각으로, 옳지 않은 것처럼 느꼈을 것이다. 그러나 그것은 당신의 생각이었다. 그 생각이 떠올랐을 때, 불만족스러운 수준이 아니라 심리적 고통이라고 할 수준의 감정을 경험했을 것이다. 건강하고 합리적인 사람이 고통을 제거하려고 하는 것처럼, 당신도 그렇게 하고자 했을 것이다. 하지만 고통을 제거하기 위해 찾아낸 모든 방법은 일시적으로만 도움될 뿐, 결국 더 큰 고통을 야기했을 것이다.

그 생각을 하지 않으려고 노력할수록, 그 생각이 더 많이 침투해 왔을 것이다. 스스로를 달랠수록 더 상처받고, 피할수록 더 직면할 수밖에 없었을 것이다. 그만두려 애써도 그럴 수가 없었을 것이다. 사람들이 "그냥 놓아버려."라고 말할 때, 그게 되지 않아 억울했을 것이다. 세상이 점점 더 좁아졌을 것이다. 좋아하는 것들을 보거나 떠올릴 때, 싫어하는 것들이 함께 떠오른다. 스스로를 사기꾼으로 여기기 시작했을 수도 있다.

지독한 내면의 고통을 끊임없이 경험했을 것이다. 자신을 오염되고 위험하며 일탈적이고 사랑받지 못하는 사기꾼, 다른 사람들로부터 동떨어지고 불완전하고 부도덕한 사기꾼, 통제되지 않는 사기꾼으로 바라보게 되었을 것이다.

그냥 불안한 정도가 아니다. 날카로운 무언가가 마음을 찌르는 것 같았을 것이다. 하지만 당신이 지금 엄청난 고통을 겪고 있다 하더라도, 모든 것을 잃은 것은 아니다. 이를 변화시킬 능력이 당신 안에 있기 때문이다.

1장 두뇌, 마음 그리고 당신

당신의 두뇌, 당신의 마음 그리고 당신을 구별하여 생각해 보자.

두뇌는 유기물의 물리적 집합체로, 두개골 내에 자리 잡고 있다. 다른 장기들과 같이, 두뇌는 화학적이고 전기적인 상호작용의 복합적인 단계들을 통해 여러 기능을 수행한다. 두뇌의 주된 기능 중 하나는 데이터를 조직화하는 것이다. 여기에는 생각, 감정, 신체 감각들이 포함된다. 두뇌가 데이터를 표현하는 방식은 컴퓨터가 처리장치에 0과 1의 숫자들로 데이터를 표현하는 방식과 같다.

마음은 처리장치와 같다. 마음은 데이터를 수신하여 다양한 방식으로 처리한다. 마음은 데이터를 걸러내고, 촉진하고, 거부하기도 하고, 색깔과 의미를 더하기도 한다.

당신은 그저 당신이다. 당신의 이름으로 불리는 존재이고, 마음이 데이터를 받아 무엇을 하는지 지켜보는 존재이다.

우리들 대부분은 마음으로부터 우리 자신을 분리시키는 데 어려움을 겪는다. 마음이 생각의 의미를 분석하면, 마치 우리가 그 분석에 대하여 개인적으로 책임이 있는 것처럼 여긴다. 마음챙김은 마음이 무엇을 하고 있는지 당신이 관찰할 수 있고, 당신이 그 과정에 어떻게 참여할지 스스로 결정할 수 있다는 생각에 기반을 둔 개념이다.

다니엘 시겔(Daniel Siegel 2007, 5)은 자신의 책, 『마음챙김 뇌(Mindful Brain)』에서 마음을 '에너지와 정보의 흐름을 조절하는 과정'으로 기술하였다. 마음을 뇌의 일부로 여기든, 보다 영적인 무언가로 여기든, 우리의 주된 관심사는 '마음이 무엇인가'가 아니라 '마음이 무슨 일을 하는가'에 있다. 우리가 여기서 이해하고자 하는 것은, 마음이 어떻게 강박장애 뇌, 당신과 상호작용하여 강박장애로 고통받는지에 대한 것이다.

마음챙김의 기본 개념

마음챙김은 현재 일어나고 있는 일을 있는 그대로 인정하고 수용하는 상태를 말한다. 마음챙김은 일종의 기술로서 마음이 두뇌에서 받은 정보를 가지고 무엇을 하고 있는지 알아차릴 수 있는 능력을 개발하는 것에서 시작한다. 이것은 마음이 어떤 행위를 하는지, 어떤 패턴과 경향을 가지고 있는지를 알아차리는 것이다. 강박장애를 위한 마음챙김 훈련은 당신과 당신의 마음 사이의 관계를 구축하는 것이며, 당신과 당신의 마음이 서로 협력하여 강박장애와 싸우도록 돕는다.

당신이 강박장애를 경험하고 있다면 마음이 자기 자신의 통제에서 상당히 벗어난 것처럼 느낄 것이다. 당신과 마음을 별개로 보지 않으면, 마음이 하고 있는 일을 마치 당신이 하고 있는 중이라고 느낄지도 모른다. 이것은 당신이 강박장애에 뒤따르는 침투사고들을 처리해야 할 뿐만 아니라, 생각의 내용이 얼마나 끔찍한가에 대하여 개인적인 책임도 져야 한다는 것을 의미한다. 당신은 의도적으로 끔찍한 가설적 상황들을 검토하고 예측하며, 당신이 생각한 일이 결코 일어나지 않을 것이라고 스스로를 확신시키고자 했을 것이다. 또한 안전하고 더 이상 신경 쓰지 않아도 괜찮다는 것을 스스로에게 확신시킴으로써 원하지 않는 생각에서 멀어지려고 노력했을 것이다. 하지만 효과는 없었을 것이다. 두뇌가 제시하는 것들을 마음이 받아서 처리하는 전 과정에서, 당신은 그저 노예처럼 느꼈을 것이다.

만약 마음이 무엇을 하고 있는지 잘 관찰할 수 있게 되면, 강박장애 사고를 그 생각의 내용과 별개의 것으로 바라볼 수 있게 된다. 강박장애를 가진 사람들은 마음이 생각, 감정, 신체 감각들을 있는 그대로 받아들이기보다, 그것들과 싸운다. 하지만 이는 잘못된 싸움이다. 만약 당신이, 당신의 마음이 무엇을 받아들이고 마음이 어디로 흘러가는지 관찰할 수 있다면, 자신의 강박장애 사고에 대하여 신중하게 반응할 수 있을 것이다. 두 개의 화학 물질이 만났을 때 형태가 즉각적으로 변화되는 것처럼 자동적으로 반응(react)하기보다, 대응(respond)할 수 있게 될 것이다. 강박장애에 반응하는 것은 강박행동으로 뛰어드는 것이다. 반면, 강박장애에 대응하는 것은 당신의 마음이 행하는 것을 관찰하고, 그다음 단계에서 무엇을 할지 선택하는 것이다.

현재에 머물기

만약 마음챙김 관련 책을 읽었거나 명상을 수행해 봤다면, 아마도 현재에 머물기에 대하여 들어본 적 있을 것이다. 현재에 머문다는 개념이 말도 안 된다고 느낄 수 있다. 즉, '내가 현재가 아니면 어디에 머물겠어? 난 지금 얼이 나간 상태로 여기 있다고! 한 시간 전에 병균이 묻은 것을 만진 것 같아! 1~2주 후에 병에 걸리고 말 거야! 지금 정말 최악이야!' 라고 생각할 수 있다.

이는 진짜 '현재'가 아니다. 강박장애가 일그러뜨린 버전의 '현재'이다. 이는 더 이상 존재하지 않는 과거에 대한 것이고, 이론상으로만 존재하는 미래에 대한 것이다. 다시 말해, 강박장애의 세상에서 나타나는 '가정(What if)'이지, '현실(What is)'이 아니다. 현실에서는 강박장애가 관여할 부분이 없다. 당신은 지금 그저 책을 쳐다보며 글을 읽고 있을 뿐이다. 하지만 가정 속에서는 무슨 일이 생긴 것 같거나, 생길 것 같은 두려움을 느낄 수 있다. 이런 두려움을 느낄 때, 어떤 행동을 함으로써 나쁜 일이 일어나지 않도록 막고자 하는 충동이 생길 수 있다. 이때 행하는 행동이 바로 강박행동이다.

마음챙김이란 당신의 마음을 몸 가까이에 두는 것이다. 당신의 몸은 이 책을 든 채로 의자에 앉아 있다. 당신의 마음은 이 글을 읽으며 당신과 함께 그곳에 있다. 만약 당신의 마음이 지난주에 누군가와 나누었던 대화를 다시 떠올리거나, 앞으로 다가올 사건에 대하여 생각하며 방황하고 있다면, 당신의 마음이 당신의 몸 가까이에 존재하는 것이 아니다. 강박장애가 마음을 지배하고 있는 것이다.

지금 일어나고 있는 것을 받아들이고, 진정으로 마음챙김을 한다고 해서 반드시 평화로운 느낌을 갖게 되는 것은 아니다. 불안을 느낄 수도 있다. 지금 당신이 앉은 곳에서, 당신이 경험하고 있는 생각과 감정, 감각들이 언제 사라질지, 사라지기는 할지에 대하여 알지 못할 수도 있다. 그저 현재 안에서 그것을 판단 없이 바라볼 수 있게 되고, 두려움 없이 경험할 수 있게 될 것이다. 현재에 머무르지 않고 과거나 미래를 여행하는 당신의 마음을 종종 발견하게 되는 상황을 생각해 볼 수 있는가?

지금 일어나고 있는 일을 받아들이는 것, 진정으로 마음챙김한다는 것이 반드시 평화로운 감정을 의미하는 것은 아니다. 지금 당장은 불안할 수도 있다. 지금 당신이 어디에 앉아 있는지, 당신이 지금 있는 그대로, 당신이 경험하고 있는 생각, 감정 그리고 감각들이 언제 사라질지 모른다는 것을 의미할지도 모른다.

생각은 생각일 뿐, 위협이 아니다

강박장애를 가진 사람과 그렇지 않은 사람 간의 가장 큰 차이는 생각에 대한 관점이다. 생각의 내용에는 차이가 없다. 만약 당신이 어떤 생각을 그 자체로 나쁜 생각이라고 여긴다면, 그 생각이 문제가 될 수도 있다. 생각을 나쁜 생각으로 바라보게 되는 것에는 여러 요인이 영향을 미친다. 만약 당신이 완전히 이완되었을 때 갑자기 어떤 생각이 떠올랐다면, 그 생각에 크게 주의를 기울이지 않았을 것이다. 하지만 같은 생각이라고 하더라도 불안한 상태에서 그 생각이 떠올랐다면, 끔찍한 악몽이 일어날 것 같은 경고처럼 느껴지며, 그 생각을 없애야 한다고 느낄 수 있다.

생각을 기차라고 가정해 보자. 강박장애나 다른 불안장애가 있는 사람들은 모든 사람이 승차권을 제대로 가지고 있는지 확인하기 위해 열차를 계속 멈추는 경향이 있다. 하지만 마음챙김을 할 때에는 그 기차가 지나가는 것을 그저 관찰하기만 하면 된다. 당신은 그저 출근길에 이 역을 이용하고 있을 뿐이다. 표를 잘 발행했는지, 사람들이 기차를 제대로 탔는지 확인하느라 에너지를 소모할 필요가 없다. 이것은 원하지 않는 생각이 일어나고 있다는 것을 인정하면서도, 그런 생각을 특별히 의미있는 것으로 평가하지 않는 것을 의미한다. 생각이 의미하는 바를 바꾸는 대신, 생각이 일어나고 있다는 사실을 어떻게 처리하고 있는지에 대한 관점을 바꾸어야 한다. "그런 일은 일어나지 않아." "그건 단지 생각일 뿐이야."

단어로서의 생각

생각은 위협이 아니라 그저 생각에 지나지 않는다는 개념을 고려하는 또 다른 방법은 당신이 어떻게 단어를 보는지 살펴보는 것이다. 하나의 단어를 볼 때, 당신은 그것과 관련된 것들을 함께 떠올린다. 스티븐 헤이스(Steven Hayes 2005)는 그의 저서, 『마음에서 빠져나와 삶 속으로 들어가라(Get Out of Your Mind and Into Your Life)』라는 책에서 마음이 어떻게 '관계틀'의 네트워크로 구성되는지, 그 안에서 개념들이 어떻게 서로 관련되어 내적으로 경험되는지를 설명하였다. 당신이 강박장애 생각을 경험할 때, 당신은 그 생각과 연관된 모든 것들 또한 인식하게 된다. 대부분의 생각들은 당신에게 문제되지 않지만, 당신의 장애와 연관된 생각, 감정, 감각에 대해 강박사고를 실제보다 더 가치를 가진 것으로 인식한다. 그것은 단순히 강박사고가 아니라 그것과 연관된 모든 것들이다.

연습 마음이 어떻게 작용하는지를 알아차리는 연습을 해 보자. 다음 단어를 보라.

거울

이것은 무엇인가? 당신도 알다시피 이것은 '거울'이다. 하지만 만약 당신이 이 페이지를 응시하면서, 이 단어를 이용하여 머리를 단장하거나 화장을 하려 한다면 다소 이상해 보일 것이다. 이 '거울'이라는 단어를 통해서는 당신의 모습을 비춰볼 수 없다. 그러므로 이것은 거울이 아니다. '거울'이라는 단어다.

그러나 그저 '거울'이라는 단어에 불과한가? 그렇기도 하고 아니기도 하다. 우리는 이것을 그저 단어라고 부르면서도 실제로 '거울'이라고 불리는, '상을 비춰주는 유리면'을 떠올린다. 'ㄱ－ㅓ－ㅇ－ㅜ－ㄹ'의 문자 순서를 달리하면 그저 문자의 다발에 불과할 것이다. 문자 순서를 다르게 한 '걸우'에는 별 의미가 없다. 그럼 도대체 문자란 무엇인가? 우리가 일정한 값을 부여하기로 합의한 단순한 기호, 작은 그림이다. 이것은 'ㄱ'이고, 이것은 'ㄹ'과 같은.

의미 없는 일련의 기호들이 의미를 부여받고 그 의미를 나타내는 순서대로 나열될 때, 우리는 이를 '단어'라고 부른다. 단어는 개념을 떠올리게 한다. 또한 개념은 이미지를 떠올리게 한다. 즉, '거울'이라는 개념은 반사되는 유리면을 떠올리게 하고, 반사되는 유리면 가까이에 있음을 인식할 때 동반되는 관련 사고, 감정, 감각들을 함께 불러일으킨다.

만약 당신에게 강박장애가 있다면, 원치 않는 생각을 경험하는 것은 마치 이 책을 폈을 때 진짜 거울이 나타나는 것과 같다. 생각들은 본질적인 가치, 자동적 중요성 및 몇몇 행동 반응에 긴급한 관련성을 갖는 것처럼 제시된다. 마음챙김 연습은 단어를 바라볼 때와 같은 방식으로, 자신의 생각을 바라보는 것이다. 그것들은 마음이 조작하고 숙고한 후에 권한이 주어지는 빈 그릇이다. 오염되었다는 생각은 오염되었다는 것과 같지 않다. 그것은 생각일 뿐이다.

감정은 감정일 뿐, 사실이 아니다

감정은 기본적으로 신체 감각에 관한 생각이다. 예를 들어, 목이 메이고 가슴이 조여오며, 손바닥에 땀이 나고 입이 마르는 신체 감각을 느낀다고 해 보자. 당신은 이를 죄책감이라는 감정으로 받아들이고, '나는 죄책감을 느껴.'라고 말할 수 있다. 강박장애는 감각을 있는 그대로 받아들이지 않는다. 자신이 왜 죄책감을 느끼는지 찾을 때까지 자신이 무얼 잘못했는지 끊임없이 찾는다. 하지만 자신이 저지른 잘못을 찾아내어 마음이 좀 편안해진다고 하더라도, 그 안도감은 오래 지속되지 않는다. 감정은 지문처럼 실제가 아니라, 그저 감정이기 때문이다. 감정은 신체적 경험에 대한 해석일 뿐이다. 생각과 마찬가지로 감정은 비어 있는 상태로 생겨나 행동을 통해 의미를 부여받는다.

만약 당신이 강박장애를 앓고 있다면, 종종 죄책감을 느끼며 잠에서 깨는 때가 있을 것이다. 그리고 하루 종일 당신이 저지른 잘못이 있는지 샅샅이 조사하고, 적절하게 선고할 방법을 찾느라 애쓸 것이다. 만약 그렇게 하지 않으면 뭔가 잘못된 것처럼 느낄 것이다. 잠에서 깰 때, 제일 먼저 알아차리는 감정은 무엇인가? 다음에 적어 보라.

강박장애는 당신이 이 감정들을 보고 분류할 것을 요구한다. 그리고 그것들을 깔끔하고 정갈한 상자에 담아 발송하고 파괴하도록 요구한다. 강박장애는 엄한 처벌로 당신을 위협하는데 그중 가장 가혹한 처벌은, 당신의 감정이 당신이 누구인가를 나타내는 것이고, 죄책감은 당신이 범죄자라는 것을 의미하며 두려움은 당신이 무력해질 것이라는 의미라고 생각하게 하는 것이다. 강박장애는 이런 감정들이 문제이고 당신이 그것을 반드시 고쳐야만 한다고 말한다. 만약 그렇지 않으면 괴로움을 겪게 될 거라 말한다.

마음챙김 훈련은 당신이 강박장애에게 어깨를 으쓱하며 "글쎄, 그것은 감정이야."라고 말하도록 초대한다. 감정을 감정으로서 경험하라. 즉, 감정을 그저 몸으로 오고가는 것으로 바라보고, 감정이 더 이상 당신이 누구인지, 당신이 무엇을 할지에 대해 설명하지 않게 하는 것이다.

감각은 감각일 뿐, 행동을 명령하지 않는다

강박장애로 괴로움을 겪는 이들이 마음챙김을 할 때 가장 힘들어하는 것은, 신체적 감각에 비판단적으로 반응하는 것이다. 건강염려증으로 괴로움을 겪는 사람들은 모든 통증을 심각한 질병의 증상으로 받아들인다. 그리고 그것을 그대로 두는 것을 극도로 무책임한 것으로 여긴다. 성적인 강박사고를 가지고 있는 사람은 성기 주변이 얼얼하거나 저릴 때, 이러한 느낌을 변태 성향과 성범죄 성향의 증거로 간주한다. 신체 감각이 감정을 촉발하고, 감정이 생각을 촉발하여 해변에서 부서지는 파도처럼 당신의 마음 속에 모여든다.

이때 해야 할 마음챙김은 당신이 생각과 감정을 보듯이 신체감각을 바라보는 것이다. 그것들은 경험이다. 통증은 통증이고 그 느낌이 나쁘다는 데 우리 모두는 동의할 수 있다. 그러나 만약 당신이 그것을 나쁘게 느끼고 그대로 내버려 둔다면, 명료함을 유지할 수 있을 것이다. 명료함은 당신이 두통과 뇌종양의 차이를 알 수 있도록 해 준다. 즉, 신체 감각을 있는 그대로 보고, 그것들을 정의하려는 당신의 충동을 관찰하라.

집중조명

당신이 생각을 지나치게 많이 한다는 점은 문제가 아니다. 진짜 문제는, 생각의 강도(intensity), 양(volume) 또는 가시성(visibility)을 생각의 중요성과 혼동한다는 점이다.

아래 그림을 보라. 책장 위에 책이 꽂혀 있다. 책들은 모두 한 줄로 세워져 있고, 각각의 책은 목적과 디자인을 지니며, 정보와 사실, 이론, 기억, 이야기들로 가득 차 있다. 그러나 가장 중요한 것은, 각각은 단지 책이라는 것이다. 이 책들은 서로 다르지만 같기도 하다.

책 위에 집중조명이 있다. 빛이 아래를 비출 때 중앙에 있는 책을 가장 밝게 비추고, 그 양옆에 있는 책들을 약간 비출 것이다. 그리고 선반의 양 끝에 있는 책들을 가장 어둡게 비출 것이다.

중앙에 있는 밝은 책들은 일상적인 매일의 생각들이다. 당신은 대부분 어떤 판단 없이 다양한 중요도에 따라 그 생각들을 받아들인다. 예를 들어, '하늘이 파랗다' '화장실에 갈 시간이다' '과자가 짜다'와 같은 생각이다. 강박장애를 가졌든 그렇지 않든, 당신은 이런 종류의 생각들을 알아차리고, 생각들은 의식 속에 일상적으로 존재한다.

집중조명의 빛이 희미해지는 스펙트럼의 양 끝 쪽에서 우리는 다수의 '주의를 끄는' 생각들과 마주하게 된다. 주의를 끌면서 달가운 생각일 수도 있고, 달갑지 않은 생각일

보통 마음(The Average Mind)

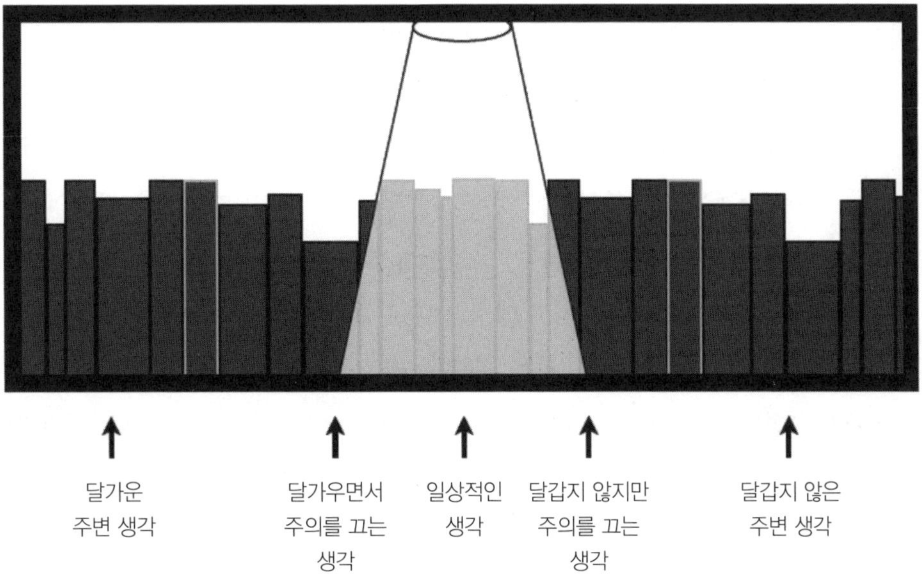

수도 있다. 예를 들어, 직장에서 보너스를 받는 생각이 스펙트럼의 왼쪽이라면, 국세청으로부터 회계감사를 받는 생각은 스펙트럼의 오른쪽에 해당될 것이다. 당신이 그것을 인식할 때 주의를 끄는 생각들이다. 주의를 끄는 생각들은 우리를 흥분시킬 수도 있고, 당황하게 할 수도 있다. 그것들은 우리 모두가 가지고 있지만 가졌다고 인정하지 않는, 은밀하고 소름끼치는 생각일지 모른다. 우리 모두가 가지고 있지만 대체로 기꺼이 받아들지 않는, 즐겁고도 유치한 생각일 수도 있다. 보통 사람들은 이러한 생각을 가지고 있지만, 이를 알아채려면 주의를 기울여야만 한다. 이런 생각들은 부분적으로만 비춰지기 때문에, 일상적인 생각과 같은 방식으로 마음에 표현되지 않는다.

그림을 다시 살펴보자. 선반의 오른쪽 멀리에는 달갑지 않은 '주변' 생각들이 있다. 죽음에 대한 생각, 극도의 무책임한 생각, 특이한 성적인 생각 또는 공격적인 생각들이 그곳에 있다. 보통 사람들은 이런 생각을 가지고 있으며, 이런 생각들은 때때로 초대받지 않고 나타난다. 대개 이런 생각들은 애써서 파헤쳐져야 하는 생각들이다. 만약 창의적인 쓰기 프로젝트를 위해 마음을 휘젓는 주제를 생각해 보게 한다면, 자신의 의식에 무엇이 들어 있는지를 보기 위해 이 부분을 파헤칠 것이다. 또한 생일 선물이나 공포영화의 소재가 될 만한 기발한 아이디어를 떠올리게 한다면, 살펴봐야 할 마음이 이 부분이다. 이런 생각들은 주의를 끄는 생각 그 이상이다. 그것들은 바깥쪽에 있다.

이 희미하게 빛나는 스펙트럼을 지나서도 여전히 읽어야 할 많은 책이 있을지 모른다. 그러나 강박장애가 없는 일반인들은 그것들을 인식하지 못한다. 만약 그가 이 예민하고 깊은 주변 생각들을 파헤치도록 자극받지 않는다면, 그는 그것들을 현재의 의식으로 가져오기 위해 뉴스에서 본 이야기를 연상해야 할 수도 있다.

많은 사람은 이러한 생각을 가지고 있지 않다고 주장할 것이다. 예를 들어 "나는 마주 오는 차량을 향해 내 차를 돌진하는 생각을 결코 해 본 적이 없어."라고 말할 것이다. 하지만 필연적으로, 이 말을 하다 보면 자연스럽게 이 생각을 하게 된다. 강박장애가 없다고 해서 그런 생각을 하지 않는 것이 아니다. 다만, 강박장애가 없는 사람은 이런 사고에 대한 알아차림을 문제시 하지 않는다. 왜 그런 생각을 하게 되었는지, 언제

강박장애 마음(The OCD Mind)

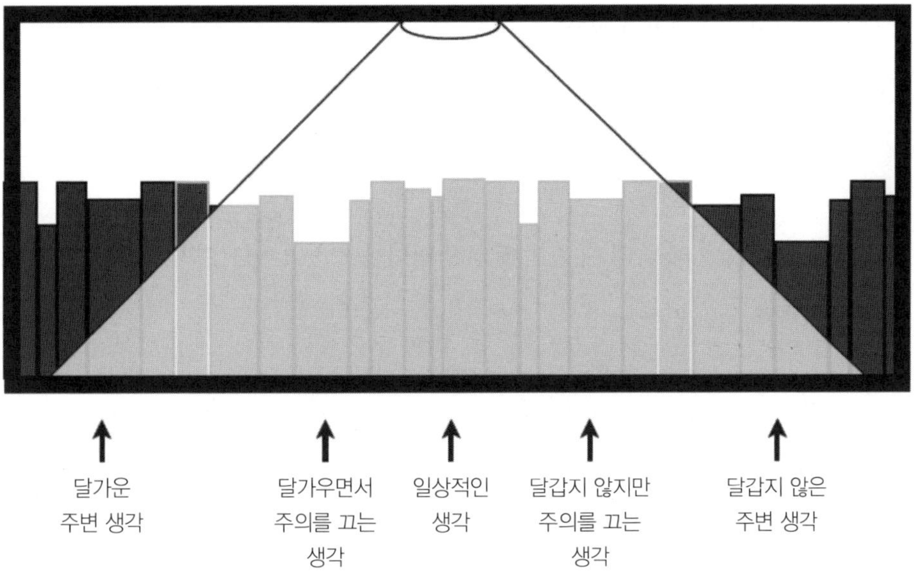

그 생각을 하게 되었는지 묻지 않고, 따라서 그 생각들이 거기 있다는 것조차 처리하지 않는다.

위의 그림을 보자. 이것은 강박장애를 가진 사람의 마음이다. 집중조명의 범위에 주목하라. 주의를 끄는 생각, 주변적인 생각들도 매일 하는 생각들과 같이 밝게 보인다. 더 의미가 있는 것이 아니라, 단지 더 밝게 비추어질 뿐이다. 강박장애를 가진 사람들에게는 밝게 비추어질지 모르지만, 강박장애가 아닌 사람들에게 생각의 선반 가장자리에 희미하게 남아 있을 법한 생각들은 다음과 같다.

> 이 공중 화장실을 마지막으로 쓴 사람이 병에 걸려 있었을지도 몰라. 내가 그것을 만졌으니 나도 지금 그 병에 걸렸을 수 있어.

> 나는 셔츠를 벗은 남자에 대해 혐오감을 느끼지 않아. 그래서 내가 게이라는 걸 나조차도 모르게 숨겨왔을 수 있었을지 몰라.

이 계단에서 네 번째 계단을 밟지 않고 세 번째 계단만 밟으면, 무고한 사람이 죽게 되는 사건들이 시작될 거야.

지금 당장 '건강한'이란 단어를 말하지 않으면, 엄마가 죽게 될 거야.

어린 딸을 차에 태울 때 내 손이 딸의 엉덩이를 스쳤어. 어쩌면 난 소아 성추행범일지도 몰라.

주차할 때 브레이크를 완전히 당겨놓지 않은 것 같아. 차가 굴러서 어린이를 치게 될 거야.

가스를 켜 놓고 온 것 같아. 집과 내 반려묘가 산 채로 타 버리게 될 거야.

이 날카로운 부엌칼로 내가 남편을 갑자기 찌를지도 몰라.

아까 그 보행자가 더 이상 내 차 사이드 미러에 보이지 않아. 내가 운전을 잘못해서 그 사람을 치었을지 몰라.

자꾸 눈 깜박임에 대하여 생각하면, 영원히 눈을 기괴하게 깜박거리게 될 거야.

우리가 경험한 바로는, 만약 한 방에 강박장애 환자가 몇 명 이상 있다면, 그들 대부분은 이전 목록을 보고 그런 주변 생각들 중 몇 가지를 어느 순간 또는 다른 시점에서 갖고 있었다는 것을 인정할 것이다.

어쩌면 그 생각들이 결코 완전한 강박사고가 되지 않았을지도 모르지만 이런 생각을 한 적은 있을 것이다. 이 생각을 하려고 노력한 게 아닐 것이다. 어느 날 불쑥 생각들이 머릿속에 떠올랐을 것이다. 잠시 시간을 내어 여기에 당신의 마음을 휘젓는 주변 생각들을 적어 보라. 그것들이 당신의 주된 강박사고와 관련되지 않아도 된다. 당신이 생각하기에 훨씬 더 깊은 곳에 속한다고 여겨지는 당신의 마음 표면에서 어떤 생각들이 나타나는가?

이번에는 긍정적인 측면에서의 주변 생각을 떠올려 보자. 암이 치료되고, 복권에 당첨되는 생각을 해 보라. 슈퍼히어로가 되는 생각도 좋다. 당신이 집착하는 추하고 무서운 생각들만큼 이런 생각들이 널뛰도록 놔두어라. 아마 이런 생각을 하는 것이 어려울 것이다. 이 점에 주목하라. 우리는 긍정적인 주변 생각들에 대하여는 어리석다고 여기고, 주의를 기울일 가치가 없다고 여기는 경향이 있다. 만약 우리가 우리의 부정적인 주변 생각들을 똑같이 강조한다면 강박장애 경험은 어떻게 될 것인가? 달가운 주변 생각들을 여기에 적어 보라.

아마도 당신은 좁은 범위의 집중조명을 갖기를 바라며, 마음에서 무슨 일이 일어나는지 덜 알고 싶을 것이다. 마음챙김은 집중조명의 불빛을 좁혀야 한다고 제안하지 않는다. 밝게 빛나는 그 생각들이 눈에 띈다고 해서 더 중요한 의미를 갖는 것이 아니며, 그 생각들을 단지 알아차리기만 하면 된다고 제안한다. 누군가 큰 목소리로 말한다고 해서, 그가 말하는 것이 중요하다는 것을 의미하지는 않는다. 앞쪽에서 봤던 '거울'이라는 단어의 글자 크기를 키웠다고 해서, 더 실제 거울처럼 되는 것은 아니다. 당신이 경험하는 생각, 감정, 감각의 강도를 그것의 가치와 관련시킬 필요는 없다.

무너진 댐

작은 마을을 한번 상상해 보자. 마을 곳곳 시냇물이 흐르고, 시냇물은 계곡과 연결되어 있다. 마을은 꽤 행복한 장소이지만 복잡하여 마을 주민들의 많은 관심과 협력이 필요하다.

계곡은 가파른 산들로 둘러쌓여 있고, 계곡 한쪽에는 거대한 댐이 있다. 댐 안에는 어마어마한 양의 물, 즉 수많은 생각이 담겨 있다. 예를 들면, '오늘 서울 날씨는 어떻지? 윤년에는 31,622,400초가 있어.'와 같은 생각들이다. 거기에는 당신이 좋아하는 생각, 신경 쓰지 않는 생각, 싫어하는 생각, 누구도 생각해 낼 수 없었던 생각들이 모두 담겨 있다.

마을(당신의 마음)이 기능하기 위해서는 물(생각들)이 필요하다. 물이 꾸준하게 잘 공급될 수 있도록, 댐에는 구멍들이 많이 있다. 이 물은 마을이 번성하기 위해 필요한 모든 하천과 수로를 통과한다. 대부분, 댐은 모든 것을 저지한다. 즉, 댐은 당신을 당신의 생각과 분리시킨다. 당신의 마음이 모든 생각을 항상 의식할 수는 없다. 마음속에 떠오르는 대부분의 생각은 완전히 미스터리이다. 당신에게 정말 필요한 것은 몇 가지 기본적인 생각의 지속적인 흐름이다. 신발 끈을 묶을 수 있고, 이를 닦을 수 있게 하는, 그런 생각들의 흐름이 필요할 뿐이다.

그러나 당신에게 강박장애가 있다면, 댐에 금이 가서 그 틈을 통해 물이 새고 있는 것이다. 원하는 생각들을 나머지 생각들과 분리시키는 장벽이 제대로 기능하지 못하고 있는 것이다. 그렇다고 완전히 기능하지 못하는 것은 아니다. 만약 그렇지 않다면, 당신의 마음이 하루 종일 넘쳐흐를 것이다. 그러나 그 정도로는 충분히 효과적이지 않다.

이 원치 않는 생각의 물줄기를 강박사고에 대한 개념으로 바라볼 수 있다. 강박사고는 침습적이고, 원치 않는 생각이므로, 당신은 그것을 문제라고 받아들인다. 강박사고에 대한 첫 번째 반응은, 댐에 올라가 그 틈을 틀어막는 것일 것이다. 아니면, 불안에 사로잡혀 망치질을 할 수도 있다. 그러나 이는 결코 도움이 못된다. 처음에는 그렇게 하면 누수가 느려지는 것처럼 보일 수도 있지만, 곧 틈새는 더 커지고 강박사고의 물줄기는 더욱 맹렬해진다. 이래서 강박사고에 따라 행동하는 것이 효과가 없는 것이다.

마음챙김은 원치 않는 생각의 흐름을 멈추는 것에 대한 것이 아니다. 댐을 바라보는 방법에 대한 것이다. 마음챙김은 댐에 균열이 있어, 생각이 흐트러지고 있음을 알아차리는 시간을 잠시 갖는 것을 의미한다. 당신에게는 두 가지 선택권이 있다. 새는 것이 멈추길 바라면서 댐을 주먹으로 막을 것인가, 아니면 새는 것을 그 자체로 단순하게 받아들일 것인가. 어쩌면 당신은 마음의 작물에 물을 더 잘 주기 위해 마음속에 있는 여분의 물을 사용할 수도 있다. 아니면 습한 기후에서 생활하는 법을 배워야 할 수도 있다. 궁극에는 수용하는 것이다. 생각을 받아들여라. 그것이 다른 생각들과 어우러지게 두어라. 생각의 존재 가치에 대한 당신의 입장을 바꾸어 그 생각을 단지 있는 그대로 받아들여라.

좋은 생각과 나쁜 생각을 구분하려 하지 마라. 생각을 판단하지 않고, 그저 생각으로만 바라본다면, 생각에 따라 행동하지 않을 여유가 생길 것이다.

명상: 마음챙김 연습

강박장애를 완화하기 위해 명상을 할 필요는 없다. 그래도 당신은 명상을 하고 싶을 수도 있고, 명상이 도움이 될 수도 있다. 명상은 마음챙김을 훈련하는 가장 단순한 형태이다. 현재의 경험에 저항하는 것을 멈추고, 그저 현재를 알아차리기 위해, 순간에서 몇 시간에 이르기까지 시간을 제쳐두는 것이다. 기본적인 명상인 '앉아서 호흡하기'는 앉아서 호흡하는 것 외에는 '다른 어떤 것'도 일시적으로 중요하지 않은 것으로 취급한다. '다른 어떤 것'에는 생각하기, 문제 해결하기, 계산하기, 정신적으로 재검토하기, 분석하기 등이 있다.

'앉아서 호흡하기' 명상을 할 때에는, 호흡 외의 '다른 어떤 것'들이 인식될 때마다 그것을 단지 알아차리고, 다시 호흡으로 돌아간다. 내적 혹은 외적으로 일어나는 그 어떤 것에도 신경 쓰지 않도록 연습함으로써 마음챙김을 훈련한다.

호흡명상은 가장 흔한 형태의 명상이다. 호흡은 우리가 늘 하고 있고, 항상 현재에 이루어지며, 항상 실재하기 때문이다. 호흡과 관련하여 이론적인 것은 아무것도 없다. 따라서 들숨과 날숨에 대하여 생각한다면, 자연스럽게 현재에 머무르게 될 것이다.

현재는 당신이 매달려 있는 닻과 같다. 강박장애는 당신을 '현실(what is)'에서 자꾸 '가정(what if)'의 영역으로 끌어내린다. 명상은 그러한 끌어당김을 허용하되, 끌어당김을 알아차려 자신을 원래 위치로 부드럽게 인도한다.

이때 관대함이 매우 중요하다. 만약 '호흡을 생각해!' '강박사고를 멈춰!' '너는 제대로 하는 게 없어!'처럼 자신을 비판하며 생각을 현재로 돌리려 한다면 명상은 효과가 없다. 당신을 현재와 더 멀어지게 하고, 강박장애가 무성한 판단적인 입장으로 당신을 끌어낼 것이다.

마음이 호흡을 떠날 때, 이를 알아차리고 의도적으로 호흡으로 돌아오게 하는 명상은 일종의 운동이다. 팔굽혀펴기와 같은 신체 운동과 다르지 않다. 현재로 돌아오는 것은 연습으로 강화될 수 있는 일종의 능력과 같다. 이러한 점에서, 약간의 연습만으로도 당신은 더 강해질 수 있다. 연습해야 할 부분은 본래 자리로 돌아오는 것이다. 만약 당신이 강박장애를 가지고 있다면, 강박사고의 극심한 고통 속에서 스스로에게 멈추라고, 반복해서 검토하지 말고 있는 그대로 두라고 요청하는 생각을 여러 차례 알아차렸을 것이다. 만약 명상을 통해 현재에 닻을 내리는 연습을 한다면, 명상을 하지 않는 순간에도 강박사고로부터 벗어나 현재로 되돌아오는 능력을 향상시킬 수 있다.

만약 당신이 강박장애가 있다면, 강박행동이 당신을 끌어당길 때 안도감을 느끼는 경험을 했을 것이다. 강박장애는 명상의 개념을 반대로 바꾸는 것이다. 그렇다고 강박장애를 갖고 있으면 명상을 할 수 없다는 뜻이 아니다. 명상을 선택할 때 강박장애를 갖고 있음을 인정해야 한다는 뜻이다. 만약 당신이 강박장애를 가지고 있다면, 명상을 시도할 때 다음과 같은 저항이 일어날 수 있다.

> 머릿속에 이런 생각이 가득한 채로 조용히 앉아 있는 건 너무 고통스러워. 나는 30초도 견딜 수 없을 거야.
>
> 만약 앉아서 호흡만 한다면, 그건 너무나 비생산적이야. 나는 그런 게 싫어.
>
> 피곤해서 제대로 할 수가 없어. 지루하고 나 자신에게 짜증만 날 뿐이야!
>
> 나는 계속 생각하고 그것을 망쳐버릴 거야.

강박장애에 대항하는 수단으로 명상을 사용하는 것이 어려울 수 있다고 생각하는 이유를 여기에 적어 보라.

____

____

기본 호흡명상 연습

의자나 소파 혹은 편안한 곳에 앉아 이완된 자세를 취해 보라. 발을 바닥에 붙이고 양손을 몸 옆에 편안히 두어라. 마음을 정리하지 마라. 에너지 낭비일 뿐이다. 아무리 노력해도 마음은 정리되지 않는다. 대신, 당신의 마음이 어떻게 가득 차 있는지 관찰하고 잠시 그대로 두어라.

눈을 감고 코를 통해 숨을 들이마셔라. 그리고 입을 통해 숨을 내쉬어라. 만약 횡격막 호흡에 친숙하지 않다면, 공기가 코를 통해 들어와 폐가 아니라 배로 내려가는 것을 상상해 보라. 숨을 들이마실 때, 몸속 깊이 숨이 들어올 수 있도록 배가 부풀게 하라. 이게 어색하다면, 평소 숨 쉬는 것처럼 쉬어도 된다. 횡격막 호흡(혹은 복식 호흡)의 장점은 우리가 호흡을 할 때 더 넓은 타깃에 주의를 집중할 수 있게 돕는다. 또한 숨을 들이쉴 때 어깨가 올라가지 않도록 하여, 보다 편안한 신체 자세를 유지하게 해 준다. 이 개념이 명상을 '바르게' 하는 것보다 더 중요하다.

숨을 내쉴 때, 풍선이 수축되는 것을 상상해 보라. 숨이 입술을 지나갈 때의 진동, 온도, 그 밖의 날숨과 관련된 것들에 주목하라. 공기가 당신 몸을 떠날 때 의도적으로 바람 소리를 만드는 것도 좋다. 더 의도적으로 호흡하도록 돕고, 현재에 머물기 위한 닻을 더 넓게 내릴 수 있게 해 주기 때문이다.

아무리 천천히 숨을 쉬기 시작하더라도, 더 천천히 호흡하도록 노력하라. 천천히, 그리고 의도적으로 호흡하는 것은 뇌가 산소를 받아들이는 방식을 조절한다는 장점이 있다. 공황을 겪게 될 때 과호흡을 하게 되는 이유는, 우리의 뇌가 끔찍한 것과 싸우거나 그것으로부터 도망치기 위해 에너지가 필요하다고 지시하기 때문이다. 과호흡을 통해 산소를 짧게 폭발적으로 들이마셔서 뇌에 에너지를 공급한다. 이런 이유 때문에 과호흡이 일어날 때 종이봉투를 입에 대고 숨을 쉬게 하는 것이다. 이렇게 하면 이산화탄소를 억지로 다시 들이마시게 하여 뇌에서 산소와 이산화탄소의 균형을 맞추어 이완을 돕는다. 명상에서 호흡의 속도를 조절하면 뇌를 이완시키는 데 도움이 되며, 이완된 상태에서 마음챙김을 더 잘할 수 있도록 돕는다.

니코틴이 흥분제임에도 불구하고, 담배를 피우면 이완이 된다. 그 이유가 흡연 욕구를 해소할 수 있기 때문만은 아니다. 담배를 피우는 순간, 의도를 가지고 천천히 숨을 들이쉬고 내쉬게 되기 때문이다. 담배 한 개비를 피운다고 하면, 대략 7분 동안 이 속도로 숨을 쉬게 될 것이다. 마치 호흡을 담배를 피우는 것처럼 흉내 내어 보라. 몸이 이완되는 것을 느낄 수 있을 것이다(역주: 그러나 담배를 피우는 것의 단점은 독가스를 들이마시며 호흡을 한다는 점이다).

앉아서 명상을 하겠다고 의식적인 결정을 한 즉시, 강박장애가 당신을 힘들게 하는 것을 바로 알아챌 수 있을 것이다. 여러 불편한 생각이나 감정과 더불어, 명상 자체에 대한 짜증이 일어나는 것을 알아차릴 수 있을 것이다. 혹은 불안, 복부 불편감, 현기증, 간지러운 느낌들 때문에 주의가 분산되는 것을 느낄지도 모른다.

마음챙김은 이러한 것들을 주의분산으로 여기지 않고, 단순히 경험으로 대하라고 제안한다. 생각, 감정, 신체 감각들은 그저 일어나고 있을 뿐이다. 그것을 주목하고 신경 쓰지 않는 것을 연습하라. 그것들 각각에게 다음과 같이 무응답으로 반응하라. '여러 가지 생각들아! 난 너희들이 여기 있는 걸 신경 쓰지 않을 거야. 그저 계속해서 지금 내가 하고 있는 호흡에 주의를 둘 거야.'

이게 쉽다고 생각하는 사람도 있고, 어렵다고 생각하는 사람도 있을 수 있다. 모두 괜찮다. 우리는 수용하는 것과 현재의 마음챙김을 연습하고 있는 중이다. 그러므로 둘 다 괜찮다. 아마도 이 명상 직후 당신은 강박장애를 다루고 문제를 해결하는 예전 방식으로 돌아갈 것이다. 그러나 지금부터 앞으로 몇 분간은 다르게 행동하도록 당신을 내버려 두어라. 마음이 아니라 당신 자신으로 두어라.

무언가가 당신의 주의를 붙잡을 때마다, 호흡으로 돌아가는 연습을 1~2분 정도 할 수 있다. 이것이 짧은 형태의 명상이다. 현재에 머물고, 강박장애의 미끼를 물지 않는 연습을 하는 것이다. 어쩌면 당신은 이미 강박행동에 빠졌을지도 모르지만 적어도 몇 분 동안은 다른 것을 시도하려는 노력을 기울인 것이다.

내일 또다시 이 연습을 반복하라. 아마 당신은 강박장애를 위한 문제 해결 방식을 사용하지 않음으로써 5초간의 안도감을 느꼈을 것이다. 아마도 다음에는 7초간의 안도감을 느끼게 될 것이다. 아마도 다음에는 과거나 미래에 대한 강박사고를 의식하고 더 빨리 현재로 돌아올 수 있게 될 것이다.

점진적 근육이완 명상

만약, 오늘 추가로 명상을 더 하고 싶다면, 점진적 근육이완 명상을 추가로 해 보라. 점진적 근육이완법은 1934년, 에드먼드 제이콥슨(Edmund Jacobson)에 의해 처음 개발되었다. 근육이 이완된 상태에서는 불안의 생리적 반응과 정반대의 상태가 되므로, 근섬유의 긴장을 체계적으로 풀어주는 것이 불안을 줄이는 데 효과적이라는 것이다(McCallie, Blum, and Hood 2006). 전형적으로 점진적 근육이완법은 근육을 의도적으로 긴장시킨 뒤에 다시 이완을 시킨다. 하지만 점진적 근육이완 명상에서는 근육을 긴장시키지 않고, 이완에만 초점을 맞춘다. 이는 근육이 긴장된 상태가 지속되어 이완되지 않을 가능성을 방지하기 위한 것이다.

남은 연습 동안 당신이 할 일은 당신의 몸 여러 부분으로 호흡을 시각화하면서 호흡을 계속하는 것이다. 당신은 이것을 미래 배경의 공상과학 영화에 나오는 웰니스 스캐너(wellness scanner)라고 생각할 수 있다. 스캐너가 몸을 따라 신체 각 부분을 지나가면 약간의 긴장을 제거해 주는 것이다.

점진적 근육이완 명상 훈련은 일종의 스캐너 장치가 몸을 따라 지나갈 때, 스캐너가 훑어가는 위치에 해당되는 신체 각 부분의 긴장이 풀린다고 상상해 보는 것이다.

가장 먼저, 선 하나가 머리 위에 떠 있다고 상상해 보라. 그 선이 스캐너처럼 몸을 따라 내려가는 것을 상상하라. 원치 않는 생각과 감정들이 당신을 잡아당기기 시작한다면, 단순히 그것들에 이렇게 반응하라, '네 얘기를 듣고 있어, 하지만 지금은 이것에 주의를 기울일 거야.'

일단 머리 위의 선을 마음속에서 선명하게 그리게 되면, 숨을 내쉴 때, 그 선이 머리의 두피에서 시작하여 눈, 코, 뺨, 입술을 지나 턱 위까지 내려와 멈추는 장면을 상상하라. 선이 지나갈 때, 약간의 불안, 긴장, 심지어 강박장애까지 동반되는 것을 상상하라. 귓불, 속눈썹 등에서 어떤 감각이 일어나는지 알아채도록 하라.

이 상상의 선이 신체 어느 부위에 있는지, 그리고 선 위의 신체 부분이 선 아래의 신체 부분보다 얼마나 더 편안한지 주의를 기울여 보라. 의심스럽고 혼란스럽거나, 명상 중에 흐트러질 때, 그런 혼란에 그저 품위 있게 고개를 끄덕이고 다시 호흡으로 돌아오라.

이제 다시, 숨을 들이마시고, 내쉬면서 선을 내려 보라. 당신의 목 근육과 뼈 옆을 지나가게 하고, 어깨 바로 위에 두어라. 당신 목에 있는 각 힘줄들이 풀어지는 것을 상상해 보라. 좀 더 실감나게 느끼는데 도움이 된다면 머리를 앞으로 살짝 기울여지게 두어라. 당신의 머리와 목 전체가 어떻게 몸의 다른 부분과 조금 다른지, 약간 가벼울 뿐이라는 점을 스스로 알아채도록 하라.

숨을 들이마시고 어깨와 가슴을 가로질러 선을 아래로 더 내려보라. 팔꿈치 부위에 선을 멈추고, 복부 위에 선을 머무르게 하라. 마치 팔이 미끄러져 나가는 것처럼 어깨를 떨어뜨리는 것을 상상하라. 가슴속에, 강박장애의 매듭 같은 것이 존재한다고 상상해 보라. 그리고 그 매듭이 느슨해졌다고 상상해 보라. 팔꿈치 부위에 선이 있다고 상상하며, 그 선을 기준으로, 팔의 윗부분과 아랫부분이 어떻게 다른지 주목하라.

계속하여, 복부와 허리를 가로질러 손목과 손 그리고 손가락 끝으로 선이 내려가는 상상을 하라. 몸의 윗부분이 몸의 아랫부분보다 조금 더 가볍고 단순하게 느껴질 것이다.

이 작업을 하는 동안 강박장애가 당신을 성가시게 할지 모른다. 강박장애는 당신이 이것을 멈추고 강박으로 돌아가길 원할 것이다. 이때 불편한 생각과 감정에 그저 고개를 끄덕이며 인사를 하라. 현재에 존재하는 법을 연습하기 위해 잠시 나와 있는 중인데, 머지않아 곧 돌아갈 것이라고…….

상상 속에서 무릎까지 그 선을 내려 보아라. 마치 불안 부츠를 신고 있는 것처럼, 정강이와 종아리에서 느껴지는 긴장감을 느껴 보라. 마지막으로 숨을 들이쉬고 내쉬며, 그 선을 발목과 발등을 거쳐 발가락 쪽으로 내려 보아라.

몇 분 정도 그저 앉아서 호흡을 한 뒤에 현재로 돌아오라.

이 활동을 하는 동안 더욱 이완되는 것을 느꼈을 것이다. 명상을 하면 이완감을 느낄 수 있는데, 이는 명상의 부차적인 효과이다. 명상의 주목적은 뇌의 근육을 강화시키는 것이다. 이는 강박사고로부터 당신을 해방시켜 줄 수 있을 것이다. 생각이 해결되지 않았을 때의 불확실성을 받아들여라. 지금 이 순간 실제로 존재하고 있는 것이 무엇이든 반복해서 그것으로 돌아오라. 안내 멘트가 있는 명상을 하든, 안내 멘트가 없는 명상을 하든, 마음에 드는 어떤 형태의 명상을 골라, 하루에 몇 분만이라도 실행해 보라. 생각에 결말이 나지 않더라도 불확실함을 받아들이고, 지금 이 순간에 존재하고 실재하는 것으로 돌아오라.

생각과 함께 있어도 그 생각에 반응하지 않도록 요청받는다는 점에서, 강박장애를 가진 사람들에게 명상이 꽤 힘든 일일 수 있다. 당신은 그것들을 무시하는 것이 아니다. 당신이 강박장애를 갖고 있다면 불가능해 보이는 일을 당신은 때때로 하고 있다: 인정하지만 반응하지 않는 것이다.

순간에서의 마음챙김

명상을 팔굽혀펴기와 같은 아침 운동에 비유한다면, 마음챙김 훈련을 하루 종일 하는 것은 건설 현장에서 노동 일을 하는 것과 같다. 하루 종일 무거운 것을 많이 들어올려야 할 것이다. 당신의 생각을 판단하고, 분석하고, 해결하고자 하는 강박장애의 충동에서 벗어나는 것을 연습하라. 그것이 무엇이든, 다시 현재로 돌아오라.

강박장애로 인해 곱씹던 생각에서 주의를 가져와, 그 순간에 실재하는 무언가로 주의를 돌리는 것, 이 과정이 마음챙김 연습이 될 수 있으며, 하루 종일 할 수 있다. 이는 주의를 분산시키는 것이 아니라, 주의를 집중하는 것이다. 주의를 받을 가치가 있는 것을 당신의 삶 속에 배치하라. 생각이 떠오를 때, 그 생각을 인정하고 그 생각을 향하여 인사를 한 다음, 그 순간에 실재하고 존재하는 것으로 돌아오라. 취미를 찾아보라. 차에서 오디오북을 듣거나 사람들과 어울리는 것도 좋다. 이 모든 것을 적당히 하기도 하고, 가끔은 과하게도 해 보면서 적당한 수준을 찾아보라.

때때로, 강박사고를 버리고 현재에 집중하려 해도, 명백하게 주의를 필요로 하는 활동이 당신 앞에 없는 것처럼 느껴질 수 있다. 이는 당신의 마음이 현재를 떠나 있는 것에 얼마나 익숙해져 있는지를 나타내는 것이다. 당신은 삶의 활동들을 자동화시켜, 음식마다 미묘한 맛의 차이가 있다는 것을 잊은 채 식사를 한다. 음악마다 독특하고 복잡한 특징이 있다는 사실도 잊은 채 음악을 듣는다. 교통 체증이 발생할 때 차, 신호, 사람들 간의 상호 작용이 얼마나 복잡하게 발생하고 있는지도 모른다. 책장을 넘길 때 손끝에서 얼마나 많은 신체 감각이 발생하는지도 잊은 채 책을 읽는다. 현재 순간에 주의를 기울일 만한 것들을 떠올려, 다음에 적어 보라.

2장

마음챙김과 인지치료

강박장애를 위한 인지행동치료에서 몇 가지 논쟁거리가 있긴 하지만(Clark 2005), 강박장애 환자들의 경우, 생각의 중요성과 타당성을 평가하는 데 심각한 문제를 지닌다는 점에는 여러 학자가 합의를 이루고 있다(Barrera and Norton 2011). 즉, 특정 사고를 인식하게 되면 그 생각의 의미에 대해 가정을 하고, 이 때문에 강박행동을 한다는 것이다.

인지치료

1950년대, 아론 벡(Aaron Beck)은 사람들이 특정 사고에 대하여 정서적으로 강한 반응을 한다는 사실에 주목하였다. 사고가 어떻게 정서를 이끄는지, 정서가 어떻게 행동에 영향을 주는지에 대하여 연구해서 인지치료를 개발하였다. 인지치료에서는 사건에 대한 왜곡된 해석이 역기능적인 행동을 유발한다고 가정한다(Weinrach 1988). 생각이 반응을 유발하므로, 생각의 유형을 확인하면 반응을 변화시킬 수 있다는 것이다. 벡은 이러한 생각들을 '뜨거운 인지'(Bloch 2004)라 칭하였고, 이는 '자동적 사고'라는 용어로 널리 사용되고 있다.

벡은 자동적 사고에 대한 개념을 가지고 인지 왜곡 목록을 개발하였다. 인지 왜곡과 바꾸어 사용할 수 있는 용어에는 실수, 오류, 믿음과 같은 단어가 있다. 인지 왜곡은 일종의 렌즈로 이해될 수 있다. 우리는 이 렌즈를 우리의 생각 위에 올려놓게 되는데, 이는 우리의 생각을 바라보는 데 영향을 미친다. 이러한 메커니즘 때문에 우리는 마음챙김에서 벗어나게 되고, 자동적 사고의 희생양이 된다. 생각이 떠오르면 그 생각을 있는 그대로 경험하기보다는 왜곡된 렌즈를 통해 그 생각을 바라보고, 그 생각을 훨씬 더 골치 아픈 방향으로 밀고 나가는 것이다.

인지 왜곡에 도전하기

왜곡된 생각에 도전하는 것은 쉽지 않다. 하지만 왜곡된 생각의 패턴에 도전하지 않는다면, 마음이 잘못된 패턴을 반복하게 하여 강박행동을 해야만 한다고 생각하게 될 것이다. 따라서 자신이 인지 왜곡을 할 때 알아차리는 것이 매우 중요하다.

마음챙김하여 '나는 지금 이런 유형의 인지 왜곡을 하고 있어.'라고 자신의 생각을 알아차리면, 왜곡에서 벗어나 그것을 있는 그대로 받아들일 수 있게 된다. 마음이 생각하는 방식을 알아차릴 수 있을 때 생각에서 벗어나 현재로 돌아올 수 있다. **생각이 왜곡되는 것을 알아차리는 것, 이 부분이 인지치료와 마음챙김이 만나는 지점이다.**

왜곡된 생각에 도전할 때, 생각 그 자체가 아니라 왜곡에 도전한다는 점을 기억하라. 자신이 더러워졌다는 생각이 들면, 씻어야만 깨끗해질 수 있다고 자신을 설득하려 할 것이다. 그러므로 '더러워진 것 같아. 그러니 반드시 씻어야 해.'라는 생각에 도전하는 것은 당신에게 비강박적인 선택을 할 자유를 줄 것이다. 두려움을 없애는 것이 목표가 아니다. 두려움을 지닌 채 반응하지 않는 것, 이것이 목표이다.

인지치료에 마음챙김을 적용하는 첫 단계는, 인지 왜곡을 할 때 그것을 알아차리는 연습을 하는 것이다. 이어지는 내용에서 우리는 강박장애에 흔히 나타나는 잘못된 믿음을 살펴보고, 강박행동 없이 도전하는 전략들을 논의할 것이다.

전부 아니면 전무/흑백논리/절대주의/이분법적 사고 상황을 해석할 때 이분법적으로 바라보고 중간이 없는 것처럼 보는 것

문제

'전부 아니면 전무', 즉 흑백논리는 강박장애에서 가장 흔한 인지 왜곡이다. 흑백논리의 세상에서는 흑과 백밖에 존재하지 않는다. 착한 사람 아니면 나쁜 사람만이 존재한다. 깨끗하거나 더럽거나, 착하거나 사악하거나, 안전하거나 위험하다. 그러나 실제 세상은 그렇지 않다. 실제 세상에는 회색 영역, 즉 중간 영역이 항상 포함된다. 예를 들어, '나는 공용 손잡이를 만졌기 때문에 더러워졌어.'라고 생각한다면, 처음부터 당신은 자신을 '깨끗한' 상태였다고 암시하는 것이다. 이러한 사고방식은 강박장애가 당신을 지배하게 만든다. 아마도 당신은 깨끗함과 더러움 사이, 그 어딘가에 있었을 것이다. 따라서 공용 물건을 만지는 찝찝한 행동은, 당신의 손을 전보다 약간 더럽게 만들 뿐이다.

당신이 나쁜 생각이라고 여겨지는 생각을 할 때 자신을 나쁜 사람으로 가정하는 것에도 주목할 수 있다. 생각의 내용에 따라 단 몇 초 만에 도덕적인 사람에서 비도덕적인 사람으로 바뀔 수는 없다. 그러니 이러한 생각이 떠오르면, 자신이 흑백논리 인지 왜곡을 하고 있음을 알아차려라. 전부 아니면 전무의 관점에서 당신이 바라보는 강박장애 사고에는 어떤 것들이 있는가?

도전하기

마음의 회색 영역, 즉 중간 영역은 무엇일까? 100% 좋지도 나쁘지도 않다는 것을 설명하기 위해, 즉 객관적인 진리를 말하기 위해 어떤 방식으로 표현할 수 있을까? 보다 절충적으로 표현할 수 있을 것이다. 예를 들어, 사람들과 어울리는 저녁 자리에서 불안함을 느낀다면 '저녁을 망쳤어.'라고 생각하는 대신, '즐기기 어려웠어.'라고 생각할 수 있다. 또 다른 예로, 누군가의 감정을 상하게 하는 말을 했다면 '난 끔찍한 사람이야.'라고 말하는 대신, '내가 괜히 그런 말을 해서, 기분이 좋지 않아.' 정도로 생각할 수 있다. 앞에서 당신이 작성한 당신의 흑백논리 믿음의 예를 살펴보고, 보다 절충적으로, 중간 영역으로 바꾸어 써 볼 수 있는지 보라. 반드시 정답을 말해야만 한다고 걱정할 필요 없다. 이것은 일종의 기술이다. 다른 기술과 마찬가지로, 익숙해지기 전에는 제대로 수행하기 어렵다. 흑백논리 오류에 도전하기 위한 생각에는 어떤 것들이 있을까?

____

____

____

재앙화/예언하기/결론으로 건너뛰기 미래에 일어날 두려운 시나리오를 가정하는 것

문제

강박장애를 지닌 사람들은 이 인지 왜곡을 굉장히 자주 사용한다. 설사 미래를 예측할 수 있을 것 같은 생각이 든다 하더라도, 우리는 미래를 예측할 수 없다. 당신이 매우 영리하고 또 추측에 소질이 있을지 몰라도, 당신은 점쟁이가 아니다. 강박장애는 당신에게 이렇게 속삭일 것이다. 강박행동을 하지 않으면 당신이 무너지고 말 거라고, 누군가 다칠 거라고, 세상이 끝날 거라고, 최악의 상황이 벌어질 거라고 말이다. 끔찍한 미래를 떠올리게 할 뿐 아니라, 당신에게 이를 견디거나 대처할 능력이 없다고 말할 것이

다. 당신의 강박장애가 만들어 내는 끔찍한 예언에는 어떤 것들이 있는가?

도전하기

미래를 예측하는 방식으로 자동적 사고가 나타난다면 '난 미래를 예측할 수 없어.'라고 먼저 인정하라. 다음은 자신에게 '이런 일이 일어날 수도 있어. 하지만 확실하진 않아. 만약 그런 일이 일어난다면 안 좋은 상황이 될 수도 있어. 따라서 이를 다루는 방법을 찾아야 할지도 몰라.'라고 말해 보라. 당신의 예언이 완전히 잘못되었다는 것을 의미하는 것은 아니다. 마지막 문장이 당신을 조금 자극한다 해도 괜찮다. 우려하는 일이 현실로 나타나게 될지 아닐지는 아무도 알 수 없다. 그러므로 그러한 일이 마치 100% 일어날 것처럼 행동할 필요는 없다. 재앙적인 일이 일어나지 않을 것이라고 자신을 확신시키라는 말이 아니다. 자신에게 미래는 알 수 없으며, 그런 일이 일어날 증거가 없다고 말해 보라. 앞에서 작성한 재앙화 사고의 예를 어떻게 바꾸어 말할 수 있을까?

확대하기 어떤 부분을 더 크게 바라보는 것

문제

만약 당신이 건강염려증을 갖고 있다면, 주근깨가 검은 점으로 보이고, 검은 점이 암 종양처럼 보일 것이다. 나쁜 생각이 아주 최악의 생각이 되고 말 것이다. 감기가 끔찍한 질병으로 보이고, 큰 소리가 폭력 행위로 보이며, 재판에서 발생하는 모든 오류는 엄청난 범죄로 보일 것이다. 당신의 머릿속을 관통하는 끔찍한 생각에는 어떤 것들이 있는가?

도전하기

작은 일을 가지고 크게 부풀려 생각하고 있다면, 그것은 그저 작은 일에 불과하다고 인정하라. 안전하다고 말하는 것이 아니라, 있는 그대로 인정하자는 말이다. 만약 강박장애가 '내 신발 위에 빨간 얼룩이 묻어 있어. 이것은 감염된 핏자국이 틀림없어.' 라고 속삭인다면, 그저 '내 신발 위에 빨간 얼룩이 묻어 있어. 그로 인해 마음이 꺼림직해.'라고 인정하라. 강박장애가 틀렸다고 입증하려 애쓰지는 마라. 단지 그것이 주목받을 만큼의 가치가 없다고 생각하라. 앞에서 작성한 예시들을 다시 보라. 확대하지 말고, 있는 그대로 관찰하는 방식으로 이를 어떻게 다시 묘사할 수 있을까?

긍정적인 면을 무시하거나 평가절하하기 자신의 성취나 긍정적 자질, 특성을 나타내는 증거를 무시하거나 가치를 깎아내리는 것

문제

확증편향(confirmation bias)은 많은 사람이 하는 실수로, 기존 신념을 뒷받침하는 방

식으로 증거를 해석하는 것이다(Nickerson 1998). 우리는 우리의 신념에 반대하는 증거에 대하여 가치를 낮게 평가하는 경향이 있다. 무언가에 의해 자극을 받고 있는 중이라면, 당신의 인생 경험이 쓸모없게 느껴질 것이다. 나쁜 일이 일어날 가능성이 진실이라고 속삭이는 목소리가 들릴 수도 있다. 예를 들어, 실제로는 당신이 아이에게 매우 헌신적임에도 불구하고, 아이를 밀어붙이는 장면을 머릿속에서 떠올렸다는 사실만으로 스스로를 '학대하는 아버지'로 단정 지을지 모른다. 또는 TV에서 아름다운 여배우를 봤다는 사실만으로 외도를 한 것과 다름없다고 생각할 수도 있다. 이런 경우라면, 실제 아이와 아내에게 헌신적인 삶을 살았다고 하더라도 이에 대하여 스스로를 칭찬하기 어려울 것이다. 왜냐하면 현실에서 당신이 아무리 헌신적이라 하더라도 이것이 머릿속에서 종일 속삭이는 목소리와 상반된 내용이기 때문이다. 강박사고로 인해 실제적 증거를 무시한 적이 있는가? 긍정적인 면을 무시하거나 평가절하한 내용을 적어 보라.

도전하기

가정에 도전하기 위해 경험을 증거로 사용할 수 있다. 예를 들어, 당신이 만약 성 지향 강박장애(sexual orientation OCD)로 힘들어하고 있다면, 당신이 그동안 남성 또는 여성 중 어떤 성별의 사람들과 사귀어 왔는지, 과거 경험의 가치를 무시하고 있을지 모른다. 이에 도전하기 위해 '경험상, 난 지금까지 남성(여성)들과 사귀어 왔어.'라고 반응하는 것이다. 그저, 강박장애가 우기는 내용이 당신의 삶의 증거에 의해 뒷받침되지 않는다고 말하는 것이다. 당신이 앞에서 적은 '긍정적인 면의 평가절하' 왜곡에 대하여, 어떻게 도전할 수 있을지 생각해 보라.

감정적 추론 감정을 근거로 판단하는 것

문제

1장에서 설명하였듯이, 감정은 사실이 아니다. 물론 현실을 이해하기 위해 감정을 이용할 때가 있긴 하지만, 감정은 사실은 아니다. 하지만 강박장애는 '그렇게 느껴지는 것으로 보아 그것이 진실이 틀림없어.'라고 당신에게 속삭일 것이다. 불안이라는 감정이 느껴지는 것으로 보아, 과제를 엉망으로 수행하고 말 거라고, 위험이라는 감정이 느껴지는 것으로 보아, 난폭하게 공격당할 것이라고 속삭일 것이다.

감정적 추론에 도전하기 위해서는 감정의 경험과 그 감정이 함축할 수 있는 의미를 구별해야 한다. 위험에 처한 것 같은 감정이 당신을 위험에 빠뜨리는 것은 아니다. 수치심이라는 감정이 당신을 가치 없는 사람으로 만드는 것은 아니다. 그런 느낌이 들기 때문에 그것이 진실이라는 생각이 들 때, 알아차릴 수 있는 방법에는 어떤 것들이 있을까?

도전하기

'그렇게 느껴지는 걸 보니 무언가 나쁜 일이 일어난 게 틀림없어.' 또는 '그렇게 느껴지는 걸 보니 앞으로 나쁜 일이 일어나고 말 거야.' 라는 생각이 드는가? 이에 도전하기 위하여, '느끼는 것과 행동하는 것은 별개야.' 라는 생각을 이용할 수 있다. 감정은 그저 감정일 뿐이라고 인정하라. 마음챙김의 요소가 여기에 해당된다. 강박장애는 감정이 뭔가 특별한 것을 의미한다고 속삭일 것이다. 이러한 강박장애의 논리에 대하여 도전해야 한다. 예를 들어, 폭력에 대한 강박사고를 갖고 있는 사람의 경우, 감정적 추론에 따라 '난 화나고 흥분돼. 이렇게 느끼기 때문에 내가 다른 사람을 해칠지 몰라.' 라고 생각할지 모른다. 이에 도전하기 위하여, 다음과 같은 진술문을 활용할 수 있다. '지금 이 순간 나는 너무 화가 나. 하지만 화가 났다고 해서, 내가 다른 사람을 해치진 않아.' 오염에 대한 강박장애를 갖고 있는 사람의 경우는 '내 자신이 더럽다고 느껴져. 그러니 씻어야만 해.'라고 생각할지 모른다. 이러한 생각에 맞서기 위하여, '더럽다는 느낌이 든다고 해서 내가 더러운 것은 아니야.' 라는 진술문을 활용할 수 있다. 감정이 사실이라는 잘못된 가정들에 대해 어떻게 도전하겠는가?

선택적 추론/관심을 집중하기/터널시야 두려움과 관련된 것에 대해 지나치게 집중하는 것

문제

모든 것이 항상 강박장애와 관련된 것이 아닌데도, 당신 눈에는 많은 것이 그렇게 보일 것이다. 선택적 추론은 당신이 어떤 강박사고를 갖고 있든, 모든 경험을 강박장애와 관련지어 보는 것이다. 마치 붉은색 안경을 쓰고 맑고 푸른 하늘을 올려다보며 하늘이 보라색이라고 단언하는 것과 같다. 붉은색 안경을 썼을 때 하늘이 보라색으로 보인다고 해도, 실제로는 하늘이 보라색이 아니라는 것을 당신은 알고 있을 것이다. 당신 눈에 강박사고와 관련된 것이 더 많이 보이는 것은 당연하다. 연인과 이별했을 때 라디오에서 유독 사랑 노래가 더 많이 들리는 것과 같다. 전에도 사랑 노래가 많이 나왔겠지만, 그것들을 선택적으로 추론하여 생각에 연결시키는 것이다. 당신이 강박사고에 주목할 때 마음속에서 어떤 소리가 들려오는가?

도전하기

마음이 강박사고와 관련된 부정적 세부 사항을 선별하느라 큰 그림을 놓치기 쉽다는 것을 알게 되면, 더 큰 그림을 볼 수 있게 된다. 이것이 진정한 마음챙김이고 도전이다. 마음이 자꾸 강박과 다른 것들을 연관 지으려 한다는 것을 알아차려라. '나는 강박장애 때문에 이런 것들을 잘 알아차리는 경향이 있어. 내 강박사고와 관련되어 있다고 해서, 특별히 주의를 기울일 필요는 없어.'라는 생각으로 답할 수 있을 것이다. 당신의 마음이 강박사고와 관련된 무언가에 초점을 맞출 때, 어떻게 그 마음에 도전할 수 있겠는가?

당위 진술/완벽주의/과도한 통제 절대 굽힐 수 없는 엄격한 규칙을 강박사고에 적용하는 것

문제

강박장애가 없는 사람들도 "난 너무 강박적이야."라고 말할 때가 있다. 하지만 강박장애를 지닌 당신에게는 이들의 말이 별로 와닿지 않을 것이다. 왜냐하면 당신은 이들과 비교가 안 될 정도로, 완벽주의로 인해 큰 고통을 받고 있기 때문이다. 당신이 고통을 느끼는 이유는 기준이 너무 높아서가 아니다. 기준이 점점 더 높아져, 완벽하려 하기 때문이다. 하지만 완벽은 그저 환상에 지나지 않을 뿐, 실제에서는 존재하지 않는다.

강박장애가 당신에게 '반드시 그래야만 해.'라고 말할 때 저항할 수 없는 무력감을 느꼈을 것이다. 누구라도 늘어지기 쉬운 일요일에, 아침 식사로 도넛을 먹고 싶은 마음이 간절해도 '항상 건강에 유의해야만 해.'라고 스스로를 다그치진 않았는가? 성적인 또는 폭력적인 강박사고에 대해 절대 그런 생각을 하면 안 된다며, 그런 생각을 떠올린 것만

으로 자신을 질책하진 않았는가? 모든 대화의 세부 사항을 기억할 수 있어야만 하고, 당신이 읽는 모든 책의 모든 내용을 이해해야만 한다고 느끼진 않았는가? 이러한 경우라면, 심신이 지치는 게 당연하다.

'해야만 해.'라는 진술문을 만들고 당신의 생각을 과도하게 통제하는 것은, 현실을 있는 그대로 받아들이지 못하게 한다는 점에서 마음챙김을 방해한다. 이 세상에 단 한 가지 방법만이 존재하고 그 방식이 아니면 안 된다고 생각하는 것은, 현실을 있는 그대로 받아들이지 못하게 한다. 당신이 가지고 있는 엄격한 규칙에는 어떠한 것들이 있는가?

도전하기

강박장애가 당신에게, '이런 생각을 해서는 절대로 안 돼.' 또는 '반드시 이 행동을 해야만 해.' 라고 말한다면, 그 완고함을 마음챙김으로 다루어라. 강박행동을 하고 싶은 충동을 알아차린 뒤, '반드시 그래야만 한다는 태도는 틀렸어. 나는 선택할 수 있고, 융통성을 가질 수 있어.'라고 말하라. 예를 들어, 균형과 관련된 강박 충동과 싸우고 있다면, '책을 반듯하게 놓아야만 해.'라는 생각이 떠오를 것이다. 이때 '책을 일렬로 줄 세우고 싶은 충동이 있어. 하지만 그것을 그대로 둠으로써 강박장애에 도전할 수 있어.' 라는 생각으로 도전해 볼 수 있다. '해야만 해.'라는 표현을, '그렇게 하면 내게 도움이 될 거야.'라고 표현을 바꾸는 것도 도움이 될 것이다. 그 후, 그 당위 진술이 여전히 타당한지 살펴보라. 가스밸브가 잠겨 있는지 확인하기 위해 집으로 돌아가는 것이, 일시적인 불안을 줄이는 것 외에 어떤 도움이 되겠는가? 일을 완벽하게 했는지 계속 확인하느라 오랜 시간 늦게까지 일하는 것이, 단기간의 불안을 감소시키는 것 외에 어떤 도움이 되겠는가? 당신의 완벽주의 신념에 도전하기 위한 다른 생각에는 어떠한 것들이 있을까?

비교와 대조 다른 사람의 경험을 잣대로, 자신의 경험을 부정적으로 바라보는 것

문제

우리는 자신을 다른 이들과 비교하고 대조하는 사회적인 동물이다. 비교하고 대조하는 행위에는 문제가 없다. 다만 '비교'하는 것을 매우 중요하게 여긴 나머지, 관련하여 무언가를 해야만 한다고 가정하는 것이 문제이다. 강박장애가 없는 사람들과 비교할 때 그들의 삶은 편안할 것만 같겠지만, 실상은 그렇지 않다. 그들은 그들 나름의 문제를 갖고 있다. 몸은 슈퍼모델과 비교하고, 지능은 천재들과 비교하며, 종교적 신념은 영적 조언자와 비교하는 것은 왜곡된 정보를 제공할 뿐이다. 비교 대상이 누구이든, 그 사람은 당신과 다른 유전자를 가지고 다른 유년기를 보냈으며, 다른 학교에 다녔고 다른 직업을 가지고 있다. 심지어 당신의 형제자매들도 가족 내에서 당신과 다른 경험을 하였으므로, 비교 대상이 될 수 없다. 강박장애가 당신에게 '저 사람은 당신과 다르지 않아. 그런데 당신보다 훨씬 더 나은 선택을 했어.'라고 속삭일지 모른다. 물론, 살면서 당신이 매번 최선의 선택을 하지는 못했을 것이다. 하지만 당시에는 어떤 것이 최선인지 몰랐으니, 그럴 수밖에 없었던 것이다. 다른 사람들의 자질 중, 당신도 가졌으면 하고 바라는 자질이 있는가? 그것이 무엇인지 적어 보라.

도전하기

당신이 '비교'하고 있음을 일단 알아차리면, 그 행동을 거부하거나 중단할 수 있다.

회사에서 같이 일하는 동료를 볼 때 '저 사람은 나보다 똑똑해.'라는 생각이 떠오를 수 있다. 그렇다면, '다른 사람과 비교할 필요 없어. 난 저 사람의 장점과 단점을 다 알지 못해.'라는 생각으로 도전해 보라. 혹은 '저 사람은 강박사고 때문에 나처럼 힘들진 않잖아.'라는 생각이 들면, '다른 사람들은 그저 다른 사람이야. 나는 그들이 어떤 다른 문제로 힘들어하는지 몰라.'라는 생각으로 도전해 볼 수 있다. 비교에 도전하기 위한 다른 방법에 어떤 것이 있을지 생각해 보라.

독심술과 개인화 다른 사람들의 마음을 읽을 수 있다고 생각하거나, 다른 사람이 그렇게 행동한 이유가 당신의 강박사고 때문이라고 생각하는 것

문제

다른 사람들이 무슨 생각을 하는지, 왜 그런 행동을 하는지 알 것 같은가? 그것은 앞에서 설명했던 '재앙화'와 마찬가지로 추측일 뿐이다. 당신은 다른 사람들이 어떻게 생각하는지, 왜 그런 선택을 했는지에 대해 결코 알 수 없다. 심지어 그들이 직접적으로 말을 했다 하더라도, 그들이 솔직하게 말했는지 장담할 수 없다. 그러므로 '저 사람은 이런 생각을 하는 게 틀림없어.'라는 생각이 떠오르면, 강박장애가 당신을 속이고 있다고 가정하라. 예를 들어, 어떤 사람이 당신과 이야기를 나누다가, 갑자기 대화를 중단했다고 상상해 보자. 그 사람이 그렇게 행동한 이유가 당신 때문이라고 생각할 수 있겠지만, 그것은 사실이 아니다. 이는 '개인화' 인지 왜곡에 해당된다. 실제로는 그 사람이 배탈이 나서 대화를 중단했거나, 그 사람 자신의 침투 사고 때문에 당황스러워서 대화를 중단한 것일 수도 있다. 또 다른 예로, 어떤 사람이 당신을 보고 미소를 지었다고 상

상해 보자. 당신이 성적인 강박으로 고생하고 있다면, 당신이 그 사람에게 매력을 느꼈다는 것을 그가 알아챘다고, 그래서 그 사람이 나한테 미소를 보낸 거라고 추정할지 모른다. 또 어떤 사람이 당신 근처에 있던 접시를 치웠다고 상상해 보자. 만약 당신이 자신 또는 타인을 해칠까 봐 걱정하는 강박을 가지고 있다면, 당신이 접시를 이용하여 누군가를 해칠까 봐, 그게 두려워 그 사람이 접시를 치웠다고 생각할지도 모른다. 다른 사람의 생각이나 행동에 대한 두려움 때문에 강박행동을 해야 할 것 같은 압박감을 느끼는가? 마음속에서 어떤 생각이 떠오르는가?

도전하기

다른 사람이 어떤 생각을 하고 있는지, 다른 사람이 왜 그렇게 행동했는지 생각하느라 마음이 바쁜가? 그렇다면 '나는 다른 사람의 마음을 읽을 수 없어. 따라서 저 사람이 왜 그렇게 행동했는지 알 수 없어.'라는 말로 그 생각에 도전해 보라. 그저 강박장애의 속임수에 지나지 않는다고 생각하라. 다른 사람의 행동을 당신의 문제로 개인화할 때를 알아차리고, '저 사람이 그 말을 한 이유가 내 강박사고 때문일 수도 있고 아닐 수도 있어. 그러니 그것과 관련해서 내가 지금 당장 뭔가를 할 필요는 없어.'라고 스스로에게 말할 수 있다. 독심술과 개인화 사고에 효과적으로 도전할 수 있도록, 당신의 말로 표현해 보라.

과도한 책임감 비극적인 사건을 예방하기 위한 책임이 당신에게만 있다고 생각하는 것

문제

강박장애는 당신에게, 당신만이 끔찍한 일이 일어나는 것을 막을 수 있는 유일한 사람이라고 속삭일 것이다. 더 나아가, 이 책임을 회피한다면 당신은 악의 화신이라고 주장할 것이다. 이 과정에서 과장과 왜곡된 논리를 사용할 것이다. 당신이 만약 과도한 책임감 강박사고에 사로잡혀 있다면, 다른 사람이 감염될까 봐 과도하게 주변을 깨끗하게 하려는 노력을 할지 모른다. 아니면, 차 사고를 예방하기 위해 도로 한가운데에 놓인 이물질들을 당신이 모두 치워야 한다고 생각할지도 모른다. 제프 벨(Jeff Bell 2007)[1]은 『되감고, 다시 하고, 되풀이하다(Rewind, Replay, Repeat)』라는 책에서 자신의 강박장애 경험을 기술하였다. 그는 그 책에서, 건설 인부들이 남겨 놓은 교통 삼각뿔을 보며, 그것 때문에 사고가 나지는 않을 거라고 생각하는 것이 매우 고통스러웠다고 회고하였다. 당신도 강박행동을 하도록 부추기는 과도한 책임감의 기준에 자신을 붙들어 매고 있는가? 그때가 언제인가?

도전하기

강박장애가 당신에게 직장에 있는 커피메이커를 직접 확인해야 한다고 속삭일지 모른다. 당신이 직접 하지 않으면 끔찍한 일이 일어날 거라고 말할지도 모른다. 누군가 이미 확인했다 하더라도 말이다. 강박장애는 당신에게 책임감 있고 이기적이지 않은

1) [역자 주] 제프 벨(Jeff Bell): 미국에서 왕성히 활동하고 있는 유명 라디오 앵커

사람, 즉 좋은 사람이 되는 것이 중요하다고 말할 것이다. 이에 대하여, '죄책감을 피하기 위한 목적으로 강박적으로 확인하는 것과 좋은 사람이 되는 것은 아무런 관련이 없어. 모든 일을 내가 책임질 수는 없어. 위험을 감수해야만 해.'라는 생각으로 도전할 수 있다. 자신이 100% 책임을 져야 한다는 신념 뒤에 숨은 생각에도 도전할 수도 있을 것이다. 과도한 책임감에 따라 행동하지 않을 때 여러 결과가 나타날 수 있다는 사실을 인정하면서, 동시에 모든 결과가 나쁘다고 확신할 수는 없을 것이다. 지나친 책임감을 지니는 당신의 마음에 어떻게 도전할 수 있을까?

마술적 혹은 미신적 사고/사고-행위 융합 어떤 생각을 하기만 해도 그 사건이 일어날 수 있다고 믿는 것

문제

마술적 사고는 강박장애를 지닌 사람들이 많이 하는 인지 왜곡이다. 특히 확인 강박 행동을 지닌 사람들이 많이 하는 인지 왜곡에 해당된다(Einstein and Menzies 2004). 필자는 앞서 여러 번, 당신을 불편하게 했던 생각들을 써 달라고 요청하였다. 혹시 그러한 생각을 떠올릴 때, 마치 그 일이 일어날지도 모른다고 생각하지 않았는가? 이 책에서 몇 군데 마음에 걸리는 부분을 읽으며, 그런 글을 읽었으니 끔찍한 일이 일어날 수 있다고 두려워하지 않았는가? 마술적 사고는 말도 안 되는 일이 생길 수 있다며 당신의 마음을 속일 수 있다. 사고와 행위를 융합시키는 것은 생각에 중요성을 부여함으로써 마음챙김하는 능력을 손상시킨다. 사고-행위 융합은 도덕성 융합(나쁜 생각을 하는 것은 나쁜 행동을 하는 것과 같다) 및 가능성 융합(어떤 일을 생각하는 것은 그 일이 실제로 일어

날 가능성을 높인다)으로 나타난다(Berman et al. 2011). 사고와 행위가 같다고 느껴질 때가 있는가? 또는 생각만으로 어떤 일이 일어날 것 같은가? 어떤 내용인지 자세하게 기록해 보라.

도전하기

대부분의 사람들은 사고-행위 융합에 대해, '마술은 바보 같은 거야. 마술적으로 어떤 일이 일어날 거라고 확신할 수는 없어.'라는 생각을 통해 쉽게 도전한다. 반면, 강박장애를 지닌 사람에게는 사고-행위 융합에 도전하는 것이 쉽지 않을 것이다. 그럼에도, 지속적으로 도전해 보라. '내 생각이 이런 나쁜 일들을 일으킬지 장담할 수 없어. 어떠한 강박행동도 확신을 주지 못해. 나아지길 원한다면 위험을 감수해야 해.'라는 생각으로 도전할 수 있을 것이다. 이번 기회에 강박사고의 증거가 실제로 나타나는지 평가해 보라. 예를 들어, '아내가 자동차 사고를 당하는 장면이 떠올랐어. 하지만 난 '괜찮을 거야.' 라고 중얼거리지 않았어. 따라서 아내가 자동차 사고를 당하고 말거야' 라는 생각에 대해, '내 생각이 교통사고를 유발할 수 있다는 그 어떤 증거도 없어.'라는 생각으로 도전해 볼 수 있을 것이다. 당신의 마음이 관여하는 마술적 사고에 어떻게 도전할 수 있을지 적어 보라.

자동적 사고 기록지

자동적 사고 기록지 작성은 인지치료에서 널리 사용되는 방법으로(Bennett-Levy 2003), 강박장애에 도전하는 좋은 도구이다. 자동적 사고 기록지는 당신의 마음을 건드리는 상황을 기록하고, 마음이 취하는 자동적 사고를 인지한 뒤, 그것을 더 객관적인(본질적으로 더 마음챙김하는) 입장으로 전환하는 데 이용된다.

여기에서는 '촉발 요인, 자동적 사고, 도전하기' 칸으로 구성된 단순한 형태의 사고 기록지를 이용할 것이다. 강박장애에 대항할 무기로 마음챙김과 인지치료법을 함께 이용하기 위해, 왜곡된 사고를 빠르고 간단하게 평가하는 것은 매우 중요하다. 그렇지 않으면, 당신은 생각을 검토한다 하더라도 마음챙김을 하지 못한 채 생각에 가치를 더하여 정신적인 의례에 몰두하게 될 것이기 때문이다.

이렇게 왜곡된 생각에 도전하는 연습을 함으로써, 마음이 강박장애가 원하는 곳이 아닌 다른 곳으로 가게 할 수 있다. 예를 들어, 더럽다고 생각되는 무언가를 만지는 촉발상황에서, '난 오염되었어. 그러니 씻어야 해.'라는 자동적 사고가 떠오를 수 있다. 이때 자동적 사고 기록지에 이 사건을 기록한 뒤, '내 손이 더러워졌는지 아닌지 알 수 없어. 그리고 난 이 불편한 느낌을 참을 수 있어.'라는 생각으로 왜곡된 사고에 도전할 수 있다. 이렇게 한다면, 다음에 또 같은 자동적 사고가 떠오를 때 이전에 작성했던 다른 대안적 사고를 떠올릴 수 있을 것이다.

자동적 사고 기록지를 사용할 때 유의할 점은, 이 작업의 목적이 자신을 안심시키는 데 있지 않다는 것이다. 자동적 사고 기록지를 작성하는 목적은 강박행동을 하지 않고, 촉발되는 상황들에 대하여 마음챙김적으로 수용하는 데 있다.

자동적 사고 기록지

촉발 요인 무엇이 당신을 자극하는가?	**자동적 사고** 강박장애가 당신에게 뭐라고 속삭이는가?	**도전하기** 왜곡된 생각에 대하여 어떠한 대안적 생각으로 도전할 수 있을까?

3장

마음챙김과 행동치료

'파블로프(Pavlov)의 개' 실험에 대해 들어본 적이 있는가? 개는 먹이가 제공될 때 본능적으로 침을 흘린다. 만약 개에게 먹이를 제공하면서 종소리를 함께 들려주고 이를 반복하면, 나중에 개는 종소리만 듣고도 침을 흘린다. 이런 결과는 '학습'된 것으로, 이러한 학습 과정을 파블로프의 조건화 혹은 고전적 조건화라고 부른다(Clark 2004). '개의 침 흘림(반응)'이 '종소리(자극)'와 연합된 것이다. 강박장애도 마찬가지이다. 강박장애에서는 '불안한 감정 상태(반응)'와 '원치 않는 생각(자극)'이 연합된다. 학습이 되지 않은 자연적인 상태에서 개가 종소리를 듣고 침을 흘리지 않는 것처럼, 사람들은 본래 생각이 떠오를 때 불안감을 느끼지 않는다. 하지만 강박장애를 가진 사람들은 고전적 조건화 과정을 통해, 특정 생각(자극)에 대하여 불안의 정서(반응)를 느낀다. 강박장애를 지닌 사람들이 불안을 느끼게 되는 생각은 실상 대부분의 사람들이 대수롭지 않게 여길 만한 생각이다. 그들은 그저 그 생각에 대하여 불안을 느끼도록 학습된 것이다.

조건화의 개념은 심리학자 스키너(B. F. Skinner)에 의해 더욱 발전되었다. 스키너는 보상과 결과에 반응하여 행동이 수정된다는 사실을 증명하였으며, 이 과정을 조작적 조건화라 칭하였다(Staddon and Cerutti 2003). 강박장애를 가진 사람들은 고통을 완화시키기 위해 강박행동을 한다. 강박행동이 고통을 일시적으로 완화시켜 주기 때문에, 사람들은 더 많은 강박행동을 하게 된다. 이를 '부적 강화'라고 부른다.

하지만 강박행동은 일시적으로 고통을 감소시켜 줄 뿐, 결국 더 많은 강박행동을 하게 해서 더 큰 고통을 가져온다. 다시 말하면, 생각으로 인해 고통을 경험하고 그 고통을 줄이기 위해 강박행동을 하지만, 강화를 통해 불안이 다시 나타났을 때 더 많은 강박행동을 하게 된다는 것이다. 이 순환의 고리를 강박사고-강박행동 사이클이라고 한다.

강박사고-강박행동 사이클

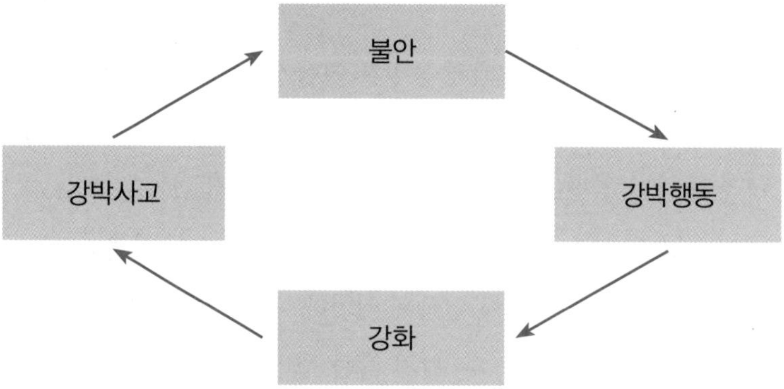

만약에 원치 않는 생각에 대하여 지금까지와는 다른 행동을 선택한다면, 처음에는 몹시 불편할지도 모른다. 하지만 결국 당신은 적응하게 될 것이다. 습관화라고 불리는 새로운 짝짓기 과정이 발생하기 때문이다. 강박적이고 회피적인 행동을 그만둘 때에만 이런 부적 강화를 중단할 수 있다. 그리고 원치 않는 생각의 존재를 견디는 법을 배울 수 있다. 이를 반복한다면 결국 한때 당신을 흔들던 생각들로 인해 더 이상 당신은 흔들리지 않을 수 있다.

행동치료적 관점에서 볼 때, 당신은 당신의 생각, 감정, 신체 감각을 통제할 수 없다. 오로지 행동만을 선택할 수 있다. 당신에게 강박장애가 있다면, 부조리하고, 끔찍하며 위협적으로 보이는 마음속 생각들이 계속 떠오를 수밖에 없을 것이다. 이러한 생각들이 떠오르지 않도록 통제할 수는 없다. 대신 당신은 당신의 행동을 통제할 수는 있다. 이럴 때에만 당신은 마음이 경험을 어떻게 조작할지 가르칠 수 있다.

당신은 마음속에서 일어나는 일을 결정할 수 없다

'당신'과 '당신의 뇌'를 구분하여 생각해 보자. 뇌는 신체 기관이다. 뇌가 하는 일 중 하나는 생각을 만들어 내는 것이다. 당신은 생각을 파헤칠 수 있고, 이러한 분석을 통해 보다 영리해질 수도 있다. 하지만 당신이 생각 자체를 만들어 낼 수는 없다. 즉, 어떤 종류의 생각이 일어나고, 마음의 레이더가 어떤 생각을 잡을지는 모른다. 당신은 떠오르는 생각을 결정할 수 없다. 단지 그 생각과 함께 무엇을 할지에 대하여만 결정할 수 있다. 강박행동은 마음을 판단하고 억압하며 통제하는 행동이다.

감정도 마찬가지이다. 때로는 원하는 대로 일이 진행되지 않아도 행복을 느낄 때가 있다. 또 때로는 그리 위험하지 않은 일에도 두려움을 느낄 때가 있다. 그렇다면 당신은 스스로 감정을 안정적으로 조절할 수 있을까? 그렇다. 더 나아가 당신은 감정이 행동을 멋대로 결정하지 않게 만들 수 있을까? 전적으로 그렇다. 그러나 생각의 경우처럼 어떤 감정이 당신에게 일어날지에 대하여는 당신은 결정권이 없다. 감정을 선택할 수 있었다면 우리는 사는 내내 늘 행복했을 것이다.

몸에서 느껴지는 신체 감각, 충동, 자극들도 마찬가지이다. 이것들이 언제 나타날지, 또 언제 사라질지에 대하여 통제할 수 있는 권한이 우리에게는 없다. 하지만 이것들에 어떻게 반응할지는 선택할 수 있다. 강박장애를 지닌 당신은 신체 감각, 충동, 자극들에 대하여 왜곡된 생각으로 반응을 하거나, 강박행동으로 반응해 왔을 것이다. 하지만 이렇게 하는 것은 당신 삶에 이들의 존재를 오히려 부각시키는 것이다.

우리가 완전히 통제할 수 있는 것은 행동밖에 없다. 강박장애로 고생하고 있다면 처음에는 이것을 받아들이기 어려울 것이다. 살아남기 위해 강박행동을 반드시 해야 한다고, 또한 다른 선택의 여지가 없다고 믿었기에 강박행동을 해 왔을 것이다. 이는 사실이 아니다. 당신이 강박행동을 하기로 선택했었기 때문에 지금까지 강박행동을 해 왔던 것이다.

행동을 바꾸면, 생각과 감정이 따라간다

거미가 위험하다고 생각하고 거미로 인해 위험에 처할 것 같다면 무슨 수를 쓰든 거미를 피하는 것이 논리적이고 이성적인 행동이다. 만약 거미가 주변에 없거나 거미를 떠올릴 만한 단서가 주변에 없다면, 이러한 회피 행동으로 인해 어려움을 겪지는 않을 것이다. 하지만 어떤 사정 때문에 거미에 대한 생각과 감정을 제거하고자 한다면, 행동을 변화시키는 방법밖에 없다. 예를 들어, 당신이 애완 거미를 키우는 사람과 사랑에 빠졌다고 가정해 보자. 그 사람 가까이 있고 싶지만, 거미 때문에 끔찍한 죽음을 당하게 될 거라는 생각이 떠올라 꺼려질 것이다. 치료자를 찾아가 당신이 가진 생각과 감정을 없애 달라고 요구하고 싶을 것이다. 안타깝게도 그것은 불가능하다.

좋은 인지행동치료자라면 이러한 상황 속에서 당신의 행동을 다루어 준다. 거미가 당신을 죽일 거라는 생각, 그리고 위험에 대한 감정이 완화되기를 기대하기보다, 당신이 거미를 견딜 수 있도록 행동 계획을 짜줄 것이다. 거미 그림 바라보기와 같이 간단한 것부터 시작할 것이다. 처음에는 당신의 생각과 감정이 '오 이런, 그림만 봐도 끔찍해!'라고 말할 것이다. 하지만 시간이 흘러 습관화가 이루어지면, 당신의 생각과 감정이 '거미 그림, 사실 알고 보니 별거 아니네.'라고 말하는 순간이 올 것이다.

처음에는 생각, 감정과 반대로 행동하는 것이 몹시 끔찍할 것이다. 일반적으로 생각이 먼저 행동을 따라간다. 감정이 행동을 따라가는 데는 시간이 더 걸린다. 거미가 그리 끔찍하지 않은 것처럼 행동하며, '내가 거미를 좋아하지는 않지만, 거미 때문에 끔찍한 죽음을 당하지는 않을 거야.'라는 생각을 할 수 있다. 하지만 감정은 완고하여 그 마음을 바로 따라가지 못할 것이다. 감정은 당신에게 여전히 위험하다고 말하며, 거미를 회피하길 간곡히 부탁할 것이다. 이때 마음챙김을 하며 감정과 일치하지 않는 행동을 독립적으로 수행하면서 감정이 괜찮아질 때까지 그 행동을 지속적으로 유지해야 한다. 빠르게 뛰었던 심박수가 안정될 때까지 시간이 어느 정도 걸릴 것이다. 하지만 직면 수준이 점차 높아지면서, 생각과 감정이 결국 행동을 따라가게 될 것이다. 이것이 바로 '점진적 직면 및 반응 방지'이며 강박장애 치료에서 핵심적인 부분이다.

직면 및 반응 방지

직면 및 반응 방지는 강박적 두려움을 유발하는 상황에서 강박행동을 하지 않으면서 체계적, 반복적, 지속적으로 직면하는 것이다(Abramowitz 2006). 간단히 말해서, 두려움 앞에 이론적(예: 상상하기), 실질적(예: 실제로 만지기)으로 직면하되, 강박행동을 하지 않는 연습을 하는 것이다.

만약 어떤 것에 관한 강박을 멈추기 원한다면, 관련된 생각과 감정에 반응하는 것을 멈추어야 한다. 이를 위해서는 연습이 필요하다. 두려워하는 것(실제적인 것 혹은 단지 생각과 감정일 수 있는)에 직면해야 하고, 강박행동으로 자동적으로 반응해 왔던 것을 멈추어야 한다.

실제 상황 직면

마음챙김은 직면하는 것이다. 생각을 경험할 때 생각의 존재를 그 자체로 받아들이고 강박행동을 하지 않으며 생각에 직면하는 것이다. 위협적인 생각이 떠오를 때 생각의 의미를 확인하려 애쓰지 않고 그 생각을 내려놓는 것이며, 이럴 때 어떤 일이 일어날지에 대하여 직면하는 것이다. 두려운 감정을 그대로 느끼는 가운데, 두려운 감정이 행동을 결정하는 것을 허용하지 않도록 하는 상황에 직면하는 것이다. 특정 생각—오염, 위해, 관계, 성적 성향 혹은 그 어떤 것이든—에 대한 끊임없는 전투는 깨어있는 매 순간 당신의 에너지를 소진시켜 버린다. 이제 당신은 인생에서 이러한 강박사고가 해 왔던 역할을 변화시킬 필요가 있다.

직면이란 카메라 렌즈를 빛에 노출시키는 것처럼 당신이 무언가에 활짝 열고 있다는 것을 의미한다. 반응 방지는 직면과 관련하여 일어나는 어떤 것을 단호히 중지하는 것을 말한다. 간단히 말해서, 직면 및 반응 방지를 통해 성취하고자 하는 것은 끊임없이 도망치는 것 대신에 두려움과 함께 머무는 시간을 갖는 것이다. 두려움이라는 적을 피해 도망치는 것이 아니라 적과 함께 링 위에 올라 당당히 머무는 것처럼 말이다.

당신의 마음은 강박사고가 생기면 강박행동이 반드시 뒤따라가야 한다고 학습했을 것이다. 사실 신중한 계산을 토대로 당신은 이러한 학습을 지속해 왔을 것이다. 그러나 만약 강박행동을 하지 않고 두려움 앞에 당당히 설 수 있다고 마음에게 잘 설명할 수 있다면, 당신의 마음은 강박행동을 그저 하나의 선택으로 인정하게 될 것이다. 이것을 인정한다면 강박사고는 더 이상 이전처럼 자동적으로 중요하지도 않게 되고, 강박행동은 물론이고 그것에 대해 어떠한 반응도 할 가치가 없게 될 것이다.

어쩌면 당신은 언론이나 대중 매체에서 직면 및 반응 방지를 혐오스러운 것, 위험한 것, 터무니없는 것을 억지로 하도록 강요하는 것으로 묘사하는 것을 보았을 수도 있다. 실상 이것은 직면 및 반응 방지가 아니다. 직면이라는 것이 확실히 당신의 한계를 밀어붙이는 것과 관련이 있는 건 사실이지만, 치료자가 수영을 못하는 당신을 처음부터 수

영장의 깊은 물 속으로 떠밀며 수영하는 법을 배우게 하는 것이 아니다. 우리는 여기에서 뇌 근육을 만들고 있는 것이다. 우리가 헬스장에서 몸 근육을 만들 때에도 100kg짜리 역기부터 시작하지는 않을 것이다. 그러면 그날로 낙담해서 당장 헬스장을 그만두게 될 것이니까. 반대로 우리는 직면 및 반응 방지에 있어서 너무 쉬운 연습만 반복해서 시간을 헛되이 낭비하지도 않을 것이다. 당신이 헬스장에서 1kg가 채 안 되는 아령을 쉽게 여러 번 들어올릴 수 있다고 해서, 이것만으로도 탄력있는 이두박근을 만들 수 있다고 생각하는 것은 일종의 망상이 아니겠는가. 결국 당신에게 필요한 것은 노력하기만 한다면 성취 가능한 것부터 서서히 시작하여, 도전이 더 이상 도전이 되지 않을 때까지 꾸준히 연습하는 것이다. 그리고 그때에 이르면 한 단계 무게를 올려 다시 또 연습하는 것이다.

강박의 위계 정하기

직면 및 반응 방지를 시행하기 위한 첫 번째 단계는 당신이 지금 어떤 것들에 맞서야 하는지를 잘 아는 것이다. 직면 및 반응 방지를 할 계획이라면 직면과 반응 방지를 하기 위한 것들의 목록이 필요하다. 다른 사람들이 보통 이 목록에 포함시키는 것의 예를 살펴보려면 이 책 2부에 있는 특정 강박사고 부분을 찾아보라. 목록의 순서를 정하는 것에 대해서는 일단 걱정할 필요가 없다. 강박의 위계를 정하는 것은 다음에 해야 할 과제이다. 다음의 항목들을 읽은 후, 당신의 목록을 작성해 보라.

1. 당신이 수행하는 강박행동의 목록을 만들어 보라. 이 목록에는 강박사고에 직면했을 때 스스로를 안심시키기 위해 수행하는 어떤 신체적 혹은 정신적 의례가 포함된다. 또한 강박장애 때문에 과도하게 하는 반복적 행동이나 강박사고와 관련하여 안심하기 위한 어떤 것이든 이 목록에 포함된다(예: 강박사고에 관해 다른 사람에게 요구하거나 확인하기, 당신의 생각을 고백하기, 강박사고와 관련된 웹사이트를 방문

하기 등).

2. 당신의 강박사고 때문에 회피하는 어떤 것이든 이것도 목록을 만들어 보라. 당신은 종종 특정한 어떤 것(예: 칼, 고양이, 차) 근처에 있기 때문에 의식적으로 무언가를 회피하게 될 수도 있다. 무언가를 본다는 생각만으로도 강한 회피 충동을 유발하기도 한다(예: 당신과 다른 성적 지향성의 내용을 담은 포르노그래피나 공포영화 등)

이제 당신이 작성한 목록을 살펴보라. 당신을 늘 촉발시키는 것들의 목록을 바로 앞에 두고 있을 텐데, 강박행동을 하지 않으면서 가만히 있는 느낌이 어떤가? 몹시 힘들고 불편할 것이다. 이때 힘들고 불편한 정도의 순서, 즉 강박의 위계를 이제 정해 보려 한다. 각 항목별로 수치를 사용해서 서열을 매겨보는 것도 도움이 된다. 꼭 정확하지 않아도 좋다. 각 항목이 당신에게 고통을 주는 정도는 앞으로 계속 바뀔 수도 있고, 직면 및 반응 방지를 경험하는 동안 목록의 순서가 바뀔 수도 있다. 자, 이제 당신에게 가장 만만한 것부터 가장 힘들고 어려운 순서로 목록을 다시 작성해 보라.

이것이 당신이 맞서 다루어야 하는 것들의 목록이다. 이 목록은 강박사고를 극복하기 위해 당신의 삶에서 제거할 필요가 있는 것들이다. 이제 당신은 차례로 하나씩 그것들을 두드릴 것이다. 이제 당신은 더 이상 생각의 노예가 아니다. 당신은 이를 강박장애 뇌에게 분명히 보여 주기 위해 마음의 힘을 사용할 것이다.

일반적으로 당신은 그것이 이미지이든 신체적인 것이든 상관없이, 당신이 직면한 그 무엇들이 별거 아니라는 식으로 믿고 싶어할 것이다. 사실 당신은 이것들을 별로 두려워하지도 않을 수 있다. 이러한 것들과 마주했을 때 그 자체를 두려워한다기보다는 당신이 얼마나 나쁘게 느낄지에 대해 좀 더 두려워하고 있을 가능성이 크다. 이제 효과적으로 직면할 수 있도록 당신이 회피하는 것에 대단히 힘을 쏟고 있다는 느낌을 만들 필요가 있다. 당신은 이런 감정을 일으키는 데 참여해야 한다. 만약 촉발 요인 앞에서 그러한 고통을 느끼지 못하면 당신은 그 촉발 요인을 피하는 것이 중요하다고 생각하지 않을 것이다.

비록 몇몇 경우에서는 이전에 두려워했던 것들(무서운 영화나 총 같은)에 대한 애호가가 될 수도 있을 테지만, 당신이 직면하고 있는 것을 즐기도록 하는 것 자체가 이 치료의 목표는 아니다. 목표는 마음챙김 그 자체이며, 이를 통해 자동적인 반응으로부터 자유를 얻기 위함이다. 마음챙김은 당신을 뒤흔드는 촉발 요인을 그냥 어떤 것으로 바라볼 수 있도록 마음의 여유를 만들어 준다. 반복을 통해, 모든 것들은 우주에서 그들의 자연스러운 장소로 돌아간다. 오늘은 공중 화장실의 문고리가 방사능을 뿜어내는 더러운 대장균 공장으로 보일 수 있겠지만, 반복적인 접촉을 통해 그것이 그저 문고리일 뿐인 것으로 제자리를 찾게 된다. 문고리에 남아 있는 것이 실제 무엇인지 불확실하지만, 불확실함에 대한 참을성이 늘어날 것이고 이러한 참을성으로 이 모든 것을 허용하게 될 것이다. 그러므로 직면 및 반응 방지를 통해 되찾고자 노력하는 것은, 마음챙김을 잘 수행할 수 있는 능력과 사물을 당신이 두려워하는 것들로 보는 대신, 실제 있는 그대로 볼 수 있는 능력이다.

이제 당신은 기본 목록을 가졌으므로, 각 강박행동을 하나의 또는 일련의 직면 과제로 변환하길 원할 것이다. 목록의 제일 첫 번째부터 시작하라. 화장실을 사용한 후 강박적으로 손을 5번 씻는 강박행동이 있다고 생각해 보자. 이러한 강박행동에 저항할 때 일어날 수 있는 두려움에 맞서기 위해 할 수 있는 것은 많다. 우선 손 씻는 횟수를 5번에서 4번으로 변경할 수 있다. 비누의 양, 씻는 시간과 빈도를 줄일 수도 있다.

당신의 강박행동이 폭력적인 이미지로 유발되는 것을 피하는 것이라면, 당신이 다룰 수 있는 폭력적인 이미지를 가진 것들을 생각해 보라. 지역 뉴스를 보거나 공포영화의 예고편을 보는 것이 해당될 수 있다. 잠깐 시간을 내어 직면에 대한 아이디어를 각 목록 옆에 메모하라. 그것이 말이 되는지 안 되는지는 걱정하지 마라. 당신은 그것들 중 어떤 것도 하지 않을 수 있고, 그것들 모두를 할 수도 있다. 하나를 선택해서 해 보고 예상보다 더 어렵다고 여겨지면 좀 더 쉬운 것으로 돌아갈 수도 있다.

지금 당신은 줄곧 어둠 속에 있다가 막 창문을 열어 빛을 조금 보기 시작한 단계이다. 지금 이 과제가 조금 벅차다면 이 책의 2부에서 당신의 강박사고에 관해 쓴 부분을 읽을 때까지 이 과제를 건너뛰었다가 다시 돌아올 것을 권한다. 당신을 뒤흔드는 촉발요인에 직접적으로 직면하는 것에 대한 다른 아이디어가 있다면 다음의 빈 공간에 적어 보라. 무엇이 강박행동의 충동을 불러일으키는 것일까? 그리고 이러한 것들에 저항하는 법을 당신은 어떻게 익힐 수 있을까?

상상 직면

당신은 이렇게 생각할지도 모른다. '내가 이렇게 직면에 두려움을 느끼는 것은 나 또는 사회에 받아들여질 수 없는 무언가를 내가 시도하기 때문이 아닐까? 나는 누군가에게 상처를 줄지도 모르는 것 혹은 나의 정체성을 영원히 바꿔 버릴지도 모르는 것에 대하여 결코 직면할 수 없어!'

직면 및 반응 방지를 하기 위해서는 더욱 창의적으로 접근할 필요가 있다. 여기가 마음챙김이 강박장애에 중요한 역할을 하는 지점이다. 마음속 직면을 하기 위해 우리는 우리를 두려움으로 안내하기 위한 지도를 만들어야 한다. 그 후 상상 직면이라 부르는 과정을 통해 지도를 따라간다. 상상 직면의 다른 용어는 각본 쓰기이다. 이는 당신이 강박장애의 두려움에 대한 이야기 혹은 각본을 마치 진짜인 것처럼 쓰고 있기 때문에 그렇게 부르는 것이다. 상상의 각본에서 당신은 당신에게 불편감을 유발할 만한 것을 쓰게 된다. 도망치거나 달아나는 것 대신에 당신은 가장 최악의 것을 초대하여 연습하게 된다. 각 문장과 함께 불편함의 정도를 더 올려가는 가운데 거기서 견디도록 애써 보게 된다.

마음챙김의 핵심은 이러한 것들이 단지 머릿속을 지나가는 생각들이라는 점을 인정하는 것이다. 당신의 머리를 통과하는 이러한 생각들을 강박적으로 부정하거나 피하기보다는 상상의 각본 쓰기를 통해 확성기에서 증폭시키듯 생각을 도리어 증폭시켜 본다. 원치 않는 생각이 머리를 통과하는 기차와도 같다고 여길 수 있다면, 당신은 상상의 각본 쓰기를 통해 이 문제를 분명 해결할 수 있다. 강박행동은 기차를 멈추려고 시도하는 헛된 전략일 뿐이고 더욱 심한 고통을 초래할 뿐이다.

보통, 상상의 각본 쓰기는 당신이 스스로 받아들일 수 없는 어떤 행동을 했거나 미래에 하게 될 것이라는 점에 대해 인정하면서 시작한다.

여기 몇 가지 일반적인 예가 있다.

> 나는 이 강박사고를 영원히 생각할 거야.
> 나는 이런 종류의 사람이야.
> 나는 용납될 수 없는 행동을 할 거야.
> 나는 끔찍한 짓을 했어.

당신이 두려워하고 있는 그 무언가가 있다면 지금 이를 정확히 추려내어 그것이 진짜라고 말해 보라. 이 순간에 당신의 마음을 잘 사용할 수 있는지 유심히 관찰해 보라. 그것이 실제가 아니라고 강박적으로 자신을 납득시키려고 하는 것들을 여기에 적어 보라. 이 짧은 활동이 극도로 당신을 뒤흔들더라도 놀라지 마라. 또한 이런 단어들을 종이에 적을 준비가 된 것 같지 않다고 느끼더라도 자책하지 마라. 지금 당장은 이것이 직면이라는 것을 알고, 자신이 어떤 것이든 느낄 수 있도록 자신을 내버려 두어라.

당신은 마음의 아주 먼 변두리에서 발견할 수 있는 최악의 것들에 대해 썼을 것이다. 당신의 강박장애가 당신이 쓴 것을 분석하고 처리하려는 충동을 느낄지 모른다. 보통 강박장애가 말하기 시작할 때, 당신은 충동적으로 뛰어들어 강박행동으로 그 입을 막으려 한다. 여기에서 당신은 그것이 계속 말하도록 내버려 둘 것이고(이것이 직면이다), 안심시키기와 회피하기에 저항할 것이다(이것이 반응 방지이다). 자, 이제 마음의 풍경에서 다음 두려움의 정거장으로 여행하는 과정에 마음을 사용하자.

당신의 두려움이 현실이라면 다음에 무엇을 해야 하는가?

이제 내가 이것을 인정했으니, 나는 ~해야 할 것이다.

지금 당장은 몹시 불편함을 느낄지 모른다. 2부에서 특정 강박사고에 대하여 안내할 것이기 때문에, 지금 당장은 최대 직면 각본에 너무 많은 투자를 하지는 않을 것이다. 지금은 당신이 앞으로 계속 발전시킬 필요가 있는 기술의 청사진들을 단지 바라보고 있는 중이다. 그러니 아직 너무 심각하게 받아들이지 않도록 노력하라. 만약 휴식이 필요하다 느끼면, 휴식을 취했다가 돌아오라. 준비가 되었다면, 방금 용납할 수 없는 어떤 행동을 한 것에 대해 작성했다고 생각해 보자. 그다음에는 무슨 일이 일어날까?

당신은 자신의 두려움에 대해 어떤 행동을 했다는 사실에 어떻게 영향을 받는가?

다른 사람들은 그것에 어떻게 영향을 받는가? 당신의 두려움이 실현된 지금 그들은 무엇을 할 것인가?

당신은 그들의 반응에 어떻게 대응하는가?

이것이 당신을 어떤 사람으로 만드는가?

당신이 저지른 것에 대해 당신은 어떻게 처벌받게 될까? 실제로? 영적으로? 정서적으로?

당신은 어느 시점에서 더 이상 참을 수 없을 것 같은가?

그다음에는 무슨 일이 벌어지나?

상상의 각본쓰기를 시도할 때, 당신의 강박장애가 당신을 완전히 소멸시키는 것조차 허락해야 한다. 이것은 기본적으로 펀치를 맞는 법을 배우는 것이다. 이것은 강박장애와 싸우는 기존 방식들과는 완전히 다른 종류의 싸움법이다. 상대와 펀치를 주고받는 방식이 아니다. 일단 권투 경기장에 뛰어오른 뒤, 링 안에서 강박장애라는 상대가 당신을 두들겨 패도록 일단 두고 보는 것이다. 결국 강박장애는 에너지를 전부 소진해 버리고 말 것이다. 비록 고통스러울 수는 있으나, 당신은 절대로 뻗어버리지 않는다. 페마 초드론(Pema Chödrön 1991)은 매번 새로운 파도가 나타나더라도, 파도에 의해 넘어졌다가 반복적으로 일어서는 모습의 은유를 다음과 같이 소개하였다. "파도가 계속 오고 있지만, 넘어질 때마다 당신은 끊임없이 일어나 걷기를 계속하는 중이다. 잠시 후에 파도가 점점 작아지는 것처럼 보일 것이다." 마침내 강박장애가 지쳐서 쓰러져 버리게 될 것이다. 마음이 아프고 정신적으로 피투성이가 될지 모르지만, 최후에 서 있는 사람은 바로 당신이다. "생각은 당신을 결코 죽일 수 없다!"라는 마음챙김 뒤에 존재하는 진실 때문이다.

그 어떠한 직면에서와 마찬가지로, 학습이 일어나기 위해서는 계속 반복해야만 한다. 상상 직면을 반복하는 방법에는 두 가지가 있다. 한 전략은 매일 처음부터 각본을 다시 쓰는 것이다. 매일 20분 내지 30분을 들여서 마음속 무서운 공간과 강박사고로 들어가고 더 이상 강박행동을 하지 않을 수 있을 때까지 열심히 써 보라. 두려움을 느끼게 하는 새로운 방법을 제시하면서 매일 이야기의 내용이 바뀔 수는 있지만, 각본은 여전히 기본 형식을 따른다. 목표는 그 감정을 계속 느껴 보는 것임을 기억하라. 그 감정 또한 당신의 생각만큼이나 당신이 피하고 있는 것이다. 과도한 반응을 멈추기 위해서, 그 감정을 반드시 경험할 필요가 있다.

다른 전략은 한 가지 강력한 각본을 쓰고, 불편함에 익숙해질 때까지 여러 번 연달아 다시 읽는 것이다. 또는 각본을 오디오 형식으로 기록하고 매일 여러 번 재생할 수 있겠다. 상상의 각본쓰기에 대한 이러한 접근법의 유일한 위험은 각본을 다시 읽거나 쓸 때 '영역을 벗어나는' 경향이 있다는 점이다. 이것은 역효과를 낳을 수 있다. 각본이 작용하기 위해서 당신은 강박에 사로잡혀야 하지만, 역설적으로, 마음챙김하며 현재에 머물러야 한다. 그것이 직면에 대한 불편함을 유발하는 것이다. 만약 당신이 정신적으로 방황한다면, 같은 결과를 보지 못할 수도 있다.

수용 각본

직면이 가져다주는 정신 상태로 들어갈 준비가 되었다면, 당신은 이미 이전보다는 강박장애의 경험에 더 깊이 파고들어 진도가 나가게 된 것이다. 당신이 각본쓰기를 쉽게 하고 싶거나 강박행동에 저항하기 위해 추가적으로 동기를 부여하고 싶다고 느낄 때에는 수용 각본을 사용할 수 있다. 이 각본은 매일 확인하는 것과 비슷하지만, 모든 것이 잘될 거라는 강박적인 보증은 없다. 간단히 말해, 그것은 강박장애를 극복하기 위해 당신이 받아들여야 할 것에 대한 문장이다. 많은 직면 각본이 '나는 강박장애를 가지고 있는 게 아니야. 나는 정말로 무서운 문제를 가지고 있어!'라고 시작하는 반면에, 수용 각본은 강박장애를 위한 마음챙김의 가장 중요한 요소들부터 시작한다. 그 가장 중요한 요소들이란 다음과 같다.

나는 강박장애를 가지고 있어. 그렇기 때문에 강박사고와 강박행동을 다루는 것을 받아들여야 해.

나의 주요한 강박사고들은 (당신의 주요한 강박사고들을 간단히 적어라):

나는 이러한 강박사고에 강박행동으로 반응해. 나의 주요한 강박행동들은 (당신의 주요한 강박행동들을 몇 가지 적어라):

나는 강박사고 자체에 대해서는 결코 어떤 확신도 가질 수 없다는 걸 받아들여야 해. 내가 확신할 수 있는 유일한 것은 계속 강박행동을 할 경우 계속 강박장애의 노예가 되고 말 거라는 점이야.

강박장애는 그동안 당신이 하고 싶어 했던 무언가를 못하게 하고 있었을 수 있다. 이제 무엇을 못하게 가로막았는지 생각해 보자. 그것은 공중 화장실 사용하기부터 이성 교제에 이르기까지 무엇이든 될 수 있다.

나는 이제 할 수 있는 자격이 있다. 그것은 바로……

> 내가 이것들을 하기 시작할 때, 나는 원치 않는 생각과 감정들을 수용해야만 할 것이다. 강박장애가 나를 괴롭히는 것을 더 이상 내버려 두지 않을 것이다. 그것은 길고 험난한 길이 될지 모르지만, 나는 가치 있는 사람이고, 행복에 대한 공평한 기회를 가질 자격이 있다.

당신의 강박사고와 관련된 불확실함에 대한 두려움에 직면하고 있기 때문에, 수용 각본에는 행동 직면적 요소가 포함되어 있지만, 기본적으로는 당신을 마음챙김적이고 비강박적인 태도로 인도하는 것을 내포하고 있다. 당신은 이 각본을 하루에 한 번 혹은 두 번 읽을 수 있다.

일반 직면

일반 직면은 개별적인 연습으로 사용되는 것이 아니라 지속적인 알림용으로 사용된다. 일반 직면의 목적은 촉발 요인이 나타날 때마다 놀라거나 영향을 받는 것을 스스로 조절하는 것이다. 이것은 탈출구가 없는 환경을 조성하여, 강력한 강박행동에 영향받아 행동하는 것을 불가능하게 만든다.

일반 직면을 행하는 좋은 방법은 컴퓨터 데스크톱 위에 당신의 강박사고를 떠올리게 할 만한 그림을 놓아두는 것일 수 있다. 또한 어구, 단어, 숫자 등을 포스트잇에 써서 집 안 전체에 붙여놓을 수도 있다. 혹시 누가 볼까 걱정이 된다면, 손님이 있을 때는 떼어두고 손님이 떠날 때 다시 붙여놓아도 좋을 것이다.

당신의 강박사고를 상기시키는 옷을 입어라. 출근 중에 강박사고를 일깨워 주는 특정 지역을 지나도록 운전하라. 당신의 일상생활을 강박사고를 피할 수 없는 그 어떤 것으로 만들어라. 이를 통해, 당신은 생각의 존재에 대한 저항을 깨부수고, 마음챙김의 수용으로 나아갈 수 있다.

물론, 이러한 알림들이 처음에는 괴롭겠지만, 그것들은 머지않아 당신을 괴롭히는 일을 그만둘 것이다. 당신은 촉발되어 강박행동을 하고 싶은 충동이 일겠지만, 다른 알림에 의해 다시 촉발될 것이므로 포기할 것이다. 한 번 반응하지 않는 것에 익숙해지면 일반 직면은 그다지 위협적인 존재가 못 된다.

순간적 홍수법

또 다른 직면 및 반응 방지 기술로는 생각의 내용들, 감정의 경험과 신체적 감각의 강도 등을 잡아서 그것들을 과장하는 방법이 있다. 생각 홍수법은 생각의 내용을 잡아서 이를 의도적으로 확대하는 것이다. 이것은 생각 뒤에 있는 진술에 동의하거나, 생각에 보다 공격적인 언어를 추가하거나, 촉발 요인에 대한 직접적인 반응으로 불안의 불편함을 증가시키려는 형태가 될 수 있다.

직면 및 반응 방지 연습을 할 때, 당신의 반응을 확인하는 방법으로 홍수법을 사용하지 말고, 당신을 두려움에 직면시키는 방법으로만 사용하는 것이 중요하다. (우리는 4장에서 강박적인 홍수법에 대해 알아볼 것이다.) 당신은 두 단계의 강도로 홍수법을 이용할 수 있다. 한 단계는 비꼬기식 홍수법이다. '네가 뭐라 하든, 그래 알았어!' 하는 식으로 속으로 강박장애에 반응하는 것을 의미한다. '그래, 내가 문이 잠겨 있지 않다고 느끼기 때문에 닌자가 우리 집에 침입하여 내 가족을 죽일 거라고! 닌자가!'

바로 이러한 맥락에서, '헤드라인 작성해 보기'라고 불리는 활동은 강박장애로 인한 불편한 삶에 유머를 가져다줄 수 있다. 이 활동은 당신에게 두려움을 주는 강박사고가 있다면, 이걸 신문의 머리기사로 바꿔 보는 것이다. 예를 들어, 다음과 같은 방사능 오염에 관한 강박사고의 머리기사가 있다.

"한 남성이 엑스레이 기계에 불필요하게 노출된 후, 등에서 세 번째 팔이 자라났다.

가족들을 당황스럽지 않게 할 수 있는 다른 방법이 없을까?"

자, 이제 당신이 머리기사를 작성해 보자. 당신에게 불편한 강박사고가 있다면 이걸 신문의 '머리기사'로 바꿔 보라.

당신은 좀 더 강렬한 홍수법을 상상 각본의 짧은 내부 독백 버전으로 사용할 수 있다. '내가 방금 달려왔던 그 과속방지턱이 실제로 사람이었다면 어쩌지?'와 같은 어떤 것으로 강박사고가 시작되었다고 가정해 보자. 홍수법은 여기에 이렇게 대응하는 것이다. '그것은 노숙자였고, 내가 방금 그를 치었을지도 몰라. 그는 거리에서 피를 흘리며 죽어가고 있고, 나는 범죄 현장에서 도망친 뺑소니 죄를 지었어. 내일 아침에는 경찰이 나를 체포하러 올 거야.' 만약 그 순간 당신이 그 과속방지턱이 있는 곳으로 가서 확인하고 싶은 충동을 강하게 느낀다면, 당신의 강박사고 아래에 짧은 홍수법 각본을 적어 보라. 당신이 느끼는 감정을 분석하거나 중화하려는 충동에 저항하는 것을 잊어서는 안 된다. 대신 당신의 불편감의 강도를 의도적으로 늘려보도록 해 보라.

지금까지 우리는 강박장애에서 강박행동으로 반응하는 여러 가지 방식들과 마음챙김 및 인지행동적 기술로 어떻게 이를 다루는지를 살펴보았다. 이제는 여러 유형의 강박행동과 이들 각각을 식별하고 저항하는 것에 대한 복잡한 측면들을 살펴보기로 한다.

4장

마음챙김과 강박행동

강박행동에 저항하는 것은 항상 마음챙김 행위이다. 마음챙김은 메시지를 받았다고 해서 그 메시지대로 행동할 의무는 없다는 것, 그리고 단지 메시지를 받았을 뿐이라는 걸 당신에게 알려준다. 이로써 마음챙김은 당신의 마음에 대하여 당신이 어떻게 대응할지 당신에게 선택권을 준다. 물론 강박행동의 본질이 그러하듯 강박행동에 저항하기가 매우 어렵다는 것도 사실이다. 강박행동은 당신의 극심한 고통을 즉각적이고 짧은 시간 동안만 완화시킬 뿐이다. 즉, 강박행동은 당신이 기대하는 것을 아주 짧은 시간 동안만 보상해 주는 것이다. 이로 인해 우리는 강박행동에 점점 더 중독되어 간다. 강박행동은 도박의 슬롯머신과도 같다. 우리는 레버를 계속 당길 것이고, 때로는 요란스레 동전들이 떨어지기도 할 테지만, 결국 당신은 동전을 기계에 모두 털어넣게 될 것이다.

강박행동의 흔한 유형들

강박장애를 통달하는 법을 배운다는 것은 강박행동을 식별하여 이에 저항하는 법을 배운다는 것을 의미한다. 강박행동을 식별한다는 것은 강박장애를 앓고 있는 당신이 과연 어떤 행동을 하고 있는지 바라보는 것이다. 당신이 하고 있는 것을 바라본다는 것이야말로 바로 마음챙김의 활동이다.

어떤 강박행동들은 외부에 드러나는 신체적 활동으로 나타나는 반면, 어떤 강박행동들은 은밀한 정신적 의례로 나타나기도 한다. 물론 강박행동의 유형을 신체적인 것과 정신적인 것으로 명확히 나눌 수 있는 것은 아니다. 예를 들어, 안심 추구 강박행동의 경우에 누군가로부터 당신에게 확신을 주도록 요청하는 행위로 나타난다면 이 강박행동은 신체적 의례가 될 수 있다. 그러나 이 강박행동이 스스로 확신을 주기 위해 머릿속으로만 반복해서 재검토하는 행위의 양상으로 나타난다면 그것은 정신적 의례가 될 수도 있다. 우리는 손 씻기를 신체적 강박행동의 흔한 유형 중 하나로 단순히 여기는 경향이 있지만, 싱크대에 가기로 결정하기 전에도 마음속에서는 수많은 정신적 재검토와 다른 의례가 일어나기도 한다. 강박행동은 실상 어떠한 형태로든 나타날 수 있는 것이다. 당신의 이해를 돕기 위해 강박행동의 흔한 유형들을 대표적인 것부터 하나하나 소개하고자 한다.

회피

어떤 면에서는 모든 강박행동은 회피의 한 형태이기도 하다. 회피는 불편한 생각과 감정들로부터 거리를 유지하기 위한 시도이다. 여기에서는 보다 구체적인 상황에서 나타나는 회피에 대하여 논의하려고 한다. 어떤 무언가가 당신에게 강박장애를 촉발한다면, 당신은 그 무언가 근처에도 있지 않으려 할 것이다.

우리가 무언가를 회피할 때, 우리는 마음에서 뇌로 '이제 우리는 안전해.'라는 메시지를 보내고 있다고 믿곤 한다. 그러나 뇌는 반대의 언어를 사용한다. 뇌는 뇌가 제시한 생각과 감정에 대한 응답으로 마음과 신체가 무엇을 하기로 선택했는지에 대한 평가에 기초하여 정보를 처리한다. 그래서 당신이 무언가를 회피하고 있다면, '이제 나는 안전해.'라는 메시지를 돌려주는 것이 아니라, 그 정반대의 메시지 '아슬아슬하게 위험을 피했군.'이라는 메시지를 돌려주고 있는 셈이다. 예컨대, 당신이 커피 잔을 회피하고 있다고 해 보자. 당신은 이러한 회피를 통해 '나는 커피 잔으로부터 안전해.'라는 것을 학습하는 것이 아니라 '커피 잔은 위험해.'라는 것을 학습하고 있는 것이다.

신체적 회피의 경우, 가정용 청소 용품, 공중 화장실 등을 사용하지 않음으로써 당신이 예상한 오염 물질을 피할 수는 있다. 아니면 악수하기를 피하거나 문고리 잡기를 피해서 예상한 오염 물질을 피할 수도 있을 것이다. 그러나 이러한 회피 행동 중 어느 것도 당신을 정말 안전하게 만들고 있는 것이 아니다. 단지 이러한 행동들은 당신이 회피하고 있는 그 무언가를 실제로 위험한 것처럼 받아들이게 하고 있는 것이다.

실제 세계에서의 회피 행동은 남들과의 눈맞춤을 회피하는 것부터 집 밖으로의 외출을 회피하는 것까지 다양한 양상으로 나타날 수 있다. 강박장애 증상이 지속적으로 나타나게 하는 것은 우리의 생각과 감정에 대한 회피 때문이다. 생각과 감정을 회피하려 애쓸수록 강박장애에 적절히 대응하는 수단으로 마음챙김을 사용할 기회를 아예 차단하는 결과를 초래하게 된다. 오염의 강박장애를 촉발하는 요인으로 인식되는 그 어떤 품목이나 사람, 장소 등을 모두 회피하게 될 수 있다. 운전, 요리, 운동 혹은 사교모임과 같이 당신이 두려워하는 생각을 불러일으키는 여러 활동들을 회피하게 될 수도 있다.

강박장애로 인해 당신이 회피하는 행동들이 있다면 이 모든 것을 적는 시간을 가져보라. 이전 장에서 당신이 썼던 강박사고에 관한 목록을 참조하면서, 강박행동의 위계도 한번 만들어 보라.

씻기 강박행동

인류의 역사를 살펴볼 때 우리는 상대적으로 최근에야 피부에 비누칠을 하고 물로 헹궈 내기 시작했다. 씻기를 통해 아마도 위생을 포함한 몇 가지 문제들이야 해결되었겠지만, 강박장애의 경우 씻기가 수많은 고통의 근원이 되어 버렸다. 씻기 의례라는 강박행동 뒤에는 더러운 상태(당신이 받아들일 수 없다고 생각하는)로부터 깨끗한 상태(당신이 필수적이라고 생각하는)로 될 것이라는 발상이 있다.

씻기 강박행동은 종종 오염 강박사고와 관련된다. 세균이나 질병의 전염 또는 확산에 대한 두려움이 그 예가 될 수 있다. 그러나 때론 특정 오염 물질에 대한 생각과 상관없이 단지 정서적으로 불결하다는 두려운 느낌에 대한 반응일 수도 있다. 또한 씻기는 완전히 간접적인 형태의 의례일 수도 있는데, 성적 또는 폭력적인 내용의 침투적 강박사고에 대한 반응으로 어떻게든 세척 행동을 하여 마음속에서 그러한 생각들을 씻어내려는 시도가 되기 때문이다. 또한 씻기는 대칭과 숫자와 관련되어 나타날 수도 있는데, 씻기 의례가 대칭을 맞추거나 특정 횟수에 해당하는 '올바른' 상태로 확실히 끝나도록 반복해서 씻을 수도 있다.

손 씻기

강박적 손 씻기는 빈도, 시간 혹은 둘 다의 문제일 수 있다. 당신은 매우 빠르고 간단하게 씻기를 할 수 있을지도 모르지만, 다양한 이유로 온종일 그것을 여러 번 해야만 한다고 느낄 수 있다. 또는 '올바른' 느낌을 얻기 위해 정확히 따라야만 하는 일련의 단계가 있을 수도 있다. 이런 현상은 몇 시간 동안 지속될 수 있으며, 종종 대인 관계의 갈등을 유발하고 자존감에 심각한 타격을 초래할 수 있다. 실제적인 시간 낭비는 물론이고 심각한 피부 손상 및 감염을 초래할 수도 있다.

연습 마음챙김 연습으로, 다음번 손 씻기의 각 단계들에 특별한 주의를 기울이고, 그것을 여기 혹은 개별 용지에 적어 보라. 당신이 강박적인 손 씻기와 싸우고 있는 사람이 아니더라도, 이것은 매일의 의례적 행동에서 눈을 뜨게 해 주는 최초의 연습이 될 수 있다.

만약 당신이 그동안 강박적으로 손 씻기 행동을 해 왔다면, 비강박적으로 씻는 모습이 어떻게 보이는지 기억하기가 어려워서 자신을 믿을 수 없다고 느낄 수도 있다. 그렇다고 해도 부끄러워할 필요는 없다. 이는 매우 흔한 일이다. 혹은 정상적으로 씻으려 하는 과정에서 혹시 무언가 필수적인 것을 빠뜨리고 있지는 않을까 두려워하고 있을 수도 있다. 만약 이러한 불신과 두려움이 떠오른다면, 강박장애가 지금 인지 왜곡을 이용하여 당신이 강박행동을 지속하게 하고 있다고 이해하면 될 것이다.

강박장애 환자를 치료해 온 필자들의 경험으로 볼 때, 전형적인 비강박적 손 씻기는 보통 다음의 요소들에 해당된다.

- 손은 일반적으로 다음의 시간에만 씻는다.
  - 눈에 보이는 물질들(먼지, 페인트 혹은 피 같은)이 있을 때
  - 화장실을 사용한 후
  - 식사 전
- 미리 헹구기나 미리 씻기 의례가 아니라, 비누로 손 씻기를 시작한다.

- 피부가 데이거나 자극되지 않을 정도의 기분 좋은 온도로 손을 씻는다.
- 한두 펌프 정도로 적절한 양의 액체 비누를 사용한다.
- 처음 헹군 후에 손 씻기를 반복하지 않는다.
- 비눗물이 더 이상 보이지 않으면 헹구는 것을 마친다.
- 숫자 세기는 하지 않는다.
- 피부 긁힘이 없다.
- 씻기는 손목 이상으로 넘어가지 않는다.
- 손가락이나 손톱에 특별히 씻어야 할 무언가 있지 않다면(예: 엄지손가락에 펜 잉크가 묻은 것), 각각의 손가락이나 손톱에 주의 집중하지 않는다.
- 씻기는 씻기 전후에 손으로 수도꼭지 손잡이를 만지는 것을 포함한다.
- 기능을 손상시키거나 삶의 질을 떨어뜨릴 정도로 오래 씻지 않는다.

당신은 이런 지침들을 따르기가 몹시 어렵다고 생각할지도 모른다. 하룻밤 사이에 이 지침대로만 해야 된다고 기대하지는 말라. 이 과정은 서서히 이루어질 수 있다. 이를 위해 이 책의 2부에서는 더 많은 전략을 찾을 것이다. 자, 지금부터 당신이 당신만의 특별한 방법으로 씻어야 한다고 생각하는 이유들을 한번 적어 보자.

샤워하기

강박행동을 하는 누군가에게 샤워는 엄청난 스트레스의 원인이 될 수 있다. 강박장애를 가진 많은 사람은 샤워 경험의 상당 부분을 손을 씻는 것에 할애하는데, 강박장애가 말하는 깨끗한 신체 부위와 더러운 부위로부터 손이 교차오염되지 않도록 노력한다. 당신은 심지어 목욕용 솔, 샴푸 용기, 비누 등을 씻을 수도 있다. 올바르게 되었다고 느낄 때까지 신체의 사분면을 씻어 내고, 이 행동을 일정한 횟수만큼 반복한다. 샤워 의례가 너무 힘들어서 샤워를 아예 피하게 될지도 모른다.

연습 마음챙김 연습으로, 다음에 샤워할 때 각 단계들에 면밀하게 주의를 기울여 보라. 그다음에 그 모든 단계를 여기 혹은 별도의 종이에 적어 보라. 이 책의 2부에서 그 문제에 대해 접근할 때 샤워 강박행동을 깨부수기 위해 이 목록을 사용할 수 있을 것이다.

청소하기

강박장애 환자들에 관한 흔한 오해는 그들이 단정하고 깔끔하다는 것이다. 비록 몇몇 사람은 강박장애가 그들에게 모든 것이 얼룩 하나 없는 완벽한 상태가 되도록 강요한다는 것을 알지만, 자신의 강박적인 기준을 충족시키기에는 너무나 힘든 일이기 때문에, 강박장애 환자가 깨끗함을 유지하지 못하는 것은 매우 흔한 일이다. 당신은 쓰레기를 만지면 너무 오염될 것 같아, 이 쓰레기를 집에 그대로 가지고 있을 수도 있다. 혹은 정서적인 이유 때문에 만질 수 없는 것으로 지명된 여러 가지 품목들이 있을지도 모른다. 청소가 필요한 물건을 만질 수 없다면 청소 작업이 몹시 힘들어진다. 특히 청소 용품을 만질 수 없을 때에는 청소가 더욱 힘들어진다.

그러나 모든 것을 정돈하고 단정하게 유지하려는 강박적인 성향의 사람에게는 어떤 것이 깨끗한 상태가 아닌지, 바로잡아야 하는 상태가 아닌지 끊임없이 확인하는 것 자체가 매우 고통스러운 과정이다. 그것은 깨끗함과는 거의 상관없을 수 있다. 그저 대부분 '올바르다는 느낌'만 관련이 있을 수 있다. 그런 면에서 청소는 원치 않는 생각과 감정에 대한 회피 행동이기도 한 것이다.

또한 청소하기는 다른 원치 않는 생각이나 감정을 회피하는 형태로 사용될 수 있다. 예를 들어, 강박장애 환자는 자신의 종교나 폭력적 또는 성적인 생각에 대한 침투사고를 가질 수 있으며, 그 생각에서 스스로 벗어나는 방법으로 매우 체계적인 청소 의례를 시작할 수 있다. 또한 이는 그런 생각들을 갖는 것에 대한 자기처벌일 수도 있다.

강박장애를 극복하기 위해서 지저분하거나 불결한 사람이 될 필요는 없다. 그러나 지저분하고 더러운 느낌을 줄 수 있는 일들도 기꺼이 해야 하며, 이것이 유발하는 경험과 함께 머물러야 한다. 청소가 당신의 강박행동이라면, 당신이 무엇을 청소하는지 적어 보라. 또한 깔끔한 것 이상으로 지나치게 청소할 때, 그 청소 동기가 과연 무엇인지도 적어 보라.

확인하기

확인하기는 안전이라는 것이 일종의 환상이 되는 상황에서, 안전감을 높이기 위해 고안된 강박행동이다. 강박장애를 앓지 않는 보통 사람들의 경우, 문을 잠그거나 가스를 잠글 때 보통 간단한 임무를 완수했다고 느낀 뒤 이 느낌으로부터 대개 쉽게 벗어난다. 뇌는 마음에게 다음과 같은 메시지를 전달한다. "이제 끝났어. 다음에 해야 할 일들을 하렴." 그러나 강박장애를 앓고 있으며 확인하기 의례에 몰두하는 사람은 그런 메시지를 받지 못한다. 그 메시지를 기다려 보기도 하고 혹시 메시지가 와 있지는 않은지 반복해서 마음속을 뒤져보기도 하지만 아무것도 발견하지 못한다. 그리고는 이 임무가 완료되지 않았다고 판단하며, 되돌아가 확인하기를 수행한다. 반복하고 반복하며 반복하는 가운데, 강박장애 환자는 자신의 뇌가 완료의 느낌을 받을 수 있도록 애써 보지만 소용이 없다.

이런 유형의 확인 강박행동을 하는 강박장애 환자의 뇌에서 비언어적 기억 센터에 결손이 있다는 주장이 있다. 이 때문에 무언가 언어적으로 말해지지 않는다면 그것이 완료되었다고 해도 불분명하게 느껴질 수 있다는 것이다(Cha et al. 2008). 또 다른 연구자들은 기억 결손이 아니라 기억의 불신에 대한 확인 강박행동을 반복적으로 실시한 결과가 문제를 일으킨다고 제안하기도 하였다(Moritz et al. 2006).

뇌는 학습하는 기계이다. 확인하기 행동을 수행하는 것을 뇌가 지속적으로 관찰하게 되면 뇌는 다음의 내용을 학습하게 된다. "완료의 느낌이 없을 때, 당신은 완료의 느낌이 생기도록 반복적인 행동에 몰두할 것이다." 따라서 뇌는 그게 이미 비효율적인 작업이라는 사실조차 잊어 버리고 이러한 사실을 알려주는 노력조차 중지해 버린다. "잘 했어. 이제 끝났어. 다음에 해야 할 일들을 하렴."이라는 정보를 마음에 제공해 주어야 할 뇌의 부분을 계속 쓰지 않으면 그 부분이 위축되고 만다. 그 부분이 위축된 채, 동일한 효과를 얻기 위해, 즉 완료의 느낌을 갖기 위해 더 많은 확인하기 의례를 수행해야만 하는 것이다.

확인하는 사람들은 전형적으로 재앙과 연관된 것들을 점검하는데, 심지어 번개를 맞는 것보다 더 낮은 확률의 재앙이라 하더라도 끊임없이 점검한다. 예를 들어, 커피 머신을 켠 채로 두어 빌딩에 화재가 일어날 것을 두려워하여, 커피 머신이 꺼졌는지 점검한다. 커피 머신의 뜨거운 접시는 화염에 타지 않는다는 사실은 강박장애 환자의 마음에서 아예 차단된 것처럼 보인다. 그래서 확인하는 사람은 확인 강박행동의 끊임없는 노예 상태로 남게 된다. 당신이 더 많이 점검할수록, 직무 수행에 대한 자신감은 줄어들고, 더 많이 확인해야만 한다.

확인하기는 물건을 물리적으로 만지는 것, 눈으로 관찰하는 것 혹은 그 항목이 점검되었는지 정신적으로 재검토하는 것을 포함한다. 확인하기에 대한 마음챙김은 당신이 확인하려는 충동을 가지고 있고, 어떤 항목에 대한 생각이 확인되지 않은 채로 있고, 뭔가가 그것이 있어야 할 방식이 아니라는 느낌에 대하여 인정하는 것을 의미한다. 이것들을 인정하고, 수용하고, 어쨌든 확인하기로부터 벗어나 앞으로 나아가기를 선택하는 것이 강박장애 극복의 핵심이다.

어떤 것들이 당신을 끊임없이 확인하게 만드는가? 그러한 것들을 적어 보라.

확인하기를 결심하기 전에 당신은 어떤 느낌인가?

정신적 확인

이것은 단지 가스가 꺼져 있는지 확인하기 위해 되돌아가는 것이 아니다. 확인하기 위해 되돌아가는 신체적 행위는 종종 불길에 휩싸여 있는 확인되지 않은 것들(글자 그대로 또는 비유적으로)에 대한 원치 않는 생각과 함께 오는 불편감을 중화시키기 위한 필사적인 노력이다. 이것은 산처럼 거대한 정신적 확인이 반드시 먼저 일어나야 한다는 것을 뜻한다. 당신이 머릿속의 질문에 대답하려고 애쓸 때마다 '그게 완료됐어?' 하며 정신적 의례를 하고 있는 것이다. 마음을 확인하는 것은 그것이 끝났는지를 아는 것에 도움이 되지 않는다. 마음은 새로운 정보가 없다.

또한 정신적 확인은 감정과 신체 감각들에서 매우 흔하다. 당신이 오염 강박과 싸우고 있다면, 스스로 충분히 깨끗하다고 느끼는지 알기 위해 정신적으로 확인할 수도 있다. 폭력, 성적인 생각 혹은 도덕성에 관한 강박사고와 투쟁한다면, 반복적으로 당신이 사건에 대한 반응으로 갖는 감정이 적절한지를 점검할 것이다. 신체적 확인과 같이, 그것은 전형적으로 짧지만 반복되고, 장면으로 돌아가는 행위이다. 당신은 시간을 어기지 않고 정각에 도착했는지 알기 위해 시계를 거듭 확인할 수 있는데, 이것은 보통 비강박적으로 수행된다. 마치 시계를 거듭 확인하는 것처럼, 강박장애에서도 어떤 생각이 마음 어디에 속해 있는지 확인하기 위해 거듭 그 생각에 대하여 정신적 확인을 반복할 수 있다.

다음은 강박장애 환자들의 정신적 확인의 대상 중 흔한 예들이다.

- 어떤 사건에 대하여 감정이 떠올랐을 때, 이 감정이 적절한지의 여부
- 잠긴 문 혹은 불 꺼진 스위치 등과 같은 정신적 이미지
- 성적 강박사고가 있을 때 나타나기도 하는 사타구니의 감각
- 어떤 믿음이 여전히 타당한 것처럼 보이는지 여부

당신이 하는 정신적 확인의 대상에는 무엇이 있는가?

정신적 재검토

내가 무슨 말을 했지? 그것이 뭘 의미하지? 그 일이 일어났을 때 나는 어디에 있었

지? 나는 어떻게 느꼈지? 이런 질문들이 강박장애에서 많이 나타나는데, 이런 질문에 대답하기 위해서는 상상 속의 과거로 빠져들 것을 요구받기 때문에 마음챙김의 태도를 놓아 버리게 된다. 앞서 다룬 정신적 확인은 강박장애가 강요하는 방식대로 무언가 잘 있는지 여부를 확인하는 과정인 반면에, 정신적 재검토는 그 무언가를 파고들어 연구하고 분석하는 과정이다.

이런 강박행동은 '반추하기'라고도 불리는데, 이러한 이름에는 타당한 이유가 있다. 젖소 같은 동물은 음식을 소화시킬 때 그것을 씹고, 삼키고, 조금 소화시키고, 다시 토해 내고, 그것을 또 씹어 소화를 완료한다. 이런 구토를 '되새김질'이라 부른다. 이 용어가 조금은 역겹기도 하지만, 생각이나 감정을 다시 토한 뒤에 더 소화하려고 애쓰는 강박장애의 정신적 과정에 대한 묘사로 적절해 보인다.

정신적 재검토는 과거를 조사한 뒤 이를 떠나보내려 하는 목적을 지닌 시도이다. 이것은 때때로 '테이프 되감기'로 간주된다. 왜냐하면 그것은 반복적으로 장면을 연구하는 것과 정신적으로 동일하기 때문이다. 환자는 사건(상호 작용, 대화, 진술 등)을 검토하는 것이 문제를 해결하고 불편한 생각과 감정들을 줄일 것이라 믿는다. 그렇기 때문에 정신적 재검토는 강박행동인 것이다. 불행하게도, 정신적 재검토는 다른 강박행동과 마찬가지로, 실제로는 효과가 없다. 당신을 놓아줄 "아하!" 하는 순간은 없다. 강박사고를 해결했다고 생각하면 할수록, 그저 강박장애는 '해결'을 정의하는 기준을 더 높이도록 만들어 버린다.

기억을 되돌리다 보면, 그 기억은 왜곡된다. 어떤 경험을 할 때, 당신은 동시에 발생하는 모든 생각과 감정, 신체 감각과 함께 현재 순간에 그것을 경험하고 있는 것이다. 경험을 재검토할 때, 당신은 지금 현재의 순간에서 그것을 검토하고 있다. 따라서 이는 실제적인 과거의 경험이 아니라, 과거의 한 버전에 지나지 않는다. 강박장애는 과거에 무엇이 일어났는지에 대한 미신적인 확실함에 더 가까이 가고자 계속 검토하도록 당신을 압박한다. 하지만 이런 확실함을 달성하기란 불가능하다. 머릿속에서 반복적으로 조사하는 것은 무엇이 일어났는지 그 진실에서 점점 더 멀어지도록 느끼게 만들 뿐이다. 다음은 강박장애 환자들의 정신적 재검토의 대상 중 흔한 예들이다.

- 대화 내용
- 지나온 운전 코스
- 일련의 생각들
- 읽은 자료들
- 특정 사건들

당신이 정신적 재검토를 하고 있다는 것을 알아차린 적이 있었는가? 언제 어떤 상황이었는가?

____

____

시나리오 바꾸기

'시나리오 바꾸기(이론화 또는 가설화로도 알려진)'라는 정신적 재검토는 앞서 일어났던 사건을 재생한 다음, 일어날 수도 있었지만 일어나지 않았던 사건의 가상적인 요소를 추가함으로써 재검토와 확인을 결합하는 것이다. 만약 다른 시나리오가 일어났더라면 어떻게 행동했었을까를 계속 분석하는 것이다. 이러한 의례는 당신의 도덕성에 대한 확실함을 확보할 수 있다는 희망하에 무시무시한 상상의 시나리오에 어떻게 당신이 적절하게 반응하는지를 결정하는 것을 목표로 하고 있다. 물론 당신은 이것이 일종의 정신적 구조물을 가지고 작업하는 순수한 시도라고 느낄 수 있다. 하지만 강박장애는 이것이 모두 가상의 극장일 뿐이라는 것을 알고 있으므로, 당신은 이러한 시나리오 바꾸기를 통해 당신이 할 법한 것 혹은 하지 않을 법한 것에 대한 애매모호한 느낌밖에 얻을 수 없다. 강박장애는 당신이 느끼는 이러한 애매모호한 느낌을 당신이 도덕적으로 결함이 있다는 증거이자 강박사고를 매우 진지하게 받아들여야 하는 증거라고 주장할 것이다.

머릿속에서 시나리오를 펼치고, 어떤 것에 대한 확실함을 더 느끼기 위해 무엇을 해야 할지 추측하려고 애쓰는가? 여기에 당신의 시나리오 바꾸기 과정을 묘사해 보라.

정신적 예행연습

정신적 재검토가 과거를 재연하는 것인 반면, 정신적 예행연습 혹은 역방향 반추는 재앙의 가능성을 확인하기 위한 시도로, 미래에 대하여 상상한 광경을 재연하는 것이다. 현재 시점에서 시작하여 과거에 일어날 수도 있었던 일을 검토하는 시나리오 바꾸기와는 달리, 역방향 반추는 전적으로 미래에서 일어난다. 매우 잘못될 수 있는 수행, 시합, 인터뷰, 다른 사건들에 대한 것이다.

단순히 준비하는 것과 종종 혼동되지만, 일어날 수 있는 일에 대한 불편을 경감시키려는 시도로서 아직 일어나지 않은 일을 강박적으로 계속 반복하는 것으로 더 잘 설명된다. 이것은 데이트나 상사와의 회의 전에 머릿속에서 가능한 대화를 반복하는 형태로 나타날 수 있다. 강박장애가 아닌 사람의 경우에도 자신감을 높이기 위해 한두 번쯤 이 작업을 수행할 수 있겠지만, 강박장애를 앓고 있는 당신은 당신이 원하는 그대로 똑같은 미래가 펼쳐질 것이라는 확신을 찾고자 이 작업을 수행할 것이다.

당신이 미래의 두려운 사건들을 예행연습하고 있다는 것을 알아차린 적이 있는가?

그때가 언제인가?

안심 추구

강박장애 환자들은 종종 안심 추구를 강박행동의 하나로 보지 못한다(Williams et al. 2011). 결국, 당신이 어떤 것에 대해 의심을 갖는다면, 특히 당신이 매우 중요하게 여기는 그 무엇이라면, 이에 대하여 제2의 의견을 구하는 것이 합당한 것처럼 보인다. 그러나 확인하기와 같이, 안심 추구는 잠시도 머릿속에서 순환을 멈추지 않는다. 그것은 단지 새로운 순환 고리를 만들어 낸다. 당신은 강박사고를 가지고 있었고 그것이 해결되었다고 느끼도록 해 주는 어떤 방법을 발견했으며, 이제 그 강박사고를 할 때마다 그 방법을 사용해야 한다고 느낀다. 많은 강박행동은 안심 추구의 다양한 형태이다. 당신이 씻기를 한다면, 자신이 오염되었을지도 모른다는 불확실함을 받아들이는 것에 대한 대안으로 당신이 깨끗하다는 것을 스스로 안심시키려고 하는 것이다. 만약 누군가에게 당신의 생각이 정상적인지 묻는다면, 당신은 그 생각이 괜찮은 것인지 확신을 얻으려고 하는 것이다.

안심 추구 행동을 하게 되면, 그 행동은 점점 더 심해질 수밖에 없다. 당신이 만진 물건 때문에 오염되어 병에 걸리지는 않을 거라고 누군가 당신에게 말해 준다면, 당신은 그 사람이 그 분야의 전문가인지 확실히 알고 싶을 것이다. 그 사람이 그 분야 전문가라는 것을 알게 된 다음에는 그 사람이 단지 당신을 달래기 위해 애쓰고 있는 것이 아니라 진실을 말하고 있는지도 확실히 알고 싶어질 것이다. 안심하기 위해 질문을 던지고 답변을 얻는 것, 그것만으로도 강박장애 행동은 더욱 심해진다. 만약 그 답변이 두려워했던 답변이라면, 당신은 더욱더 불안해지고 모든 것이 괜찮아질 거라는 확신을 계속 얻고 싶어질 것이다. 만약 그 답변이 안심할 수 있는 답변일 경우, 강박사고가 돌아올 때마다 질문해야 한다고 여기며 강박행동은 더욱 심해질 것이다.

안심 추구는 다음과 같은 여러 가지 다른 형태로 올 수 있다.

- 강박사고에 관해 다른 사람에게 질문하기
- 강박사고를 조사하기
- 자백하기(그 사람이 당신에게 괜찮다고 말할 수 있도록 조종하기 위해 당신이 강박사고를 갖고 있다는 것을 누군가에게 알리기)
- 스스로 안심 주기(당신의 두려움이 근거가 없다는 것을 재확인하기 위해 정신적 재검토 혹은 다른 의례를 사용하기)

가족 구성원들과 배우자에게 매우 도움이 되는 방법 중 하나는 안심 계약을 맺는 것이다. 간단히 말해, 강박장애를 가진 사람은 사랑하는 사람들이 안심을 거절하거나 최소한으로 줄이도록 허용한다. 개인이 안심에 대하여 요구할 때, 계약에 참여한 가족 구성원은 "기억해. 지금 네가 나에게 도와달라고 요청했는데, 그것은 내가 이 질문에 답할 수 없다는 뜻이야. 자, 이제 다른 일을 해 봐."와 같이 말할 수 있다. 이는 말 그대로 실제 계약서를 작성하고, 그 계약서를 자신에게 안심을 제공하는 사람과 공유하며, 두 사람 모두 서명함으로써 이루어질 수 있다.

당신과 가까운 사람 또는 가족이 당신의 강박적인 질문과 고백을 '안심 장부'에서 검토하고, 응답을 서면 형식으로 작성하는 것에 동의하는 것도 도움이 된다. 즉, 구두로 안심을 추구하는 것을 줄이도록 하는 것이다. 그러면 시간에 따라 항목을 점차 줄일 수 있게 된다. 당신이 그것을 점차 최소화하면 본질적으로 강박행동이 일어나도록 허용하는 것이기 때문에 이 기법에는 전문적인 지침을 포함하는 것이 중요하다.

다음 공간을 사용하여, 일반적으로 안심을 위해 당신이 사용하는 여러 가지 출처들

(사람, 웹 사이트 등)과 이를 얻기 위해 당신이 선택한 전략들에 대해 적어 보라.

생각 중화하기

원치 않는 강박사고에 반대되는 단어를 조용히 중얼거리거나, 의도적으로 강박사고와 반대되는 생각을 떠올리는 것이 '생각 중화하기'이다. 이 강박행동 뒤에는 '좋은' 생각이 '나쁜' 생각을 중화시킬 수 있고, 원치 않는 결과를 방지한다는 신념이 존재한다. 예를 들어, '내가 그 사람을 해칠지도 몰라.'라는 생각이 떠오른다면, 이 생각에 대하여 당신은 '나는 그 사람을 사랑해.'라고 대응할 수 있다.

이것은 강박장애의 어떤 유형에서도 나타날 수 있는데, 이것이 극단적으로 나타나면 마음챙김이 결여된 행동으로 나타난다. 그것은 원치 않는 생각의 존재를 부정하고, 마음이 그 생각을 받아들이는 것을 막을 뿐만 아니라, 마음이 실제로 다른 무언가를 받아들이는 것처럼 믿게 조작하려는 시도인 것이다! 그것은 인지치료처럼 합리적이고 객관적인 사고에 대한 지침이 아니라 마음에 대한 계략이다. 강박장애에 대하여 마음챙김 접근을 하기 위해서는 생각 중화하기 개념을 거부할 필요가 있다. 만약 당신이 생각 중화하기를 하고 있다면, 여기 몇 가지 예들을 적어 보라.

생각 중화하기에 있어서 마음챙김을 하는 것은 다음과 같다. 당신의 마음이 어떤 한 생각을 받아들였고, 이 생각의 내용 때문에 그것을 취소하거나 그 반대의 생각으로 대체하고 싶은 충동을 경험하고 있다는 것을 인정하는 것이다. 따라서 뒤따라 일어나는 중화에 대한 충동뿐만 아니라, 이를 촉발했던 애초의 생각을 관찰할 필요가 있다. 이 두 가지 사건이 둘 중 하나에 관여하지 않고 발생하는 것을 지켜보게 된다면, 두 사건 모두 시간이 지남에 따라 감소하는 것을 볼 수 있을 것이다.

저장하기

2013년에 출간된 『정신질환의 진단 및 통계 편람 5판(DSM-5)』에 의하면, 저장하기 강박행동은 하나의 독립적인 장애로 분류된다. 그러나 저장하기는 강박장애에서 흔한 강박사고와 강박행동으로 나타나기도 한다(Frost and Hristova 2011). 저장하기는 물리적으로 지나치게 많은 것을 유지하거나 받아들이는 것을 의미하며, 극단적인 경우에는 심각한 건강 위험, 재정적인 문제 또는 기타 위험(화재 위험과 같은)을 초래할 수 있다.

당신은 감정적인 것(옛날 장난감 같은)에서부터 다소 무의미한 것(껌 포장지 같은)까지, 다양한 사물을 버리는 데 어려움을 겪고 있을 수 있다. 언젠가는 그 물건이 필요할 것이라는 믿음 때문일 수도 있고, 그 물건과 이별하는 것이 감정적으로 불편하기 때문일 수도 있다.

저장하기는 단순한 수집 행동과는 전적으로 다르다. 저장하기로 간주되기 위해서는 삶에 있어서 이것이 문제가 되어야 하며, 당신의 삶에 혼돈과 스트레스를 가중시킬 정도가 되어야 한다. 당신에게 저장하기의 문제가 있다면, 어떤 유형의 것들을 버리는 데 어려움을 겪고 있는가?

기억 저장하기

기억 저장하기는 사건, 사람, 대상의 세부 사항들에 대해 과도하게 주의 집중을 하는 정신적 강박행동이다. 이는 사건, 사람 또는 물건이 특별한 의미를 지닌다고 여기며, 나중에 '있는 그대로' 정확하게 회상하는 것이 중요하다는 믿음에 근거한 것이다. 기억 저장하기를 하는 강박장애 환자는 자신이 그것을 충분히 이해하고, 기억하고, 음미하지 못한 채 순간이 지나갈까 봐 염려한다. 특정 사건, 사람 또는 사물의 중요성을 적절하게 반영하고 평가할 수 있을지에 대한 불확실함이 불편감을 일으키고, 이 불편감을 피하고자 기억을 저장하는 것이다.

이는 마치 당신이 모든 이삿짐을 옮기고 살던 집을 떠나면서 둘러보며 '마지막 순간'을 가지는 것과 유사하다. 당신이 기억 저장을 하는 사람이라면, 순간의 진정한 가치를 온전히 감당할 수 없는 상태에 갇혀 있다고 느낄 가능성이 높다. 기억 저장하기에 있어서 아이러니한 것은 사물을 완벽하게 기억하려고 노력하느라 그 사물을 제대로 경험하지 못한다는 것이다. 현재 순간에 오롯이 머무는 것을 허락하지 않는다면, 그 과정에서 삶의 많은 가치를 잃어 버리게 될 것이다.

만약 당신이 기억 저장하기 강박행동을 하고 있다면, 어떤 식으로 하고 있는지 적어 보라.

대칭 강박행동

강박장애를 가진 어떤 사람들은 사물을 균등하게 만들기 위해 어떤 행동을 극심하게 되풀이하곤 한다. 그 사람에게는 신발끈 한쪽이 다른 신발끈보다 길게 늘어져 있는 것을 내버려 두는 것이 몹시 어렵다. 한쪽 구레나룻의 길이가 다른 쪽보다 짧다면, 그것들을 완벽하게 똑같이 맞추기 위해 몇 시간을 소요할 것이다.

마음챙김은 우리가 대칭되는 행동을 하지 않을 때 느껴지는 불편감을 용인하고, 그 느낌이 사라질 때까지 그것과 함께 현재에 머무르기를 요구한다. 강박장애가 당신에게 말할 것이다. '지금 고쳐, 그렇지 않으면 너는 영원히 고통받을 거야.' 강박장애가 속삭이는 목소리 때문에 당신은 다음과 같이 행동할 것이다. 우연히 왼쪽 무릎을 만졌다는 것을 인식한 다음에는 오른쪽 무릎을 만지게 될 것이고, 우연히 한쪽을 보기 위해 몸을 왼쪽으로 돌렸다는 것을 인식한 다음에는 몸을 오른쪽으로도 돌려야만 할 것이다.

만약 대칭 혹은 정확성 강박행동을 당신이 하고 있다면, 그것들이 완벽하다고 느끼기 위해 어떻게 하고 있는지 여기에 적어 보라.

강박적 홍수법

행동치료 기법으로서의 홍수법은, '직면 및 반응 방지' 기법을 사용하기 위해 일시적으로 원치 않는 생각에 직면시키는 것이다(이전 장에서 논의된 것을 살펴보라). 치료기법으로 사용되는 홍수법은 그 생각에 익숙해지고 마음챙김할 수 있을 때까지, 강박적인 생각을 떠올리고 그 생각을 과장하는 방식으로 진행된다. 때때로 많은 수의 강박사고로 힘들어하는 사람들은 이 기술을 치료 기법이 아니라 어떤 상황에 대한 그들의 반응을 테스트하는 형태로 사용한다. 즉, 특정 상황에서 원치 않는 생각이 범람하도록 스스로에게 강요하여 고통을 유발한 뒤, 이 고통을 그 생각들이 당신의 진짜 생각이 아니라는 것에 대한 증거로 삼는 것이다. 예를 들어, 당신이 누군가에게 해를 끼치는 것을 두려워한다면, 당신은 폭력 행위를 저지르는 것을 상상하도록 자신에게 강요할 수 있다. 그 생각이 당신을 역겹게 하고 공포에 떨게 하므로, 당신은 자신이 얼마나 소름끼치는가를 검토하고, 자신이 폭력 행동을 하지 않을 거라는 확신을 느끼기 위한 전략으로 홍수법을 사용하는 것이다.

마음챙김 접근은 촉발 요인에 반응하여 일어나는 생각, 감정 및 충동을 그저 관찰하는 것이다. 홍수법이 단지 직면을 위한 시도가 아니라 점검과 자기-안심의 목적으로 활용된다면, 상황이 더 악화될 수도 있다.

스스로 최악의 상황에 대해 생각하도록 자신에게 강박적으로 강요하는가? 어떤 것인지 적어 보라.

자기-처벌

강박장애 환자와 치료자들은 종종 자신에 대한 정신적 학대를 요구하는 강박행동을 간과하고는 한다. 당신은 자신이 무언가 잘못했거나 용서할 수 없는 어떤 종류의 잘못을 범했다고 믿을 수 있다. 강박장애 용어로 말한다면, 자신이 과거에 저질렀을지도 모르는 나쁜 일에 대한 불확실함 때문에 괴로워하고 있을지 모른다. 잘못된 일을 하고 지나갔을 수 있다는 것을 받아들이는 것은 마치 범죄를 저지르고 응당한 처벌을 받지 않은 것에 대한 불편감을 용인하는 것을 의미할 것이다(범죄가 실제로 일어났든 그렇지 않든). 이를 책임지기 위해 범죄에 대한 형벌의 형태로 죄의식과 부정적인 자기 생각을 의도적으로 강요할 수 있다. 일단 적절하게 처벌받으면, 당신은 더 이상 그 일에 연연하지 않을 수 있다고 생각할 것이다.

자책하는 것이 매우 고통스럽긴 하지만, 그것은 당신이 상상할 수 있는 가장 큰 고통, 즉 정의를 피하는 것으로부터 위안을 얻기 위한 전략이기도 하다. 자기-처벌은 일견 책임감 있는 행동처럼 보일지 모르지만, 궁극적으로는 여전히 불확실함의 수용을 회피하는 한 방법이다. 그것은 부정적인 자기 대화에 참여하는 것으로부터 더 많은 강박행동을 견디도록 스스로에게 강요하는 것까지 다양한 형태로 나타날 수 있다. 강박장애 때문에 당신이 하게 되는 자기-처벌에는 어떤 형태가 있는가?

강박적인 기도

당신이 종교적인 믿음에 대한 강박사고를 가지고 있다면(13장 참고), 반종교적인 생각 혹은 받아들일 수 없는 생각의 침입에 대항하기 위해 종종 기도를 할 것이다. 자신의 종교적 신념에 진정성을 가지고 연결하려는 시도로 기도를 하는 것이 아니라, 생각을 중화하거나 회피하기 위해 기도를 반복한다면, 기도가 건강치 못한 의례가 되어 버리고 만다.

강박적인 기도를 할 때에는 기도의 타당성을 확인하느라 실제로 기도하는 그 순간에 온전히 머물지 못한다. 기도 자체만으로는 확실히 안전하다고 느끼지 못하므로, 기도를 더욱 반복하게 된다. 즉, 신앙에 더 가까워지는 것이 아니라 더 멀어지는 것처럼 느끼게 되어, 기도를 더욱 강박적으로 반복하게 되는 것이다. 강박적으로 기도할수록 더 불경스럽게 느끼므로 더욱 기도하게 될 것이다. 또한 기도는 다른 강박사고와 관련된 불편한 생각과 감정을 중화시키려는 시도로 사용될 수도 있다. 만약 당신이 강박적인 기도를 하고 있다면 이에 대하여 적어 보라.

숫자 세기

뭔가 나쁜 일이 일어나는 것을 막기 위해 숫자를 세어야 한다고 느끼면서 숫자를 세거나, 다른 원치 않는 생각들로부터 벗어나기 위한 회피 수단으로 숫자를 세는 것이 숫자 세기 강박행동이다.

숫자 세기가 강박행동이 아니라 강박사고만으로 나타나는 경우도 많다. 흔한 예로, 계단이나 타일, 그 외의 어떤 것들에 대해 우연히 숫자를 세는 것이 이에 해당된다. 이 사람들의 경우, 어떤 목표를 염두에 두고 숫자를 세는 것이 아니다. 숫자를 세고 있다는 것을 알아차리면서 그리고 그것 때문에 짜증을 느낄 때 문제가 된다. 이는 호흡과 눈 깜빡임과 같은 것들에서 나타나는 경미한 수준의 강박사고와 유사하다(이후에 논의될 14장을 보라). 숫자 세기가 일어나고 있다는 것을 있는 그대로 받아들이지 않고, 숫자 세기가 일어나지 않기를 바라며 지속적으로 이를 붙잡고 있는 것이 문제이다. 숫자 세기가 아니라 심각하지 않은 내용이 반복되는 경우(예: 머릿속에서 노래가 맴도는 경우)에도 유사하게 접근할 필요가 있다. 혹시 당신에게 숫자 세기와 관련된 강박장애가 있는가? 어떤 것인가?

강박행동을 위한 마음챙김

마음챙김은 강박행동의 씨앗이 심어져 있는 곳을 볼 수 있게 해 주어 강박행동에 저항하는 것을 돕는다. 마음챙김은 원치 않는 생각, 감정 혹은 신체 감각이 존재하는 것을 알아차리는 것이다. 강박사고를 알아차리는 순간과 반응하는 순간 사이에는 시간적 공간이 존재한다. 강박행동에 대한 마음챙김은 기다림의 예술이다. 마치 정신과나 상담센터 로비에 앉아서 당신 이름이 불리길 기다리는 것처럼, 마음속에 앉아서 기다리는 것이다. 만약 강박장애가 당신에게 들어오라고 부른다면, 응하지 않고, '나는 뭔가 다른 것을 위해 여기에 있는 거야.'라고 답하는 것이다. 하지만 만약 현재가 당신에게 들어오라고 부른다면, 거기에 기꺼이 응하는 것이다.

강박행동(예: 정신적 검토, 씻기, 회피, 혹은 확인 추구)에 저항하는 것은 불확실함을 수용하는 것이다. 강박행동을 하지 않을 때면 하늘이 무너지는 것처럼 느껴질 수도 있다. 하지만 이러한 느낌은 자유를 되찾기 위해서는 필수적인 절차이다.

당신이 강박행동에 대해 저항할 때마다 강박장애는 당신에게 보복할 것이다. 이러한 보복은 대개 극심한 정서적 고통의 형태로 나타난다. 혐오스럽거나 위험한 생각에 충동적으로 반응하는 것에 대한 저항이든 혹은 특정 숫자를 맞추기 위해 한 번 더 수도꼭지를 만지는 행동에 대한 저항이든 고통스럽기는 마찬가지일 것이다. 마음챙김은 그 고통이 당신에게 찾아와 당신 위에 내려앉는 것을 주의 깊게 바라보는 것이다. 또한 당신이 팔을 벌려 그 고통을 수용하는 것을 바라보는 것이다. 고통이 당신에게 밀려오도록 그냥 그대로 내버려 두어라. 고통이 쌓여가는 눈이 아니라 흘러내리는 비가 되도록 하라. 고통은 당신이 파묻힐 때까지 계속 쌓여가며 얼어붙는 눈과 같지 않을 것이다. 고통은 당신의 몸을 타고 흘러내릴 비와 같을 것이다. 강박행동에 저항하는 것이 두려운가? 그 두려움을 삶의 이면에 대한 호기심으로 바꾸어 보라!

숨 고르기

지금까지 이 책의 1부에서 많은 내용을 다루었다. 어쩌면 압도되는 것처럼 느낄 수도 있겠다. 잠시 멈추어서 지금 무엇이 느껴지는지 자신을 들여다보라. 모든 것이 괜찮아질 것이라고 애써 스스로를 확신시키려 하지는 마라. 아직 오지도 않은 미래에 마음챙김과 인지행동치료가 당신을 어떻게 도울지 생각하느라, 현재에 머물지 못하는 우를 범해서는 안 된다. 어떤 것이 느껴지든 지금 그것과 함께 머무르고, 이 책의 다음 2부를 자신에게 기꺼이 제안하라. 그렇다고 '지금부터 나는 2부 내용을 꼭 해야만 해!'처럼 무언가를 반드시 해야 한다는 식으로 접근하지는 마라. 그저 다음 쪽을 펼치고, 어떤 내용이 나오는지 살펴보며 거기에 머물러 보면 된다.

2부

특정 강박사고들의 마음챙김과 인지행동치료

2부에서는 강박장애의 다양한 증상들에 대해 마음챙김과 인지적, 행동적 전략들을 어떻게 적용할 수 있는지 살펴볼 것이다.

5장

수용, 평가, 행동

이 책의 1부에서는 강박장애 치료의 세 가지 주요 관심 영역에 대해 살펴보았다. 첫 번째로는 마음챙김을 다루었다. 생각, 감정, 감각의 수용이 어떻게 강박적 충동에 저항하는 능력을 증진시킬 수 있는지를 살펴보았다. 두 번째로는 인지치료를 통해 강박행동으로 이끄는 강박사고들을 평가하고 왜곡을 식별하는 방법을 살펴보았다. 마지막으로는 행동치료를 다루었는데, '직면 및 반응 방지'라는 기술을 통해 두려움에 맞서고 극복하는 방법을 모색하면서 그것을 이용하여 적절한 행동을 취할 수 있는지 살펴보았다. 다음 쪽부터는 강박장애를 극복하기 위해 수용하고, 평가하고, 행동을 취하는 세 가지 전략들을 단순 명료하게 설명하고자 한다.

수용

수용은 마음챙김을 통한 알아차림을 사용하여 당신의 관점을 바꾸고, 강박장애의 생각과 감정이 있음을 받아들이는 것이다.

마음챙김을 통한 접근은 다음과 같은 하나의 전반적인 규칙으로 귀결된다. 머릿속을 스쳐 지나가는 그 생각들이 정말로 머릿속을 스쳐 지나가는 생각에 불과하다는 것을 온전히 받아들이는 것 말이다. 이는 당신이 생각하고 있는 것이 그저 스쳐 지나가는 생각이 아니라 실상 뭔가 특별한 것이라고 여기는 당신의 집착을 버리는 것을 의미한다. 강박행동은 생각, 감정 혹은 다른 어떤 것에 대한 경험이든 당신이 가진 경험을 받아들이지 않고 그에 저항하는 전략들이다. 그러므로 마음챙김은 반-강박행동과 반-저항이라 할 수 있다.

강박장애에 수용이라는 개념을 적용해 볼 때, 수용이란 단어와 씨름하고 있을 수 있다. 비록 생각이 자신에게 큰 고통을 주더라도, 생각을 받아들인다는 것은 그것이 자신의 일부이며, 뭔가 의미할 수 있음을 수용하는 것을 의미한다. 사실 우리는 그 생각을 받아들이길 원하지 않는다. 생각이 사라지기를 원한다. 그러나 강박장애에 맞서는 멋진 전략은 도리어 생각을 생각으로 받아들이고, 감정을 감정 그대로 받아들여서 그것들이 우리 안에 들러붙지 않게 하며 지나가도록 허락하는 것이다.

불안이나 두려움과 같은 감정에 저항하기 위해 무언가 강박행동을 한다고 해도, 그 감정을 아예 없앨 수는 없다. 그저 단순히 그것을 한쪽으로 밀쳐 두는 것만 할 수 있을 뿐이다. 강박장애의 불편감을 경험할 때마다 계속해서 한쪽으로 밀쳐 둔다면, 고통들을 온통 쌓아 두고 있는 것밖에 되지 않는다. 바로 이것 때문에 강박장애로 인해 당신이 힘겨워할 때마다, 당신은 단지 그 순간의 강박장애로 인한 경험뿐만 아니라 그동안 쌓아온 고통의 큰 덩어리로 더욱 큰 고통을 받게 되는 것이다. 첫 번째 반응으로 수용을 선택하는 마음챙김을 연습하게 된다면, 그동안 쌓아온 더미에서 고통의 일부를 덜

어낼 수 있으며, 그 순간에 문제가 되는 것들만 적절하게 다루기 시작할 수 있다.

수용은 패배를 의미하지 않는다. 수용은 생각의 내용 이면에 자리한 의미를 수용한다는 것을 뜻하지 않는다. 당신이 수용하는 것은 단지 당신의 마음이 두뇌로부터 전달받는 생각이 그저 생각일 뿐이라는 것이다. 그래서 강박장애를 위한 마음챙김을 효과적으로 하기 위해서는 항상 수용으로 시작하고, 강박장애를 다루기 위한 다른 어떤 기술을 사용하든 그 후 즉각적으로 다시 수용으로 돌아오는 것이다.

생각을 완전히 수용하기 위해서는, 그 생각이 의미를 가질 수도 있다는 것을 기꺼이 받아들여야 한다. 그렇다고 생각에 의미를 부여하는 것은 아니다. 오히려 이것은 무언가 확실해야 한다는 집착에서 벗어나게 해 준다. 침투 사고가 떠오른다면, 일단 당신의 마음속에 일어나고 있는 그 무언가에 대하여 관찰하고, 비판단적인 태도를 유지하면서 마음챙김을 시작하는 것이 좋다. '나는 오염되었고 지금 당장 씻지 않으면 죽을 거야!'라는 생각과 '나는 오염되었다는 생각을 가지고 있어.'라는 생각은 아주 다른 경험이다.

비판단적인 태도를 통하여, 당신은 명료함을 유지할 수 있으며, 이러한 명료함을 통해 당신이 주로 선택하는 강박행동이 궁극적으로 당신에게 이로운지 아닌지 결정할 수 있다. 강박행동을 하지 않으면 이내 불편함이 유발된다는 것을 알지만, 그 불편함은 결국 사라지는 것 또한 알 수 있다. 그러면 당신은 강박장애의 요구를 무시할 수 있다는 것도, 또 여기에서 얻어지는 승리의 느낌도 역시 잘 알 수 있게 된다.

평가

평가는 현재로 돌아가기 위한 목적으로 인지치료 기술을 사용하여 강박장애의 생각 혹은 감정의 가치를 판단하는 것이다.

수용은 어렵다. 팔을 뻗어 당신의 생각을 환영하는 것처럼 그리 간단한 과정이 아니다. 수용은 생각에 대한 저항을 무너뜨리는 작업이며, 여기에 드는 노력과 비용이 때로는 당신을 압도할 수도 있다. 수용은 당신이 울고, 우울해하고, 싸우려 하지 않는 것을 줄일 수 있다. 그래서 때로는 당신이 강박행동을 하는 것이 정말로 얼마나 중요한지를 더욱 잘 결정하기 위해 뒤로 물러나서 상황을 평가하는 것이 필요하다. 지금 당신의 마음은 당신이 불편함을 참을 수 없으므로 강박행동을 해야만 한다는 의견에 들러붙어 있지 않은가? 평가는 당신이 들러붙어 있는 이 의견 말고 다른 대안적인 의견이 있는지 자신에게 이차 의견을 구해 보는 것이다. 이 지점이 바로 인지치료라는 도구를 사용해야 할 곳이다.

강박사고에 대한 평가는 생각이나 감정이 거짓이거나 안전하다는 것을 증명하기 위해 고안된 것이 아니라는 점을 기억하라. 여기에서 중요한 것은 단지 당신이 강박적인 반응에서 스스로 벗어날 수 있도록 돕는 것이다. '공중전화를 만지면 병에 걸릴 거야.' 하는 생각을 '공중전화가 나를 불편하게 하지만, 내 경험상 그것을 만져서 병에 걸린 적은 없어.'라고 재조정할 수 있다면, 당신은 강박행동에 이전보다 덜 참여하게 될 것이다.

사고 기록지를 사용하거나 강박장애의 각 순간에 끼어드는 경향이 있는 인지 왜곡 유형을 관찰하는 것만으로도 당신은 평가 도구를 연습할 수 있다. 사고와 감정은 증거가 아니다. 증거는 증거이며, 만약 증거가 없다면 증거 없이 당신이 어떻게 반응하는지를 관찰하라. 당신이 틀릴지 모른다는 것을 여전히 받아들여야 하지만, 적어도 강박장애에 연료를 공급하는 강박행동으로부터 자신을 벗어나게 할 수는 있다. 그런 다음에 왜곡에 대한 사고 평가와 함께 수용으로 다시 돌아올 수 있다. 당신은 그런 생각을 가졌을 뿐이다. 지금 현재로 돌아오라.

행동

행동이란 강박장애의 생각 및 감정에 대하여 자신을 적극적으로 직면시키고 노출시키는 행동치료 기술의 사용을 말한다. 두려움에 익숙해지게(습관화되게) 하여, 두려움을 극복하려는 목적으로 행해지는 것이다.

잘 알다시피, 강박장애 경험의 합리성을 평가하는 과정이 늘 좋은 성과를 가져오는 것은 아니다. 강력한 불편함은 여전히 지속될 수 있으며, 강박행동을 유발하는 충동은 계속 심해질 수 있다. 강박사고를 수용하려 노력하고, 그것이 당신을 통과하도록 내버려 두며, 강박사고를 평가하려 노력했다면, 이제 다음 단계는 두려움에서 스스로 자유로울 수 있도록 행동을 취하는 것이다. 이 지점이 행동치료라는 도구를 사용해야 할 곳이다. 다양한 형태의 직면 및 반응 방지를 통해 더 나은 정신건강을 향한 행동을 취할 수 있다.

강박사고를 범주화하기

사람은 무엇이든 생각할 수 있는 능력이 있다. 이는 사람은 무엇이든 강박사고로 발전시킬 수 있는 능력도 있음을 의미한다. 이런 면에서 강박사고를 특정 강박사고로 분류하고 범주화하는 작업은 때로는 비인간적인 것으로 여겨지기도 한다. 우리는 불확실함과 씨름하고 있으며, 안전하다고 느끼기 위해 강박행동을 하고 있을 뿐이다. 당신은 자신을 '씻기 강박장애 환자' 또는 '위해 강박장애 환자' 등으로 명명하고 인식하고 싶지 않을 것이다. 사실, 당신의 강박장애를 특별한 종류의 강박장애로 명명하는 것은, 생각이 그저 생각일 뿐 아니라 생각마다 서로 다른 특별한 성질을 가졌음을 의미하는 것이기도 하므로, 이러한 접근 방식이 마음챙김을 더 어렵게 만들 수도 있다.

강박사고를 범주로 분리하는 이유는 모든 강박사고–강박행동 순환 고리마다 그것을 깨뜨릴 수 있는 개별화된 방법들이 있기 때문이다. 해결 방법이 하나씩 있으며, 바로 그 방법을 정확히 아는 것이 중요하다. 강박사고의 기전을 이해하고 강박사고를 붙드는 강박행동을 정확히 식별할 때, 당신은 강박사고와 강박행동 둘 다 흘러가도록 내버려 두는 과정을 시작할 수 있다.

6장 오염 강박장애

당신이 오염 강박장애를 앓고 있다면, "너는 손을 너무 많이 씻어." 또는 "너는 샤워 시간이 너무 길어." 등의 말을 자주 들었을 것이다. 비누와 물을 낭비한다고 몹시 비난받았을 것이다. 또한 다른 사람들은 '실제 걱정거리'를 걱정하는데, 당신은 왜 그 모양이냐고 지적받았을 것이다. 강박장애가 없는 사람들은 당신이 살기 위해서 해야만 한다고 느끼는 행동을 하고 있을 뿐이라는 사실을 이해하지 못한다. 당신에게는 오염되도록 내버려 두는 것이 스스로 목을 조르거나 물에 빠져 익사하도록 내버려 두는 것과 똑같이 느껴진다는 점을 다른 사람들은 이해하지 못할 것이다. 그럼에도 당신의 일부는, 당신이 다른 사람보다 자신에게 더 많은 것을 요구하고 있다는 것, 그리고 어쨌든 모든 것은 이미 어느 정도 오염되어 있다는 것, 오염되지 않으려 회피하는 모든 시도가 당신에게 안전한 느낌을 거의 주지 못한다는 점 또한 잘 알고 있다.

받아들일 수 없을 만큼 불결한 어떤 것이 다른 것(자신을 포함하여)들을 오염시켜 불결하게 하고, 이를 막기 위한 책임감을 느끼는 사람들을 가리켜 우리는 오염 강박장애 환자라고 말한다.

어떤 이들은 혐오감 강박장애라고 불릴 수 있는 오염 강박장애의 변형된 형태를 가지고 있다. 이들은 주로 세균이나 먼지 또는 청결성에 일차적인 관심을 두지는 않지만, 특정 자극에 노출되면 혐오감을 느낀다. 연구에 의하면 높은 수준의 혐오 반응은 강박장애와 관련되어 있으며(Brady, Adams, and Lohr 2010), 인지행동치료로 좋아질 수 있다(Rector et al. 2012).

오염 강박장애 환자들의 전형적인 촉발 요인에는 다음과 같은 것들이 있다.

- 공용으로 사용하는 물건(문고리, 전등 스위치, 버스)
- 대변(화장실 혹은 신체 부위와 같이 대변과 가까이 있는 것들)
- 혈액(혹은 혈액과 가까운 것, 바늘과 붕대 혹은 의사의 진료실을 포함하여 피가 나게 할 수도 있는 것)
- 다른 체액(소변, 땀, 침, 정액, 질 분비물)
- 독극물(혹은 집안 청소 세제, 약, 상한 음식을 포함하여 독극물로 간주되는 것, 석면, X-선, 살충제, 화학물질 같은 환경 오염물질)
- 술 혹은 다른 약물(특히 중독에서 회복된 사람들에게)
- 질병과 관련된 것(아픈 사람, 노숙자, 병원)
- 질병, 세균 등에 대한 특별한 우려 없이 당신이 강한 혐오 반응을 보이는 것(예: 끈적끈적하고 축축한 혹은 단순히 '모르는' 물질들)

당신이 회피할 필요를 느끼게 하는 어떤 특정한 것 또는 그것과 접촉한 뒤 손을 씻게 하는 것에 대해 적어 보자(4장의 '회피' 부분에 써 둔 목록을 참고할 수도 있다).

종종 오염 강박장애 환자는 세균과 감염으로 병에 걸리는 것을 지나치게 염려하며, 병에 걸리지 않을 거라는 확신을 가지려고 하는 것으로 간주되기도 한다. 비록 많은 오염 강박장애 환자에게 흔한 경험이지만, 오염 강박장애를 가진 사람들은 실제로 다음을 포함하여 여러 가지 이유로 촉발 요인을 피하곤 한다.

□ 세균이나 바이러스에 감염되어 병에 걸리는 것에 대한 두려움
□ 과도한 씻기 의례를 해야 하는 것에 대한 두려움
□ 다른 사람들에게 병균을 퍼뜨리는 것에 대한 두려움
□ 혐오스러운 느낌에 대한 두려움
□ 당신이 만졌던 가치 있는 물건에 대하여, 나중에 피하고 싶은 느낌에 대한 두려움
□ 다른 사람들에게 무책임한 혹은 '더러운' 존재로 여겨지는 것에 대한 두려움
□ 무책임한 혹은 '더러운' 사람이 되는 것에 대한 두려움

이런 것들과 연관되는 두려움을 이전에 경험한 적이 있다면, 피하거나 씻고 싶은 충동을 느끼는 이유에 대하여 다음 빈칸에 적어 보자. 만약 무엇이 촉발하였는지 명확하지 않거나 정확하게 표현하기 어렵다면, 당신이 강박적 씻기를 하게 되는 주제를 적어도 좋을 것이다.

오염 강박장애에서 나타나는 흔한 강박행동들은 다음과 같다.

- 특정한 씻기 및 청결 의례
- 오염된 것처럼 보이는 것을 피하거나, 자신이 오염되었다고 느낄 때 깨끗한 것을 피하기
- 오염 물질과의 접촉 여부 및 씻기 의례가 적절히 수행되었는지에 대한 정신적 재검토
- 오염 물질에 노출되지 않았거나 다른 사람들을 오염 물질에 노출시키지 않았다는 확신을 얻기 위해 질문하기
- 오염 물질에 접촉했던 기억을 저장하기

오염에 대한 두려움 때문에 하게 되는 강박행동에는 어떤 것이 있는가?

오염 강박장애를 위한 수용 도구

오염 강박사고를 다루기 위한 마음챙김 기반 접근을 고안하기 위해서는 오염과 관련한 현재 경험을 바탕으로 시작해야 한다. 오염되었다고 믿는 어떤 것과 당신이 접촉하고 있다고 상상해 보라. 그것은 순간적으로 일어난다. 무언가를 만졌는데, 아마도 당신이 막 그것에 접근했을 수도 있고 혹은 무엇이 만져졌는지 확실하지 않을 수도 있다. 당신의 생각, 감정, 신체 감각은 즉시 정보를 제공하기 시작하는데, 한 번에 수많은 신호를 받고 당신이 이를 심각하게 받아들인다면, 모든 신호는 당신을 완전히 엉망으로 만들 잠재력이 있다. 첫째, 당신은 오염되었다고 생각하는 신체 부분을 상당히 의식하게 된다. 만약 신체 부분에 주의를 기울이면, 과도한 주의의 작동으로 일종의 신체 반응이 시작된다는 것을 확실히 알게 될 것이다. 당신의 손이 더럽게 '느껴질' 것이다.

마음챙김은 그런 느낌을 없애려 시도하기보다는 그런 느낌과 함께 머물기를 제안한다. 강박행동과 함께 그런 느낌을 없애려고 하는 것은 뇌에게 그 느낌이 당신의 적이라는 메시지를 보내는 것이다. 반대로 그 느낌을 인정하는 것은 뇌에게 그것이 그저 단순한 경험일 뿐이며 또한 그것이 엄청난 관심을 요하는 것이 아니라는 메시지를 보내는 것이다. 어떤 메시지가 당신의 강박사고-강박행동 사이클을 끊어 낼지 생각해 보라.

그래서 첫 번째로 도전할 것은, 지금 이 순간 오염된 것으로 여겨지는 것과 관련하여 생각, 감정 및 신체 감각에 얼마나 많은 주의를 기울이느냐와 관련이 있다. 만약 그것들에 당신의 모든 주의를 기울인다면, 그것들은 과대평가와 과도한 반응의 피드백 고리를 만들어서 당신을 싱크대나 샤워기로 다시 밀어낼 것이다. 그것들에 주의를 덜 기울인다면, 이것은 다른 생각과 감정들 특히 무책임한 느낌이나 자기비판과 연관된 것들을 불러온다. 그러나 이런 감정들이 그냥 나름의 방식대로 떠오른 것뿐이고, 단지 감정일 뿐이라는 것을 당신이 알게 된다면 어떻게 될까?

만일 당신이 무책임한 느낌과 함께 머물 수 있고, 더 큰 그림으로 이를 바라본다면 어떻게 될까? '깨끗함'이라는 단어에 내리는 당신의 정의가 '깨끗함'과 관련된 특정 느낌을 포함하기 때문에, 아무리 많이 씻어도 당신은 깨끗하다는 느낌을 갖지 못한다는 것이 바로 '큰 그림'이다. 세균을 정확히 측정할 수 있는 컴퓨터 장치가 있다 해도 충분하지 않을 것이다. 당신은 깨끗하기 위해서 깨끗하다고 느껴야만 할 것이다. 그러나 당신이 그 깨끗한 느낌을 버리고 무책임(혹은 혐오, 위험 등)한 느낌을 마음챙김하며, 궁극적으로 그것을 직면한다면 강박장애를 극복할 수 있을 것이다.

오염에 대한 두려움과 함께 현재에 머물기

당신이 오염되었다고 느껴질 때 혹은 당신이나 당신이 마음을 쓰고 있는 어떤 것이나 다른 사람이 오염되었다는 생각에 집중할 때, 당신은 현재를 떠나야만 한다는 충동을 경험하게 된다. 문제는, 현재의 감정을 떠날수록 강박장애가 당신을 압도할 여지를 많이 준다는 점이다. 당신이 현재를 떠나 과거로 도망간다면, 당신이 만졌을지도 모르는 것들을 재검토하고 당신이 찾는 것에 대해 확실함을 얻지 못하면서 더 많이 오염되었다고 느낄 것이다. 만약 현재를 떠나 미래로 도망간다면, 당신은 오염물질이 퍼지는 것에 대한 부정적인 환상을 창조한 다음에 그것을 예방하기 위해 더 많은 책임감을 느끼고, 더 오염되었다고 느끼게 될 것이다. 따라서 오염의 현재 상태를 떠나 과거나 미래로 도망가는 것은 언제나 더 많이 오염되었다는 느낌을 초래한다.

씻을 때는 당신이 마음챙김하고 있는 것들에 대해 마음챙김하라

매 순간 마음챙김을 연습하는 것은 일반적으로는 좋은 것으로 여겨진다. 마음챙김에 관한 많은 책에서 샤워장이나 싱크대가 마음챙김을 연습하기에 훌륭한 공간이라는 점을 발견할 수 있다. 비누가 피부에 닿는 느낌, 물이 내려오는 소리, 따스한 공기의 흐름

등에 주의를 기울이도록 격려받는다. 어떠한 의례도 엮이지 않은 채 마음챙김의 주의를 순전히 기울일 수 있다면 이것은 좋은 아이디어이다. 그러나 샤워 혹은 손 씻기 의례를 가진 오염 강박장애가 있다면, 어떤 것도 놓치지 않겠다는 것을 확실히 하려는 목적에서만 현재에 집중할 수도 있다. 이런 유형의 상황에서는 무엇이 진행되는지에 너무 많은 관심을 기울이는 것이 도리어 문제가 될 수 있다.

비강박적인 좋은 샤워는 무질서와 혼돈이다. 몸에 비누를 던지고 비누가 몸으로부터 떨어지도록 내버려 두는 것이다. 이 경우에는 강박장애보다 우위를 점하기 위해 주의를 덜 기울이며 샤워하고, 순서를 줄이고, 의례에 대해 덜 신경 쓰고, 언제 무엇을 만졌는지의 인식을 덜 하면서 샤워할 필요가 있다. 그 대신, 의도적으로 신체로부터 주의를 떨어뜨려 샤워에 주의를 기울이지 않음으로써 겪는 불확실함의 경험으로 마음챙김 기술들을 향해 보라. 신체의 어디를 언제 씻어야 할지 세부 사항들에 신경을 쓰는 대신에 의례를 하지 않는 데서 오는 불편함과 당신의 마음이 방황하도록 내버려 두는 데서 오는 불편함에 주의를 집중하라.

같은 규칙을 손 씻기에도 적용하라. 무엇이든 씻기 이외의 것에 대한 정신적 재검토나 정신적 예행연습을 하게 내버려 두는 것이다. 단지 정신적 재검토나 예행연습을 오염에 관한 문제에만 집중되도록 내버려 두지 마라. 나중에 운동할 때 듣고 싶은 신곡은 무엇인가? 어젯밤에 본 TV 프로그램 중에서 최고의 장면은 무엇인가? 의례 없이 씻기가 이루어지도록 내버려 두라. 그다음에 물기를 말리고 움직일 준비가 되었으면, 현재로 돌아와 불완전한 느낌과 함께 머물러라. 강박적인 완벽함을 위해 씻기에 대하여 재검토하고 싶은 충동에 주목하라. 마음챙김하여 당신의 신체 감각에 주목하라.

연습 당신이 오염 강박장애를 완화시키기 위해 마음챙김해야 할 생각, 감정, 신체 감각 또는 다른 것에는 어떤 것들이 있는가?

오염 강박장애를 위한 명상 팁

강박장애를 위한 마음챙김 훈련의 일환으로 매일 명상을 하기로 했다면, 어떤 종류의 생각, 감정, 신체 감각들이 당신을 현재로부터 멀어지게 끌어당기는지 생각해 보라. 숨을 쉬고 호흡에 참여할 때, 이전에 당신이 만졌을지도 모르는 어떤 것에 주의를 기울이도록 강박장애가 당신에게 신호 보내는 것을 알아차리게 될 것이다. 그 생각에 고개를 끄덕이며 자신에게 말해 보라. '안녕, 무언가를 만진 것에 대한 그 생각만 바라봐봐. 괜찮아. 나는 내 호흡에 주의를 집중하면서 그 생각과 함께 있을 수 있어.' 아마도 당신은 명상에 집중하지 못하고, 분석하고 싶은 충동을 느끼거나 오염되었다는 어떤 느낌에게 말을 걸기 시작할 수 있다. 그 느낌을 단순히 그 순간에 존재하는 어떤 것으로만 보려고 노력해 보라. 문제 해결 모드로 들어가지 마라. 당신이 호흡에 참여할 때, 당신 아래의 땅, 공기 온도, 창밖의 소리들—이 모든 것이 당신과 함께 있다. 당신은 그것들에 신경 쓰지 않는다. 당신이 호흡할 때 존재하는 모든 것처럼 오염되었다는 느낌도 내버려 둬라. 기억하라. 당신은 '신경끄기'와 관련된 근육을 키우는 중이다.

오염 강박장애를 위한 평가 도구

마음챙김으로 증진된 인지 재구조화는 오염 강박장애에 매우 효과적일 수 있다. 중요한 것은 오염에 대한 당신의 생각이 여전히 사실일 수 있지만, 씻어야 한다는 충동 혹은 회피를 뒷받침하는 이유와 증거가 불충분하다는 점이다. 단순히 '그래, 나는 약간 오염된 것처럼 느끼지만, 그 느낌과 함께 있고 지금 씻지는 않을 거야.' 이렇게 말하는 것이 충분치 않을지도 모른다. 당신은 씻기 충동에 대하여 객관적 평가라는 추가적 압박이 필요하다고 느낄 수도 있다. 이것이 바로 왜곡된 사고를 식별하고 그것을 깨뜨려 버리는 과정을 도입해야 하는 지점이다.

무엇보다 먼저, 흑백 논리는 오염과 오염 제거에 대한 바로 그 생각을 이끌어 낸다. '나는 깨끗하거나 아니면 더러울 거야. 내가 똑바로 씻었다면, 나는 깨끗하겠지. 내가 씻지 않았다면, 나는 씻을 때까지 더러울 거야.' 이런 생각 방식은 강박장애에게 모든 권한을 넘기는 것이다. 강박장애는 무엇이 오염되었는지에 대하여 정의하고 임의로 그 정의를 바꾸어 당신이 강박행동을 하게 만들면서, 당신의 삶이 다음 오염 물질을 기다리는 것처럼 만들어 버린다. 이런 왜곡에 도전하는 작업은 당신이 얼마나 더러운지(혹은 깨끗한지) 결코 알 수 없음을 인정하는 것이다. 100% 더러울 수도 혹은 100% 깨끗할 수도 없다.

또한 오염 강박장애는 감정적 추론과 재앙화를 결합하여, 오염된 느낌은 자신이 오염되었음을 의미하고, 오염된 상태를 유지한다는 것은 자신이 오염을 확산시킬 것임을 의미한다는 생각을 촉진한다. '내가 더러운 것을 만진 것 같은 느낌이 들기 때문에 나는 내가 더럽다는 것을 알아. 내가 지금 씻지 않으면 나는 여기저기에 이 오염물질을 퍼뜨릴 거야.' 이는 강박장애가 미래에 대한 예측과 가정을 함으로써 마음챙김을 파괴하는 또 다른 예시가 된다. 현재 당신이 오염되었는지 여부도 불확실할 뿐만 아니라, 미래의 어느 시점에서 당신이나 외부 세계에 오염시킬지를 아는 것도 불가능하다. 오염에 대한 느낌은 실제로 오염되었다는 사실이 아니라는 것, 그리고 오염 물질을 퍼뜨릴까 우려하는 생각이 실제로 퍼뜨린다는 위협은 아니라는 사실을 받아들여야 한다.

의례를 지속시키는 강한 동인은 깨끗하거나 올바르다는 느낌을 기대하는 것이기 때문에 감정적 추론은 씻기 의례를 특별히 더 어렵게 만들 수도 있다. 이런 이유로 씻기 의례에는 시간이 많이 소모된다. 당신은 당신이 손을 씻었고 심지어는 필요하다고 생각하는 다른 관련 의례도 마쳤음을 알 수 있지만, 원하는 그 느낌이 거기에 없기 때문에 계속해서 씻게 된다. 강박사고-강박행동 순환을 깨는 것은 목표를 달성한 느낌이 없이도 싱크대를 떠나는 것과 뒤따르는 불편감을 그대로 수용하는 것을 반드시 필요로 한다.

당신에게 오염 강박장애를 밀어붙이는 가장 강력한 인지 왜곡이 있다면 그것들은 무엇인가(2장에서 쓴 목록의 일부를 참고할 수 있다)?

연습 오염 물질에 대한 일부 왜곡된 생각에 도전하기 위해 자동적 사고 기록지(2장 참고)를 사용하자. 목표는 자신이 깨끗하다는 것을 확신시키기 위한 것이 아님을 기억하자. 강박적 오염 제거 의례를 정당화할 만한 게 거의 없다는 것을 인정하고, 마음챙김의 태도로 주의 깊게 이를 수용해 보라.

자동적 사고 기록지 예시

촉발 요인 무엇이 당신을 자극하는가?	자동적 사고 강박장애가 당신에게 뭐라고 속삭이는가?	도전하기 왜곡된 생각에 대하여 어떠한 대안적 생각으로 도전할 수 있을까?
벽에서 붉은 자국을 보았다.	벽에 피가 묻어 있는데, 만약 내가 그것과 멀리 떨어져 있지 않으면 내가 HIV에 걸리게 될 거야.	나는 저 붉은 자국이 사실 무엇인지 몰라. 이런 상황이 전형적으로 나를 상당히 불편하게 만든다는 걸 알고 있어. 하지만 그것을 단지 쳐다본다고 해서 혹은 가까이 있다고 해서 그게 내 정맥에 주사하는 것과 같지는 않아. 어떤 경우든, HIV에 대한 내 강박사고 때문에 나는 모든 사물에서 붉은 점을 잘 보는 것으로 유명해. 그러므로 이것은 강박장애에 대한 나의 도전 과제 중 하나가 될 수 있어.

오염 강박장애를 위한 행동 도구

직면은 모든 형태의 강박장애를 치료하는 기본이지만, 특히 오염 강박장애에서 매우 중요하다. 그렇다고 해서 위험한 무엇인가와 실제로 접촉해야만 하는 것을 의미하는 것은 아니다. 꼭 접촉해야 하는 것은 바로 당신의 두려움이다. 여러 방법으로 시도해 볼 수 있다. 대변, 피 또는 화학물질에 오염되는 두려움을 극복하기 위해 이것들을 직접 만질 필요는 없다. 오염되는 것을 두려워한다는 느낌에 충분히 가까워질 필요는 있다. 오염의 느낌을 만들고 이 느낌에 습관화되지 않는다면, 당신은 오염 강박장애의 노예로 계속 남아 있게 될 것이다.

두려움에 가까이 가기

오염과 관련된 두려움에 직면 및 반응 방지를 하는 것은 오염되었다고 여기는 것에 접촉을 늘리고 회피는 줄이는 것이다. 당신이 어떤 식으로든 이 현실 세계와 접촉하는 것이 불가피하다는 사실, 그리고 세상의 일부는 실제로 오염되어 있다는 사실을 곰곰이 생각해 보라. 살아 있다는 것 자체가 당신이 두려워하는 그 무엇으로부터 오염되었을 가능성이 있는 어떤 장소에 존재한다는 것을 의미한다. 안전한 느낌을 확보하기 위해 당신은 사물과의 접촉을 의도적으로 회피하고, 그게 무엇이든 간에 완전히 피했다고 확신할 수 없다면 씻어 버리려 했을 것이다. 직면 및 반응 방지는 당신이 두려워하는 것들에 대해 점점 더 가까워져서 불안해지는 것이 핵심인데, 씻기 의례를 더 잘게 그리고 덜 강박적인 부분들로 쪼개어 나눌 필요가 있다.

오염 강박장애에 있어서 실제 직면 및 반응 방지 기법

이제 오염될까 봐 두려워하는 모든 것의 목록을 작성하면서 시작해 보자. 위험한 무언가에 의도적으로 직접 접촉하는 것이 목표가 아님을 또다시 명심해야 한다. 예를 들어, 길에 떨어져 있는 주사 바늘을 주워 자신을 찔러 보는 것이 목표가 아니다. 주사 바늘이 떨어져 있을지 모르는 거리를 걸을 수 있는 것, 실제로 주사 바늘이 떨어져 있다 하더라도 직접 알아차리기 전까지는 듣고 있던 노래를 계속 즐길 수 있는 것이 목표이다. 당신이 피하고 있는 모든 것, 즉 물건, 사람, 장소들을 떠올려 보라. 또한 당신이 지속적으로 확인하는 모든 것을 떠올려 보라. 더불어 씻기 충동을 촉발하는 모든 것을 떠올려 보라. 다음은 혈액과 관련된 오염 강박행동의 예이다.

- 가시에 찔릴까 봐 장미 덤불 피하기
- 베이거나 까지지 않았는지 피부 확인하기
- 식료품점에서 응급처치 통로 피하기(상처 난 사람들이 붕대를 구입하니까!)
- 신발과의 모든 접촉을 피하기(길거리에서 혈액과 어떻게든 접촉했을 수도 있으므로)
- 병원 근처에 있는 것을 피하기
- 날카로운 모서리가 없는지 확인하기 위해 물건들을 신중하게 살피기
- 인종 혹은 성적 취향 때문에 HIV를 보균하고 있을 가능성이 크다고 생각되는 사람들을 피하기
- 혈액의 증거를 찾기 위해 차, 옷, 다른 물건들을 확인하기

오염 강박장애 때문에 당신이 회피하고 있는 것이 있다면 적어 보라.

___

___

___

모든 촉발 요인 항목을 가장 적게 촉발하는 것부터 가장 크게 촉발하는 것까지 순서대로 정렬해 보라. 그다음, 가장 실현 가능한 항목부터 시작하여, 매일 회피하던 것과 접촉을 시작하거나 강박행동을 제거하기 시작하라. 그것을 사용하기 전에 무언가를 확인하고 싶은 느낌에 저항하거나, 바닥 같은 것을 만지고 밥 먹을 시간이 될 때까지 씻지 않게 만들 수 있는 방법을 떠올려 보라. 그 느낌을 제거하는 대신 함께 머무를 수 있는 방법을 생각하라. 이를 위해 3장의 '강박의 위계 정하기' 부분을 참고할 수 있다.

마음챙김 기술을 검증하고 그 느낌과 함께 머물기를 선택했다면, 서두르지 말고 거기에서 시작하라. 오염 노출에 선뜻 뛰어드는 것에 두려움이 느껴져도 괜찮다. 작은 단계들을 밟아 나가면 된다. 강박장애가 당신에게 그어 놓은 경계선으로부터 부드럽게 밀고 나가도록 시작해 보라. 강박장애의 일상에 약간의 수정을 가해 보고, 그것이 어떻게 느껴지는지 살펴보며, 통제력이 느껴지는지 보라. 통제력이 느껴지지 않는다면, 조금 더 쉬운 것을 시도해 보고, 만약 통제력이 느껴진다면 조금 더 도전적인 직면을 시도해 보라.

불결한 것을 그냥 그대로 두고 살기

오염 강박장애에서 직면 및 반응 방지 기법을 이해하기 위해 가장 중요한 것은 무엇일까? 모든 경험에 대해 깨끗한 느낌을 가지려 한다는 것이 문제라는 사실을 깨닫는 것이다. 당신은 샤워기, 싱크대 혹은 불완전하고, 무책임하고, 불결하고, 불확실하다고 느껴져 오염 제거 의례가 일어날 수 있는 곳에서 멀리 떨어져 있고 싶을 것이다. 당신의 피부에 무엇이 있거나 없는지는 당신의 삶과 아무 관련이 없다. 당신이 무엇을 만졌는지, 그것의 의미는 무엇인지, 혐오감과 불쾌한 느낌은 어떠한지, 불결함에 대한 신체의 감각은 어떠한지 등, 오염에 대한 전적인 경험을 당신이 숙달해야 하는 것이다.

직면 및 반응 방지는 그 경험으로부터 도망치는 대신 그런 경험을 만들어 내는 것이며, 그 경험을 파괴하는 대신에 그 경험과 함께 시간을 보내는 것이다. 경험에 대한 마음챙김적 알아차림과 수용은 결국 반환점을 돌아 당신 삶의 더 큰 그림에 경험을 통합시킬 것이다. 이것은 오염에 대해 과도하게 집중하고, 과대 평가하거나 과하게 반응하는 것을 멈추게 하며 그것이 언제 사라질지 궁금하지도 않게 된다는 것을 의미한다. 오염과 관련된 것에 주의가 분산되기에는 당신의 삶은 너무나 재미있는 것이다.

오염 강박장애에 있어서 상상 직면 및 반응 방지 기법

상상 직면은 접근하기 어려운 상황이나 위험한 상황에 직면하는 데 유용하다. 또한 도덕적인 문제나 책임감과 관련된 두려움에 직면하는 데도 매우 유용하다(3장의 '상상 직면' 부분 참고). 다음과 같은 활동으로 오염 걱정에 대한 당신만의 상상 각본을 만들 수 있다. 이 활동으로 인해 약간의 불안감이 생길 수도 있다. 만약 지금 이 순간에 대처하기가 너무 힘들다면, 심호흡을 한 번 하고 질문을 읽어라. 당장 답하지 않아도 된다. 준비가 되었다고 느껴질 때, 견딜 수 있는 수준에서 답하기 시작하라.

어떤 것을 만져볼 것인가?

당신에게 묻은 이것을 완전히 떼어내고 깨끗하게 하지 못한다면 어떻게 될까?

어떤 감정이 느껴질까? 또한 이 감정이 당신의 행동에 어떻게 영향을 미칠까?

당신이 깨끗해질 수 없다면 그 결과로 누가 오염될까? 혹은 무엇이 이제 오염될까?

다른 사람들은 오염된 것에 어떻게 영향을 받을까? 그들은 당신이 자신들을 오염시킨 것에 대해 어떻게 생각할까? 당신은 이것에 대하여 어떻게 느낄까?

깨끗하게 만들기 위해 다른 어떤 노력을 기울이겠는가? 그리고 실패하면 어떻게 될까?

만약 당신이 오염된 채로 있으면 당신의 남은 인생은 어떻게 될 것인가?

이와 같은 상상 각본의 목표는 불편함을 수용하는 과정을 시작하기 위해 불편함과 충분히 함께 하도록 하는 것임을 기억하라. 일단 그 느낌이 더 이상 당신을 위협하지 않으면, 촉발 요인을 피하고자 하는 충동 역시 줄어들 것이다. 당신이 갑자기 자신이나 다른 사람의 안전에 신경 쓰지 않게 됨을 의미하는 것은 아니다. 이것이 의미하는 바는 당신이 강박장애의 영향을 받지 않으면서 선택할 수 있고, 끝없는 의례의 삶 속에서 당신을 괴롭히도록 허락하는 것 대신에 당신의 생각과 감정을 잘 관찰할 수 있다는 것이다.

7장

책임감/확인
강박장애

강박장애 치료를 다루는 많은 자료에서, '확인 강박장애'를 강박장애의 하위 유형으로 표현한다. 하지만 이러한 표현 방식에는 다소 문제가 있다. 왜냐하면 확인은 강박사고가 아니라 강박행동이기 때문이다. 확인은 강한 책임감과 관련된 생각, 감정 또는 신체 감각에 대한 행동 반응이다. 따라서 확인 강박장애에서의 강박사고는 무책임한 존재가 되는 것에 대한 두려움이며, 강박행동은 무책임한 행동이 발생하지 않았는지 확인하는 것이다. 확인 행동을 하는 이유는 미래에 재앙이 초래하지 않을 것을 확실히 하고자 하는 충동에서 비롯된다. 이것은 당위 강박장애(8장), 위해 강박장애(9장), 양심결벽성 강박장애(13장) 등 여러 가지 양상으로 나타나기도 한다. 하지만 이는 또한 일반적 책임에 관한 두려움의 문제일 수 있기에 우리는 책임감/확인 강박장애를 별개의 독립적인 장으로 구성해 보았다.

책임감/확인 강박장애와 관련된 전형적인 강박사고의 예는 다음과 같다.

- 잠금장치(문, 금고 등)가 확실히 잠겨 있지 않은 것에 대한 두려움
- 가전제품들이 켜져 있는 것에 대한 두려움(가스, 수도 등)
- 주차 브레이크나 다른 안전장치들이 적절하게 작동되지 않는 것에 대한 두려움
- 서신(이메일, 문자, 편지 등)이 부적절하게 전송되었거나, 잘못된 정보가 포함되어 있을 것에 대한 두려움

당신이 책임감을 느끼게 되고 확인 충동을 자극하는 것들은 무엇인가?

책임감/확인 강박장애에서 나타나는 전형적인 강박행동의 예는 다음과 같다.

- 반복적으로 또는 의례적인 방식으로 눈으로 확인하기(숫자 세기 혹은 발성 의례와 짝지어질 수 있음)
- 잠기거나 꺼진 것을 확실히 하기 위해 두드리거나 반복적으로 만지기
- 잠기거나 꺼진 것을 확실히 하기 위해 출발 후 되돌아가서 확인하기
- 일들이 제대로 확인되었는지 다른 사람의 다짐을 구하기
- 제대로 확인되었는지에 대한 확실한 느낌을 얻기 위해, 확인 행동을 정신적으로 검토하기

뭔가를 책임지고 확인했다는 사실을 확실히 느끼기 위해 행동하는 강박행동들이 있다면 적어 보라.

책임감/확인 강박장애를 위한 수용 기법

반드시 그렇게 되어야만 하는데 그렇게 되지 않았다는 느낌을 받을 때, 이를 떨쳐 버리고 싶은 욕망이 '확인하기'의 핵심이다. 예를 들어, 강박장애가 없는 사람이라면 문을 잠글 때 보통 무언가 완료되었다는 느낌으로 문을 떠난다. 이 느낌은 뇌에서 일어나는 일종의 화학적 경험이다. 뇌의 화학적 변화에 대한 신체의 반응은 무언가 '완료되었다는' 감각으로 나타난다. 그리고 이에 대한 마음의 반응은 편안한 느낌과 함께 무언가 달성한 것 같은 느낌으로 나타난다. 아무리 사소해도, 주의를 기울인 것이 무엇이었든 그냥 내려놓게 되는 경험, 바로 그 느낌인 것이다. '모든 것을 다 해냈어.' 정도의 느낌까지는 아니더라도, '이 정도면 충분하지 뭐.' 하는 느낌이다.

이런 측면에서 강박장애의 뇌는 효과적으로 화학물질을 방출하지 못해서 몸이 불편해하는 것으로 이해할 수 있다. 마음은 이 불편함을 무엇인가 잘못되었다고 해석한다. 여기에서 마음챙김 기술을 사용하는 것은, 마음이 '무엇인가 잘못되었어…….'라고 해석하는 것을 그저 관찰하는 것이다. 이 메시지를 '되돌아가서 다시 확인해.'라는 의미로 받아들이는 것이 아니다.

책임감/확인 강박장애에서 '수용하기'는 확인하지 않은 결과에 대한 생각을 받아들이는 것을 포함한다. 집에서 나와 길을 걸을 때, 제대로 확인하지 않아서 발생할 수 있는 다양한 재앙적 사건이 마음속에 떠오를 수 있다. 수도꼭지를 완전히 잠그지 않아 물이 흘러나와서 집이 침수될 수 있다는 생각, 전등을 끄지 않아 전등이 폭발해 화재가 발생할 수 있다는 생각, 현관문이 열려 있어 외부인이 침입할 수 있다는 생각, 내가 확인만 했더라면 도둑이 들어오지 않았을 거라는 생각 등. 마음챙김은 이런 영화들이 마음의 뒤뜰에서 상영되도록 내버려 두고, 강박행동을 하지 않도록 요구한다. 최악의 불편감, 즉 무책임한 느낌을 그대로 수용하는 것을 의미한다.

연습 책임감/확인 강박장애를 극복하기 위해 당신이 마음챙김해서 받아들여야 하는 생각, 감정, 신체 감각 혹은 다른 것들에는 어떤 것이 있는가?

책임감/확인 강박장애를 위한 명상

확인 강박장애를 앓는 이에게 명상은 무언가 미완성의 상태로 남아 있다는 감각을 진정으로 허용하게끔 해 준다. 이 느낌은 어쩌면 한쪽 신발 끈이 풀어진 채 걸어 다니는 느낌과도 같을 것이다. 당연히 몸을 구부려 끈을 묶어 버리는 것이 당신이 해야 할 일이라는 점을 잘 알지만, 강박장애와의 전투를 벌이기 위해 단순히 저항하는 것이다. 명상을 통해 호흡에 닻을 내려 당신 스스로를 호흡과 연결해 보라. 강박장애가 어떻게 당신을 이 연결로부터 끄집어 내는지 관찰해 보라. 당신이 전등을 그대로 켜두고 온 탓에 불이 날 수도 있는 상황, 당신이 잘 살피지 않은 탓에 누군가 당신의 집에 침입을 하게 되는 상황, 누군가 당신의 부주의로 다치거나 하는 상황들에서 강박장애가 당신을 잡아당겨 어떻게 끌고 가는지 관찰해 보라. 이런 여러 생각이 밀려온다면, 이 생각을 번화한 뉴욕 거리를 스쳐 지나가는 이방인처럼 여기고 환영해 보라. 계속 밀려오는가? 그럴 수도 있다. 하지만 이것들은 미끄러지듯 지나가는 행렬일 뿐이다. '잘 잠겨 있을까?'와 같은 생각에는 다음과 같은 생각들로 반응하라. '문이 잠겼는지가 생각나네. 그런데 나는 지금 숨을 들이쉬고 내쉬는 것에 집중하겠어. 제대로 맞는 횟수만큼 확인했는지 돌아가서 점검하고 싶은 충동도 알아차리겠어. 가슴으로도, 머리로도 느껴져. 하지만 지금은 그 느낌에 신경 쓰지 않는 연습을 하고 있어. 확인하기는 나중에라도 할 수 있어. 물론 나중에 확인하지 않을 수도 있고. 지금은 바로 이 순간, 들숨과 날숨이 오가는 이 순간에 나의 에너지를 집중하겠어. 확인 충동이 내 뒤에서 설치든 말든.'

책임감/확인 강박장애를 위한 평가 도구

확인 충동은 재앙적인 결과를 피하기 위한 욕구에 주로 기반을 두기 때문에, 인지 왜곡 중에서 '재앙화'가 가장 큰 역할을 한다. 책임감/확인 강박장애를 가진 사람들은 〈파이널 데스티네이션〉이라는 영화 시리즈에 나오는 인물들처럼 이 세상을 살아간다. 이 영화에서는 일련의 경미한 사고들이 서로 좌충우돌 얽혀가며 점점 위험한 형태로 증폭되어 간다. 이러한 방식을 통해 죽음이 희생자들을 표적으로 삼는 과정이 제시된다. 강박장애의 마음속에서 주차 브레이크를 두 번이 아니라 단지 한 번만 확인한 탓에 차가 오작동을 일으켜 굴러가 충돌하고 결국 화재로 집을 태우게 되며, 이것이 더 큰 사고로 계속 이어지는 것처럼 말이다.

'무시하기' 및 '축소하기'는 여기에서도 큰 역할을 한다. 한 번 더 확인하지 않아서 집을 불태운 적이 당신에게 도대체 몇 번이나 있었는가? 문이 완전히 닫혔는지 집으로 돌아가 확인했을 때, 문이 열려 있던 적이 몇 번이나 있었는가? 생각에 도전할 때에는 근거에 기반을 둔 논리를 사용하라. '내가 불안한 걸 보니, 무언가 완료되지 않았음이 틀림없어.'라는 생각은 인지 왜곡 중에 '감정적 추론'에 해당된다는 사실을 반드시 기억하라.

당신의 책임감/확인 강박장애에서 주요 역할을 하는 인지 왜곡은 무엇인가?

책임감/확인 강박장애에서 평가는 매우 주의해서 이루어져야 한다. 너무 빨리 정신적 검토와 자기 확신의 희생양이 될 수도 있기 때문이다. '내가 그것을 잠갔나? 맞아. 잠갔어. 잠갔어, 맞지? 나는 항상 그것을 잠그잖아. 물론이야, 잠갔어.' 이런 식의 접근은 도움이 되지 않는다. 왜냐하면 이렇게 접근하는 것은 불안에 대한 조사가 반드시 필요하다는 메시지만을 강박장애의 마음으로 되돌려 보내고 있기 때문이다. 그래서 특히 확인 충동에 대한 인지 재구조화를 할 때에는 증거에 대해 초점을 맞추지만, 이와 함께 증거의 부재나 결핍을 수용하는 것에 대해서도 초점을 맞추어야 한다.

연습 인지 재구조화는 강박사고가 틀렸음을 증명하는 과정이라기보다는 강박행동에 저항하는 것이라는 점을 명심하고, 당신에게 일어나는 상황에서 몇 가지 자동적 사고 기록지를 작성해 보라. 다음의 예시를 참고하라.

자동적 사고 기록지 예시

촉발 요인 무엇이 당신을 자극하는가?	**자동적 사고** 강박장애가 당신에게 뭐라고 속삭이는가?	**도전하기** 왜곡된 생각에 대하여 어떠한 대안적 생각으로 도전할 수 있을까?
잠자리에 들려는데 가스 불에 대한 생각이 떠오름	내가 가스 불을 켜 두었기 때문에 이 생각이 난 것 같아. 아래층으로 내려가 가스 불이 꺼져 있는지 확인해야 해. 그렇지 않으면 자는 동안 집이 불타버릴 거야.	내가 강박적이긴 하지만, 왜 가스 불에 대한 생각이 잠들기 바로 직전에 떠올랐는지 모르겠어. 가스 불이 꺼졌는지 확실히는 모르지만 내 경험상, 요리 후에 내가 가스 불을 켜 둘 만한 이유는 없어. 화재가 일어나지 않기를 바라지만, 확인하는 행동이 절대 화재가 일어나지 않을 거라는 것을 보장하지는 못해. 나는 위험을 감수하고 잠들 때까지 그냥 누워 있을 거야.

책임감/확인 강박장애를 위한 행동 도구

다행히도, 책임감/확인 강박장애의 강박사고와 강박행동들은 다른 강박사고에 비해 다소 좀 더 구체적인 형태를 취한다. 당신이 부주의한 탓에 나쁜 일이 일어날까 두려워 확인 강박행동을 하게 되는 것이다. 강박적으로 확인하는 모든 것에 대해 항목을 만들어 보라. 위계를 정하기 위해, 그 항목에 대하여 확인을 덜 하거나, 하지 않을 때 느끼는 불편감의 정도를 생각해 보라.

책임감/확인 강박장애를 위한 실제 직면 및 반응 방지 기법

확인 강박행동을 처음부터 완전히 제거하는 것보다는 강박행동의 횟수를 점차 줄이거나 수정하는 것이 더 쉽다. 예를 들어 습관적으로 가스를 네 번 확인한 뒤 확인했다고 혼잣말을 하는 경우라면, 확인 횟수, 언어 표현을 개별적인 강박행동으로 다룰 수 있다. 가스를 네 번 확인한 뒤 혼잣말을 하지 않는 연습이나, 가스를 세 번만 확인하는 연습으로 시작할 수 있을 것이다.

확인 행동이 변할 때마다 강박장애가 당신에게 보복을 할지도 모른다. 신체 불안이나 강력한 정신적 재검토 충동이 일어나거나, 혹은 비극적인 결말과 같은 고통스러운 이미지의 형태로 나타날 수 있다. 이때가 마음챙김 기술로 다루고 이러한 경험이 그저 일어나도록 허용해야 할 때이다. 당신이 이러한 불편함을 견디고 버틸 수 있는 능력이 있다는 것을 당신의 강박장애 마음이 목격하기 시작한다면, 마음은 확인 충동으로부터 점점 후퇴하기 시작할 것이다. 이것이 일관성 있게 지속된다면, 뇌는 그 자체로 확인에 대한 생각이 덜 중요하다고 말할 것이다.

당신이 전형적으로 확인이 필요하다고 느끼는 것들을 당신에게 중요한 정도의 순서대로 적어 보라.

책임감/확인 강박장애를 위한 상상 직면 기법

홍수법(3장의 '순간적 홍수법' 부분 참고)을 사용하여 무책임해지는 것에 대한 두려움에 직면해 볼 수 있다. 확인 충동에서 벗어나려 할 때, 당신은 '내가 확인하지 않아서 뭔가 잘못되면 어떡하지?'라는 생각들이 떠오르는 것을 알아차릴 수 있을 것이다. '오늘 내가 샤워기를 다시 완전히 잠그지 않았기 때문에 수십만 원의 수도요금 청구서를 받게 될 거야.' 혹은 '내가 현관문을 제대로 닫지 않아서 지금 흉악범들이 내 속옷 서랍을 뒤적이고 있어.'와 같은 생각들에 동의해 보고, 이야기에 양념을 쳐서 더욱 재미있고 즐겁게 만들어 보라. 강박장애에 대해 방어적으로 대응하는 대신, 도리어 경박스럽게 대응해 보라는 것이다. 다음과 같이 헤드라인 기법을 써 보는 것도 좋다.

"화재로 교회가 잿더미가 된 것을 온 주민이 안타까워하다.
마지막으로 자리를 뜬 사람이 콘센트를 점검하지 않기로 결정한 탓에 화재가 발생함"

또한 상상 직면 각본 쓰기를 하면서 홍수법을 연습할 수 있다. 책임감/확인 강박행동을 위한 각본으로 당신을 안내해 줄 몇 가지 생각들을 여기에 적어 보자.

언제 나는 확인을 못하게 될까?

내가 확인을 못해서 대재앙이 일어났다는 것을 알았을 때 나는 어디에 있게 될까?

그 대재앙(강렬하게 만들어라)은 어떤 것일까? 내 몸은 관련 뉴스에 어떤 반응을 보일까?

재앙이 예방될 수도 있었다는 것을 다른 사람들이 알게 된다면, 그들은 뭐라고 생각할까?

내가 확인하지 않아서 비극적인 결말이 일어났다는 것과, 내가 이 사실을 절대 잊지 못할 거라는 생각에 대해 나는 어떻게 대처할까?

이것이 내 능력의 정도에 대해 그리고 인간으로서의 전반적인 나 자신에 대해 의미하는 바가 무엇일까?

내 정신건강은 어떻게 더욱 악화될까? 그리고 나의 기능 수준은 어떻게 떨어질까?

8장
당위
강박장애

각종 미디어에서, 강박장애 환자들은 '깨끗한 괴짜' 혹은 '조직적으로 정리하고 정렬하는 괴짜'로 자주 묘사되며 조롱당하곤 한다. 이 정도면 괜찮다는 느낌을 받기 위해서 당신이 소모하는 시간과 노력의 정도에 대한 건강한 유머 감각이 아마도 필요할 것이다. 강박장애를 앓는 당신에게는, "그건 그래야만 해."라고 여기는 당위의 느낌의 정반대가 "다 잘못되었어."라는 느낌인 것을 기억하는 것이 매우 중요하다.

당위 강박장애는(좌우대칭 강박장애, 조직화 강박장애, 완벽주의 강박장애로도 알려져 있는) 뭔가가 그것이 있어야만 하는 대로 정확히 있지 않은 것에 대한 강박적인 두려움과 관련된다. 강박장애의 모든 유형이 '올바른' 느낌을 가지기 위한 전략을 대부분 포함하고는 있지만, 촉발 요인이 매우 다양하므로 당위 강박장애를 강박장애의 고유한 유형으로 간주하고 독자적으로 다루는 것이 유용해 보인다.

일반적으로 포함되는 촉발 요인들에는 다음과 같은 것이 있다.

- 물건이나 행동이 다른 물건이나 행동과 대칭이 아니라는 인식
- 일상적인 활동을 마치지 않았을 때의 불편한 느낌
- 물품이 특정 위치에 속해 있지 않은 것에 대한 걱정

만약 당신이 보기에 뭔가 벗어나 보였을 때, 반드시 이건 조정 혹은 수정되어야만 한다고 생각되는 것들이 있는가? 그것이 무엇인지 다음 공간에 적어 보아라.

전형적으로 포함되는 대표적인 강박행동들에는 다음과 같은 것이 있다.

- 주어진 공간에서 '바르게' 보일 수 있도록 물건을 '바로잡기'(예: 액자를 바르게 정돈하거나 책상 위의 물건을 완벽히 정렬하기)
- 한쪽에서의 행동을 반대쪽에서도 반복하기(예: 당신이 왼쪽 다리를 두드렸다는 걸 알게 된 후, 오른쪽 다리도 두드리기)
- '바르다'라는 느낌이 들도록 행동 반복하기(예: 출입문을 통해 걷기를 반복하거나 서랍 닫기를 반복하기)
- 물건들이 당신이 그래야만 한다고 느끼는 그 모양대로 잘 있는지 확인하기(예: 침대에서 올바른 위치에 두 베개가 잘 있는지 확실히 하기 위해 확인하기)

'당위'의 느낌을 다시 '꺼버리기' 위해서 당신이 하는 강박행동에는 어떤 것들이 있는가?

당위 강박장애를 위한 수용 도구

이 유형의 강박장애 사람들이 가진 뭔가가 약간 벗어나 있는 느낌은, 오염 강박장애 환자가 손에 뭔가 역겨운 것이 묻어 있는 느낌과도 비슷하다. 그것은 상당히 불쾌한 느낌이며, 거기에서 영원히 빠져나올 수 없을 것이라는 수많은 재앙화 사고가 동시에 일어난다.

당신은 그동안 다른 사람들로부터, "그냥 지나쳐" "내버려 둬." 혹은 "이상하게 행동하는 걸 멈춰."라는 말을 줄곧 들어왔을 것이다. 그것이 당신에게 무엇을 의미하는지 진정으로 이해받지 못한 채 말이다. 이전 장에서 소개했던 비유를 다시 들자면, 그것은 얼굴 한쪽에만 구레나룻를 기르며 여생을 보내도록 요구받는 것과도 같다. 매일 거울을 보고 괜찮다는 말을 하지만, 반드시 바꾸어야 한다고 절대적으로 확신하는 모습 말이다.

이 강박장애의 두려움은 주로 뭔가가 존재해야 하는 그 방식대로 존재하고 있지 않다는 느낌, 그런 정서 상태에 의해 정보를 받는다. 이 상황에서의 마음챙김이란, 불안해지는 것에 대한 생각, 그냥 지나칠 수 없는 것에 대한 수치심, 기본적인 불안감에서 혐오감에 이르는 신체 증상을 포함하여, 감정과 그것을 감싸고 있는 모든 것을 식별함을 의미한다. 일단 이러한 경험이 완전히 인식되고 나면, 그것은 또 다른 삶의 경험으로서 존재할 수 있도록 허용되어야 한다. 이러한 강박장애를 수용함에 있어 가장 어려운 부분은 이런 강박행동들이 주로 무언가를 단순히 만지거나 약간 움직이는 것처럼 간단하다는 사실을 아는 것이다. 그것은 닿을 수 있는 범위 내에 있기에 안심하면서도, 실제로는 마치 닿을 수 없는 범위에 있는 것처럼 행동하는 것이다. 막대기 끝에 줄로 매달아 놓은 당근의 이미지처럼, 말에게는 당근이 충분히 닿을 만큼 막대기가 짧지만, 당근은 주목의 대상일 뿐이지 먹을 대상은 아니다.

이 유형의 강박장애에서 마음챙김을 사용하기 위해서는, 그 '벗어난' 느낌을 있는 그대로 허용하도록 해야 한다. 신체 어느 부분에서 그것을 느끼고 있는지 찾아보라. 가슴인가? 어깨인가? 그것에 호흡하고 마치 그것이 거기에 속한 것처럼 허용하라. 강박적으로 맞추는 것보다 훨씬 중요한 어떤 일을 하듯이 그것을 허용하라. 만약 그래야만 한다면 '벗어난' 느낌과 함께 가거나, 당신이 다른 무언가에 참여하는 것이 너무나 흥미롭기에 그것이 사라져도 무방하도록 내버려 두어라.

연습 당신이 당위 강박장애를 치료하는 동안 마음챙김의 태도로 받아들여야 한다고 믿는 생각, 감정, 신체 감각 또는 다른 내부 자료에는 어떤 것들이 있는가?

당위 강박장애를 위한 명상 조언

이 유형의 강박장애를 위해 마음챙김 훈련의 일환으로 매일 명상하기를 선택한다면,

당신은 명상 수행을 하는 동안 어떤 것을 바로잡고 싶은 충동이 있음을 발견할 것이다. 그것을 피하지 마라. 그것에 미소를 보내라. 당신 자신에게 다음과 같이 말해 보라. "나에게는 바로잡으려는 충동이 있어. 그게 내 주의를 끄는 것을 알아. 하지만 나는 명상할 때 그 충동과 함께 할 수 있어. 그걸 없애려 할 필요는 없어. 오히려 관심을 돌려서 내 호흡을 바라볼 거야. 만약 그것이 내가 호흡하고 있는 것처럼 나의 목에서 호흡하길 원한다고 해도 상관없어. 어쩌면 명상이 끝난 후에 그것에 참여할 수도 있지만, 아마 아닐 거야. 지금은 숨을 들이쉬고 내쉴 거야."

당위 강박장애를 위한 평가 도구

이 강박사고의 대부분이 옳은지 그른지, 꺼졌는지 켜졌는지, 똑바른지 비뚤어졌는지 등의 사고에 집중하기 때문에, 우리는 다시 인지 재구조화에서 흑백사고에 대하여 다룰 필요가 있다. 일렬로 나란히 있는 네 개의 펜 옆을 벗어난 다섯 번째의 펜은 줄을 맞춘 다섯 개의 펜 전체라는 완벽함의 부재를 의미하는 것이 아니다. 그것은 단지 다섯 개의 펜일 뿐이며 그렇게 놓여 있는 것뿐이다.

당신의 관심이 사소한 세부 사항을 주된 문제로 바꾸기 때문에 확대하기와 재앙화 또한 여기에서 큰 역할을 한다. 감정적 추론은 그것이 바르지 않다고 느끼게 해서 당신에게 바로잡도록 압박함으로써 주된 역할을 한다.

당신의 당위 강박장애에서 주된 역할을 하는 것으로 생각되는 인지 왜곡에는 무엇이 있는가?

연습 단지 바르지 않다는 느낌이 드는 상황에서 자동적 사고 기록지를 써 보라. 다음의 예시를 보라.

자동적 사고 기록지 예시

촉발 요인 무엇이 당신을 자극하는가?	자동적 사고 강박장애가 당신에게 뭐라고 속삭이는가?	도전하기 왜곡된 생각에 대하여 어떠한 대안적 생각으로 도전할 수 있을까?
방에 들어갈 때 왼쪽 바지가 문틀에 살짝 닿았다.	방에 다시 들어가 오른쪽 바지도 문틀에 닿도록 확실히 해야 공평해.	이것은 내가 가진 강박장애에 도전할 전형이야. 만약 내가 비대칭에 대한 느낌과 함께 머무르고 강박행동에 저항한다면, 그 느낌은 결국 사라지게 될 거야. 그리고 다시 방에 들어갔다가 나와야 하는 한심한 부담감에서 나를 구해 줄 거야. 나는 이 느낌을 있는 그대로 경험하고 절대로 회피하지 않을 거야.

당위 강박장애를 위한 행동 기법

강박장애의 위계를 만드는 데 어려움이 있더라도 낙심하지 말라. 강박사고는 대부분 지각된 완벽함이 중심이기에, 겉보기에는 작은 촉발 요인이라도 명백히 당황스러운 촉발 요인처럼 당신을 괴롭힐 수 있다. 당신은 약간 바르지 않은 것과 완전히 잘못된 것의 차이를 구별하기 어렵게 되고, 에너지를 들일 가치가 없는 경우가 많으며, 게다가 그것은 강박적인 정신적 검토로 이끌게 된다. 각각의 직면이 얼마나 어려울지에 대한 지침으로, 각 촉발 요인에 직면할 때 당신의 정서적 상태에 대하여 마음챙김에 기초한 인식을 시도하라.

당위 강박장애를 위한 실제 직면 및 반응 방지 기법

전반적으로, '바로잡으려' 하는 충동을 알아차리고, '벗어난' 느낌과 함께 머무르도록 하는 것을 목표로 삼아야 한다. 비뚤게 놓인 베개를 그냥 두는 것이, 비뚤게 주차한 뒤 그곳을 벗어나는 것보다 쉬울 수 있다. 따라서 최근 수정해야 한다고 느끼는 모든 것을 나열하는 것부터 시작하고, 그것들의 강도가 다른지 살펴보라.

내가 전형적으로 바르게 만들어야 한다고 느끼는 것들을 적고, 순서도 적어 보라.

당신은 물건의 한 측면을 의도적으로 만지거나 가볍게 두드려서 다른 측면을 만지려는 충동을 일으킨 다음에 그 충동을 무시하여 직접 직면 기법을 적용해 볼 수 있다. 또 다른 직면 기법은 의도적으로 사물을 가깝게 만들지만, 약간 완벽하지 않게 하는 것이다. 찬장 문을 약간 열어 두거나 책꽂이에 책을 비뚤어지게 두는 등 의도적으로 미완성의 상태로 물건들을 남겨 놓음으로써 일반적인 직면 기법을 연습할 수 있다. 여기에서 직면의 목적은 '벗어난' 느낌을 만들어 내고, 그것으로부터 달아나는 대신 그것과 함께 머무르는 연습을 하는 것이다. 각각의 촉발 요인에 대하여 어떻게 대응할지 예측하기가 어렵고, 그래서 직면 위계 목록을 만들기가 어려울 수 있으므로, 가능한 한 최선을 다해 목록을 정리하고 기회가 왔을 때 즉시 직면을 시도하라.

연습 직면을 위해 '벗어난' 느낌을 만들어 낼 방법들을 나열하고, 직면 기회로 사용할 수 있는 전형적인 '벗어난' 상황들을 여기에 나열해 보라.

당위 강박장애를 위한 상상 직면 기법

이 유형의 강박장애에서는 벗어난 느낌이 반드시 사라져야만 하고, 그렇지 않으면 참을 수 없는 결과를 초래할 것이라는 생각에 기반을 둔 두려움이 있다. 당신은 상상 각본을 사용하여 이러한 결과에 대한 두려움을 접촉해 볼 수 있으며, 벗어난 느낌과 함께 링에 머물 수 있도록 훈련을 해 볼 수 있다. 다음 질문을 사용하여 직면 및 반응 방지 상상 각본을 만들어 보라.

나에게 벗어난 느낌이 들게 하는 것은 뭐가 있을까?

그것을 바로잡지 못하면 나는 어떻게 느낄까?

이 느낌이 사라지지 않으면, 그것이 내 행동에 어떤 영향을 미칠까?

나의 기분이나 주의, 행동에서의 변화를 다른 사람들이 알아차릴까?

'벗어난' 기분을 멈추지 못하거나, 촉발 요인에 대한 생각을 멈추지 못하는 것이 궁극적으로 나의 학업이나 사회 직업적인 기능들을 어떻게 엉망으로 만들까?

만약 내가 제대로 기능을 발휘할 수 없다면, 내 남은 인생은 어떻게 될까?

9장 위해 강박장애

위해 강박장애는 폭력적이거나 비극적인 내용의 생각이 침투적으로 떠오르는 장애이다. 여기에는 타인을 해치는 것과 관련된 두려움이나 자신을 스스로 해치는 것과 관련된 두려움이 포함될 수 있다.

자해에 대한 두려움은 실제적인 자해 행위(예: 칼로 긋기)와는 완전히 다른 현상이라는 것에 유념해야 한다. 비슷하게, 자살 실행에 대한 두려움은 자살 사고와는 다른 문제인데, 자해에 대한 강박적인 두려움은 통제력을 상실할 것 같은 원치 않는 침투 사고와 관련이 있는 반면에, 실제 자살 사고는 자신의 삶을 끝내고 싶다는 욕망과 관련이 있다. 비록 강박장애가 당신의 의도를 확실히 느낄 수 있는 능력을 방해할 수 있지만, 진정으로 자신을 해치고자 하는 욕구가 있다면 즉각적으로 전문적인 도움을 받는 것이 중요하다.

위해 강박장애에서 흔히 나타나는 강박사고들의 예로는 다음과 같은 것이 있다.

☐ 갑자기 달려들어 다른 사람이나 자신을 격렬하게 공격할 것에 대한 두려움

☐ 부양 가족이나 사랑하는 사람을 해치는 것에 대한 두려움(예: 부모가 자신의 신생아를 해칠까 두려워하는 것)

☐ 폭력적인 생각에 적절히 반응하지 못할 것에 대한 두려움

☐ 누군가를 혼잡한 차량 쪽으로 밀어 버리거나, 창문 밖으로 뛰어내리거나, 비극을 초래할 수 있는 여러 충동을 따르거나, 통제 불가능한 충동에 따라 행동하는 것에 대한 두려움

☐ 위험한 생각에 압도된 나머지 압박감을 줄이기 위한 행동을 선택하는 것에 대한 두려움

☐ 어떻게든 의식을 잃고 자신이 기억하지 못하는 폭력적인 행위를 저지르는 것에 대한 두려움

☐ 어떤 것을 씻지 못하거나 적절히 끄지 못해 발생한 비극의 책임을 지게 되는 것에 대한 두려움

☐ 누군가를 우연히 독살하는 것에 대한 두려움

☐ 누군가를 차로 친 후 경찰이 추적해 올 때까지도 알지 못할 것의 두려움

☐ 이해할 수 없는 성격 변화가 일어나, 위험한 생각들을 즐기고 실행할 것에 대한 두려움

앞에 제시된 생각 가운데 당신이 공감하는 것이 있는지 모두 확인해 보고, 당신이 걱정하는 위험 관련 생각들을 적어 보라.

____

____

____

____

위해 강박장애와 전형적으로 관련 있는 몇 가지 강박행동에는 다음과 같은 것이 있다.

□ 원치 않는 위험한 생각들을 촉발할 수 있는 사람, 사물, 장소 혹은 정보(대중매체 같은)에 대한 회피
□ 위험한 생각이 자연스럽게 행동화될 수 있는 상황들을 피하기(예: 아기 목욕시키기)
□ 당신이 끔찍한 일을 하지 않았고, 또한 하지 않을 것이란 점을 타인에게 확인 구하기
□ 당신이 다치지 않았거나 아무에게도 해를 끼치지 않을 것이라는 확신을 얻기 위해, 생각과 기억에 대하여 정신적 재검토하기
□ 강박적인 홍수법: 당신이 혐오감을 느껴 그런 일을 하지 않을 것임을 증명하기 위해 폭력적인 행위를 억지로 상상하게 하는 것
□ 생각 중화하기: 해로운 생각에 대한 반응으로 긍정적이거나 아니면 모순된 생각을 의도적으로 강요하는 것
□ 강박적인 기도 혹은 마술적 의례: 원치 않은 생각에 대한 반응으로 반복적으로 기도하거나 만트라(기도, 종교적 의례 등을 수행할 때 외는 주문)를 중얼거리는 것
□ 생각을 하지 않고 행동을 끝내기 위한 시도로, 해를 끼치는 생각에 반응하여 행동을 반복하기
□ 누군가를 차로 친 것은 아닌지 확실히 하기 위해 운전한 장소나 지나친 사람들을 되돌아보고 확인하기
□ 폭력 범죄자를 조사하고 자신과 비교, 대조하기

앞에 제시된 강박행동 중 당신이 하는 것을 확인하고, 이와 유사한 강박행동들을 적어 보라.

위해 강박장애를 위한 수용 기법

사람들은 서로를 해친다. 작년 한 해만 해도 공공장소에서 남자, 여자, 심지어 어린이가 살해되는 여러 산발적인 사건이 일어난 것이 사실이며, 이러한 사건 보고들로 인하여 위해 강박장애 환자들이 경악한 것도 사실이다. 그러므로 폭력 혹은 비극적인 내용에 대한 생각을 하게 되거나 이를 인지하는 것은 정상적일 뿐만 아니라 필수적인 부분이라 할 수 있다. 그런 생각들은 우리가 좋아하든 싫어하든 우리 마음의 일부분이다. 위해 강박장애는 위험한 생각의 존재 때문에 생기는 것이 아니라, 당신에게 위험한 생각이 왜 떠오르는지 확실하게 하도록 요구하기 때문에 생기는 것이다. '나는 뇌가 있고, 그래서 무엇이든 생각할 수 있는 능력이 있기 때문에 위험한 생각들이 떠오르는 거야.'라고 말하면 충분하다는 느낌이 들지 않는다. 강박장애는 불가능한 것을 요구한다. 그저 단지 가정하는 것 대신에 확실한 보장을 요구한다.

이런 생각들은 정상적인 생각이다

사랑하는 사람을 해치거나 자살하는 생각을 어떻게 정상적이라 부를 수 있을까? 이를 이해하기 위해 생각이란 정말 무엇인지 고려하는 시간을 갖자. 생각은 정신적 사건이다. 이는 뇌에서 일어나는 화학 반응과 그것에 대한 우리의 인식 사이의 연결을 설명할 때 사용되는 단어이다. 화학적 사건이 발생하고, 무언가 일어나면, 우리는 그것을 인식하게 되고 그것을 생각이라 부른다. '정상 대 비정상'에 대한 판단은 마음이 그 생각을 어떻게 해석하고 그 해석을 적용하기 위해 선택한 행동이 무엇인지를 설명하는 데에만 사용된다. 생각 그 자체는 단어 혹은 정신적 이미지일 뿐으로 사물이나 사건이 아니다. 그러하니 이러한 생각 자체가 어찌 비정상일 수 있을까?

여기에서 마음챙김이 효과적이려면, 위험한 생각의 존재를 수용하는 것부터 시작해야 한다. 위험한 생각이 일어나는 것을 수용한다는 것은 위험한 생각을 판단한 후에 그것이 시사하는 바를 수용하는 것과 같은 의미가 아니다. 물론 이것은 쉬운 일이 아니다. 알데마와 오코너(Frederick Aardema and Kieron O'Connor 2007)는 자신을 '가능한' 나로 보는 것과 '있는 그대로의' 나로 보는 것 사이에서 믿음의 정도 차이가 이 경험의 강도에 중요한 역할을 한다고 주장하였다. 당신이 싸우고 있는 이러한 위험한 생각을 원치 않고, 비합리적이라고 생각하며, 이러한 생각이 설사 당신이 누구인지에 대한 믿음과 반대된다고 간주하더라도, 그것은 분명히 당신의 내면으로부터 나오는 것이기 때문에 어떤 점에서는 분명 당신의 생각인 것이다. 이러한 현실을 인정하지 않는다면 강박장애는 당신보다 늘 우위를 점하게 될 것이다.

연습 위해 강박장애를 완화하기 위해 당신이 마음챙김 태도로 수용해야 한다고 믿는 생각, 감정, 신체 감각 또는 다른 내부 자료에는 어떤 것들이 있는가?

위해 강박장애를 위한 명상

1~2분이라도 매일 하는 명상은 위해 강박장애를 완화하기 위한 마음챙김 기술의 발달에 큰 도움이 될 수 있다. 앉아서 그런 생각들이 왔다 갔다 하도록 내버려 둘 때, 강박장애는 마음속에 방해가 되는 이미지를 가득 채움으로써 이런 과정을 방해하려고 할 가능성이 크다. 명상할 때 이러한 이미지의 존재를 수용하는 것에 전념하면 강박장애는 이미지의 강도를 높이는 것으로 반응할 수도 있다. 예를 들어, 누군가를 해치는 생각을 마음챙김으로 그저 생각으로 받아들일 수 있다. 그러나 호흡으로 돌아왔을 때, 그 생각은 피해자나 다른 무서운 이미지로 나타날 수 있을 것이다. 최선을 다해 호흡으로 이러한 경험을 통과하려 노력하라. 호흡을 통해 여행하면서 그런 생각들이 존재하는 것을 상상해 보라. 그런 생각들을 떠나보내려 애쓰기보다는 그런 생각들에 대한 판단을 멈추고 머물도록 하라. '머릿속에 폭력적인 이미지가 떠올라. 그건 내 머릿속에 있어. 과연 내가 그런 끔찍한 행동을 할까? 나는 그러지 않을 거라고 확신할 필요가 있어, 그건 내가 아니야. 그건 생각일 뿐이야. 나는 지금 호흡을 들이마시고 내쉬는 것에만 집중할 거야. 그런 생각이 날 따라와서 내 호흡과 함께하길 원한다면, 그건 환영할 일이지. 지금 당장 내가 뭔가 해야 할 필요는 없어.' 자신의 생각에 대해 이렇게 다룬다면 당신은 무책임함이나 수치심과 같은 회피의 느낌을 경험할 수도 있다. 그러나 그런 느낌들도 똑같이 다루면 된다. 그런 느낌들이 신체의 어디에 존재하는지 알아차려라. 그런 느낌이 존재하는 신체의 부분에 호흡을 불어넣는 상상을 하며, 도전적인 느낌들을 위한 공간을 허용하라. 명상하는 것이 즐겁다고 억지로 주장할 필요는 없다. 명상은 그저 현재에 관한 것이라고 생각하라.

위해 강박장애를 위한 평가 도구

위해 강박장애의 속성은, 생각이 미래의 폭력적인 사건에 대한 본연의 경고 신호를 나타내거나, 과거의 사건이 비극적이었음을 상기시키는 역할을 한다고 간주하는 것이다. 여기에서 나타나는 가장 큰 강박적인 경향은 하나가 다른 하나를 이기기를 바라면서, 당신의 생각 내용에 반하는 성격 내용을 검토하는 것이다. 다시 말해, 당신이 절대로 다른 사람을 해치지 않을 것 혹은 다른 사람을 해치지 않았음을 스스로에게 납득시킬 수 있으면 당신은 그 게임에서 이기는 것이다. 그러나 게임은 조작된 것이다. 이런 것들은 사실로 증명될 수가 없는 것들이다. 강박장애는 절대로 획득할 수 없는 확실함의 느낌을 사냥하기 위해 마음을 속이는 것이며, 마음을 속이기 위해 인지 왜곡을 사용한다.

모든 유형의 강박장애처럼, 먼저 '전부 아니면 전무'의 사고를 살펴보자. 예를 들어, '정상적인 사람들은 결코 폭력적인 생각을 하지 않는다.'라는 생각을 보자. 폭력적인 생각은 실제로 정상적인 것이며, 단지 폭력적인 생각을 갖는다는 것은 검토할 만큼 중요한 것이 아니라고 스스로에게 상기시키는 위험을 감수해야 한다.

위해 강박장애 환자는 머릿속을 '쿵쿵' 때리는 생각에 대한 끊임없는 두려움 속에 살고 있을지도 모른다. 이 느낌은 죄책감이나 광기에 가깝게 나타나 마치 당신이 범죄를 저질러야만 하거나 막 달려들어야 할 것처럼 보인다. 그러한 느낌이 든다고 해도, 그것은 사실이 아니다. 따라서 강박장애가, '나는 이런 생각을 할 때마다 불안해. 내가 불안한 걸 보니까 내가 저 사람들을 해칠 게 확실해.'라고 말할 때 주의를 기울여 보라. 이는 감정적 추론이라는 인지 왜곡일 뿐이다.

위해 강박장애와 싸우고 있다면, 당신은 위험과 관련된 모든 것에 대해 관심을 집중시킬 것이다. 강박장애는 영화에서의 폭력 장면이나 교통 체증에 갇힌 것 등에 대하여 짜증 나는 감정을 느끼거나 심지어는 당신 신체 일부의 위치나 움직임을 가지고도 강박사고와 연결시킬 수 있다('내가 위험한 생각을 하는 동안 내 손이 어린이 방향으로 움직였어. 그건 내가 어린이를 해칠 수도 있었다는 거야…….'). 이는 지나친 일반화라는 인지왜곡이다(역자 임의로 첨부하였음).

당신은 당신에게 위협적인 사람들(예: 유명 연쇄 살인범)과 자신을 비교하는 경향을 잘 인지하고 있어야 한다. 강박장애는 끔직한 어떤 일을 한 사람과 당신 사이에 어떤 공통점이 있다는 것만으로도 당신이 그런 끔찍한 행동을 할지 모른다며 스스로의 마음에게 믿도록 강요한다. 이런 비교 왜곡은 많은 강박적 재검토와 회피를 낳고 강박장애를 강화시킬 뿐이다.

당신이 지닌 위해 강박장애에서 주로 행하는 인지 왜곡의 유형에는 어떤 것이 있는가?

당신의 생각이 비상식적이라는 것을 알고 있으면서도 뭔가 해 보려 하고 결국 무력한 느낌만 든다는 것을 알아차리게 되어 위해 강박장애는 더욱 좌절감을 느끼게 만든다. 마치 '이건 사실이 아니야!' 라고 비명을 지르지만, 이와 동시에 당신의 마음은 낮으면서도 울리는 압도적 목소리로, '너는 이걸 잘 알고 있지. 그건 바로 네가 사악하기 때문이야.'라고 말하고 있는 것이다. 그러나 이성적인 목소리가 어딘가에 숨어 있다는 사실은 당신이 그것에 접근할 수 있고, 강박행동을 하지 않고 그것을 발전시킬 수 있다는 것을 의미한다. 그래서 그 목소리는 강박사고와 스스로 경쟁할 수 있게 된다.

연습 위해 강박사고를 촉발하는 상황에서 몇 가지 자동적 사고 기록지를 작성해 보라. 다음 자동적 사고 기록지 예시를 보라.

자동적 사고 기록지 예시

촉발 요인 무엇이 당신을 자극하는가?	자동적 사고 강박장애가 당신에게 뭐라고 속삭이는가?	도전하기 왜곡된 생각에 대하여 어떠한 대안적 생각으로 도전할 수 있을까?
음식을 준비하기 위해 주방에서 칼을 사용하였다.	내가 이 칼을 덥석 집어 누군가를 다치게 할지도 몰라. 내 주변에 칼이 있는 것은 안전하지 않아. 그러니까 누군가에게 이 채소들을 대신 잘라달라고 부탁해야 해.	그래, 이건 칼이고, 칼은 무언가 자르기 위해 사용하는 거야. 내가 그걸 의식한다고 해서 내가 누군가를 다치게 할 거라는 의미는 아냐. 내가 의식하는 건 강박장애만이 아니야. 지금 내가 느끼는 방식을 좋아하지 않기 때문에 나는 그것을 피하고 싶은 충동이 있는 거야. 다른 누군가를 끌어들인다면 이 느낌을 나 스스로 극복하는 기회를 놓치게 될 거야.

위해 강박장애에서 특별히 기억해야 할 중요한 점은 객관적인 사고가 꼭 긍정적인 사고는 아니라는 점이다. 그것은 당신이 모른다는 사실을 인정하고, 확실하지 않아도 행동하는 것을 기꺼이 받아들이라는 것이다. 어떠한 나쁜 일도 일어나지 않는다는 것을 증명하려고 노력하는 것은 결국 또 다른 자기 안심 추구의 강박행동을 야기하고, 정신적 재검토를 하게 하는 또 다른 이유가 된다. 위해 강박장애를 위한 인지 재구조화의 핵심은, 생각이 무엇을 의미하는지 모르고, 또한 당신은 그것들이 중요한 의미가 있다고 가정할 만한 충분한 증거가 없다는 사실을 항상 마음챙김의 태도로 받아들여야 하는 것이다.

위해 강박장애를 위한 행동 도구

직면은 반응 방지를 할 수 있는 만큼만 이루어져야 한다. 따라서 치료 초기에 해야 할 직면 작업은, 당신이 강박 반응에 저항할 수 있다고 느끼는 수준에서 시작하는 것이 좋다. 지금 이 책을 읽을 수 있는 것이 당신이 할 수 있는 전부라 해도 부끄러워하지 마라. 당신이 지금 이걸 읽고 있다는 사실 자체가 이미 직면이며, 당신이 멈추지 않고 계속하여 책을 읽고 있다는 것 자체가 반응 방지이다. 당신은 이미 직면과 반응 방지를 하고 있다.

위해 강박장애를 위한 실제 직면 및 반응 방지

오염 강박장애에서와 마찬가지로, 회피 전략들을 살펴보는 것은 좋은 시작점이 될 수 있다. 예를 들어, 정신병에 걸려 갑자기 칼로 사람을 다치게 할 수도 있다는 두려움 때문에, 주방에 있던 칼을 당신 손이 닿지 않는 곳으로 치워 버리지는 않았는가? 그렇다면 본래 속한 칼 수납장에 다시 칼을 넣어 두는 것부터 시작하라. 일단 그 생각을 견딜 만

하면, 직면하여 혼자 있는 동안 칼을 사용해서 음식을 자르고, 나중에 다른 사람들이 있을 때 그렇게 해 보라(자기를 해칠 것에 대한 두려움이 있다면 그 반대로 할 수 있다).

직면 및 반응 방지의 초기 단계에는 온라인이나 언어화된 어떤 확인하기도 없애는 것이 포함되어야 한다. 강박장애 환자의 가족들은 확인하는 질문들이 강박장애 환자의 극단적인 고통과 그 고통을 덜기 위한 필사적인 시도로부터 왔음을 이해하도록 교육받아야 한다. 그러나 이러한 이해와 더불어, 사랑하는 사람들이 환자의 강박행동에 기여하지 않을 것임을 환자에게 상기시키기 위해 확인해 주기를 보류하겠다는 약속을 해야 한다.

증상의 정도에 따라서, 촉발 단어에 직면하는 것부터 시작하는 것이 유용할 수도 있다. 예를 들어, '죽인다' '살인' '빵소니' '과실치사' '찌르기' '물어뜯기' '사악한' '잔인한' '미치광이' 등등이 있다. '여자친구' '자동차', 도시의 이름 등과 같이 당신에게 위험을 촉발하는 단어들이 여기에 포함될 수도 있다.

연습 여기에서 준비가 되었다고 느껴지면, 다음 공간을 사용하여 촉발 단어의 목록을 작성하라.

높은 수준의 불편감에 맞설 준비가 되었다고 생각되면, 살인 혹은 다른 폭력 행동에 관한 뉴스를 보거나 신문 기사를 읽는 것에 직면하는 것이 도움이 된다. 여기에서 중요한 것은, 길에서 '달려드는' 사람에 관한 기사를 읽고 자신이 그 사람과 다른 점이 있다는 것을 스스로 확신하기 위해 실시하는 어떠한 강박행동에도 저항하는 것이다. 당신이 안전하다고 증명할 의도로 직면하는 것은 언제나 역효과를 낼 것이다. 자신을 강박적으로 안심시키기보다는 불편함과 함께 머무르며 익숙해지는 것을 선택하라. '그래, 나는 어떤 사람에게 일어난 일에 대한 기사를 읽고 있어.'라는 마음챙김의 입장에서 시작하라. 직면 작업의 강도가 높아지면, 다음과 같이 강박장애에 대해 좀 더 직접적으로 동의하기 시작하라. '그래, 그게 바로 나야.' '나는 완전히 그것을 하게 될 거야.'

반응 방지와 함께한 모든 다른 직면과 마찬가지로, 미친 살인자에 대한 무서운 뉴스 기사는 그저 이야기에 불과하다. 그럼에도 그것은 당신이 앞으로 저지를지 모르는 끔찍한 범죄에 대한 불길한 경고처럼 나타날 것이다. 그러한 현상은 단지 생각이고 감정일 뿐, 위협이나 사실이 아니라는 점을 기억하라.

강도 높이기

더 높은 수준의 직면은 공포 영화나 연쇄 살인마 다큐멘터리 등, 특히 당신의 두려움을 불러일으키는 내용을 가진 사람들에 관한 이야기를 보는 것이다. 이는 결국 강박적인 분석이나 강박적인 자기 안심 추구에 대한 저항을 다시 강조하게 된다.

자신을 위한 직면 위계 목록을 만들어라. 위험한 생각 때문에 당신이 피하는 물건, 사람 혹은 장소들은 어떤 것인가? 위험한 생각에 대해 어떤 방법으로 안심을 얻으려 하는가? 명명하기와 거절하기에 대해 어떤 정신적 의례를 할 수 있는가?

위해 강박장애를 위한 상상 직면 및 반응 방지

위해 강박장애는 종종 직접 재현하기에 적절치 않은 사고와 감정에 대한 정신적 검토 과정을 불러온다. 따라서 이러한 상황에서 상상 직면은 강박사고에 접근하고 정복하는 데 중요한 도구가 될 수 있다. 그 생각이 오늘 완전히 불가능한 것처럼 보인다면, 아직 '재현'하고 싶지 않다는 것에 대하여 스스로를 비난하지 마라. 그러나 위해 각본대로 시도할 준비가 된다면, 다음 질문들에 답하라.

위해 강박장애를 위한 직면 및 반응 방지의 상상 각본 가운데 좋은 예는 전형적으로 생각들의 압력하에서 불시에 행동할 것이라는 진술로 시작된다. 그리고 당신은 이 상상의 각본 속에서 '살인자로서의 진정한 정체성'을 보여 줄 것이다. 또한 당신의 난폭한 행동은 동작 하나하나로 실행될 것이다. 조금도 주저하지 마라.

당신의 두려움이 현실이 된다면 당신은 무엇을 할 것인가?

다른 사람이나 관련된 사람들이 당신이 한 일에 어떻게 반응할 것인가?

당신이 한 일을 깨달았을 때 당신은 어떻게 느끼는가? 양심의 가책이나 충격이 있을까, 아니면 그것을 즐기는 누군가가 될 것인가? 그런 감정들에 당신은 어떻게 반응할 것인가?

같이 살고 있는 사랑하는 사람들은 당신에 대해 어떻게 생각하는가? 세상이 당신을 어떻게 생각하는가?

____

____

____

당신의 인생은 궁극적으로 어떻게 끝나게 될까? 그리고 당신은 무엇을 남기고 가게 될까?

____

____

____

____

좋은 직면 각본은 당신과 강박장애를 직접 접촉하게 한다. 그런 접촉은 당신이 강박행동을 하지 않으면서도 촉발 요인에 대면할 수 있다는 것을 뇌에게 증명하는 것이다. 궁극적으로 직면 각본은 다른 형태의 직면 및 반응 방지처럼, 이야기를 자연스럽게 실제 위협이 아닌 생각들을 기술하는 많은 단어로 채운다. 각본 쓰기 중에 촉발하는 생각에 연결되어 머물고, 습관화할 수 있는 수준의 불편함을 의도적으로 유지하도록 노력하라.

"그것이 날 악마로 만들면 어떻게 하지?"

이 각본들이 당신을 더 나쁜 쪽으로 변화시킬지 모른다고 걱정할 수도 있다. 이것은 모든 유형의 강박장애에서 각본에 대해 흔히 갖는 두려움이다. 당신의 강박장애 때문에 당신이 생각과 감정을 보는 방식의 문제 전체를 각본(또는 직면)에 의해 변화된 이런 생각들이 캡슐처럼 덮어 버린다. 위해 강박장애 환자에게 폭력적인 생각들은 오염물질이다. 그 생각들과 함께 머무르는 것은 악함에 오염되는 것을 의미한다. 오염 강박장애를 가진 사람들이 공중 화장실을 쓸 때 끔찍한 질병에 걸릴지 모른다고 두려움을 느끼는 것처럼, 위해 강박장애 환자들은 위험한 생각을 떠올리는 것 때문에 자신들이 괴물로 변하게 될까 두려워한다. 직면 요법은 단지 이런 오류를 증명하는 것이 아니다. 그것은 당신이 생각과 감정을 보는 방식 전체를 재정의하는 것, 통제 불가능한 것을 통제하려는 노력을 포기하는 것, 그리고 통제 가능한 실제적인 행동에 당신의 에너지를 투자하는 것이다.

"이미 너무 과하단 말이에요."

당신이 위해 강박장애와 싸우고 있다면, 생각을 수용하거나 직면 작업을 하는 것이 너무 과하게 여겨질 수 있다. 당신은 생각을 멈추고 잠을 잘 수 있을지를 계산하며 이미 대부분 시간을 보내고 있을 수 있다. 하지만 스스로 글렀다고 단념하지 마라. 비록 직면이 어려운 것은 사실이지만, 당신은 이 힘든 작업에서 그다지 나쁜 성과를 내지는 않았을 것이다. '약간 맛이 간' 얼굴로 인해 당신 주변의 사랑하는 이들이나 동료들이 답하기 어려운 질문들('뭐가 문제야?' 같은)을 쏟아내지 않도록 당신은 매일 열심히 직면 작업을 해야 한다.

10장 성지향 강박장애

성지향 강박장애의 유병률은 흔히 과소평가된다. 윌리엄스와 패리스(Monnica Williams and Samantha Farris 2011)는 강박장애 환자 중 약 8%가 현재 성지향 강박장애로 고통받고 있으며, 11.9%는 일생 동안 어느 시점에서든 성지향 강박 증상을 보인다는 것을 알아냈다. 문제는 이런 사람들이 치료를 아예 받지 않거나, 관련된 이야기를 하는 것 자체를 회피한다는 것인데, 이는 다른 종류의 성적인 생각을 갖는 것이 의미하는 바에 대해서 사람들의 견해가 매우 다양하기 때문이다.

동성애자로 확인된 사람이 이성애자가 되는 강박적인 두려움에 시달릴 수 있지만, 흔히 성지향 강박장애는 '동성애' 강박장애(HOCD)나 게이 강박장애로 불린다. 성지향 강박장애는 진정으로 매력을 느끼는 파트너와 건강하게 사랑하는 관계를 가질 수 없다는 두려움과 결부되어, 자신의 성지향에 대해 확신하지 못하는 것에 대한 두려움이 있다. 단지 어떤 성지향을 지닌 존재인지 여부만이 아니라, 불확실함과 함께하는 삶에 기인한 강박적 공포인 것이다.

성지향 강박장애에서 주로 나타나는 강박사고의 예는 다음과 같다.

- 당신의 본래 성지향과 반대되는 생각, 감정 또는 감각의 존재에 대한 두려움
- 당신의 성지향에 '반대되는' 삶에 대한 두려움
- 다른 사람이 당신을 다른 성취향이 있는 것으로 보는 것에 대한 두려움
- 삶의 상황이 성지향 문제로 나타나는 것에 대한 두려움(예: 문제가 있는 관계, 음악의 취향, 성욕의 변화)
- 당신이 다른 성취향이라는 것을 과거의 경험이 입증하는 것에 대한 두려움
- 친구에 대한 감정이 성적 매력으로 나타나는 것에 대한 두려움
- 누군가의 매력적인 자질을 인식하는 것이 자신이 그쪽 성을 지향한다는 것을 의미한다는 것에 대한 두려움

당신의 성지향 강박장애는 어떤 방식으로 나타나는지 적어 보라.

성지향 강박장애에서 주로 나타나는 강박행동들의 예는 다음과 같다.

- 성지향을 입증하거나 반증하는 데 도움이 되는 삶의 경험들에 대한 정신적 재검토
- 당신이 선택한 성지향에 대한 안심 추구(자기 안심 추구를 포함)
- 다양한 촉발 요인의 회피(예: 동성애자 이웃, 동성애 대중매체, 두려운 성지향과 관련된

옷 입기 등)

- 동성인 사람에 대하여 생각할 때 흥분하는 증거를 찾기 위해 정신적 또는 신체적으로 사타구니를 점검하기
- 성지향을 생각나게 하는 것의 강박적 사용(예: 당신이 이성애자임을 안심시키는 일반적인 시도보다 더 많이 이성애 포르노 보기)

자신의 성지향에 대한 강박적인 두려움이 사실이 아니라고 확신하기 위해 당신은 어떤 방법들을 행하는가?

'끌린다'는 것이 무엇인가

'끌린다'는 것은 자석과도 같은 무언가에 당겨지는 느낌을 묘사할 때 사용되는 단어이다. 우리는 일반적으로 이러한 끌리는 느낌을 누군가 혹은 무언가와 가까이 있고 싶은 욕구의 증거로 개념화한다. 끌리는 자연 풍경을 볼 때, 우리는 그것에 가까이 있기를 바란다. 또한 끌리는 사람을 보면, 그 사람과 오래 머무르고 싶어진다. 말하자면, 예를 들어 '나는 저런 몸을 갖고 싶어.'라는 부러움으로 우리를 끌어당기는 것일지도 모른다. 그것은 우주에 탄복하는 것일 수도 있다. '우주여! 당신은 아주 매력적인 사람을 만들었군요!' 강박장애는 모든 종류의 끌림을 성적인 끌림으로 여기는 잘못된 가정을 하게끔 한다. 성지향 강박장애는 당신이 성적인 행동으로 관계 맺기를 원하지 않는 어떤

사람에게 '끌리게 될' 가능성을 허용해 줄 마음의 능력을 방해한다.

성지향 강박장애를 위한 수용 기법

당신이 성지향 강박장애로 고통받는다면 '수용'이라는 단어 자체가 주된 촉발 요인이 될 수 있다. 마음이 잡은 생각의 내용을 있는 그대로 받아들이는 것이 마음챙김 태도에 기초한 수용이 아님을 명심하라. 마음챙김의 태도에 기초한 수용이란 '이봐, 저걸 봐. 저 생각들 중의 하나를.'과 같은 태도로 마음을 바라보는 것이다. 당신에게 강박장애가 있다면, 당신은 당신의 강박사고에 대한 생각을 가지고 있을 뿐이다. 만약 당신의 강박사고가 성지향에 있다면, 당신은 그저 성지향에 대한 생각들을 가지고 있는 것이다. 당신에게 일어난 생각을 그저 인정하는 정도로 대응하도록 하는 것이 중요하다.

당신의 강박장애가 당신에게 다른 성지향을 지닌 존재가 되는 것 대한 생각을 절대로 해서는 안 된다고 말하겠지만, 이러한 생각들은 사실 엄연히 존재한다. 그러한 생각을 해 본 적이 없다고 말하는 사람들은 거짓말을 하는 것이다. 왜냐하면 그들이 비밀스러운 동성애자이기 때문이 아니라, '동성애'라는 단어가 의미하는 것을 알기 위해서라도 '동성애'에 대한 생각을 가져야 하기 때문이다. 차이점은, 성지향 강박장애가 없는 사람은 그 생각들의 존재를 특별히 의미 있거나 개인적인 어떤 것과 연관 짓지 않는다는 것이다. 만약 어떤 것이 필연적으로 존재하는데, 그것이 존재하는 것 자체를 막으려고 노력한다고 해서 그 존재가 사라지는 것은 아니다. 대신, 당신이 뇌와 마음의 기능으로 다양한 성적인 생각들이 발생한다는 현실을 받아들일 수 있다면, 당신은 그러한 생각들을 다루기 위해 자신을 훈련시킬 수 있을 것이다.

성지향에서의 불확실함

다른 강박장애 증상처럼 불확실함에 대한 불편감을 수용하고 견디는 역할은 아무리 강조해도 지나치지 않다. 불안이 나타날 때, 특히 마음이 분석적인 방식에 갇혀 있을 때, 모든 성지향에 타고난 불확실함이 있다는 것을 수용하는 일이 쉽지는 않을 것이다.

마음챙김은 당신이 생각, 감정, 신체 감각을 가지고 있고, 이러한 경험이 불편감을 일으킨다는 사실을 바라보도록 요구한다. 당신이 도전해야 할 점은 그것을 지식화하거나 그것이 의미하는 것을 분류하려고 노력하지 않고 이러한 불편감의 존재를 인정하고 수용하는 것이다. 다른 원치 않는 생각들처럼, 그것이 당신을 두렵게 하는 무언가를 의미할 가능성이 있다. 하지만 이러한 가능성이 증거는 아니다.

성지향 강박장애는 당신이 스스로 생각하는 사람이 아닐 가능성을 두려워하기를 원한다. 불확실함을 두려워하면 불확실함이 더 커진다. 이것은 강박행동과 강박사고를 더욱 일으킬 뿐이다. 의심이 의심 자체를 드러내는 순간에 그것을 바꾸려고 노력하지 않고 의심의 경험을 수용하는 것이 중요하다. 이는 당신이 의심에 사로잡히지 않고 그저 지나가도록 도와줄 것이다.

연습 성지향 강박장애를 완화하기 위해 마음챙김 태도에 기초한 수용을 하고자 할 때, 당신에게 필요한 생각, 감정, 신체 감각이나 다른 내부 자료들은 어떤 것이 있을까?

___

___

___

___

성지향 강박장애를 위한 명상

성지향 강박장애를 위한 마음챙김 훈련의 일부로 매일 명상하기를 선택한다면, 당신은 아마도 원하지 않는 성적 이미지, 모호한 '동성애'적 감정 그리고 특히 사타구니에서 발생할 수 있는 어떠한 감각을 조사하고 해결하기 위해 강박장애가 당신을 끌어당기는 것을 발견할지도 모른다. 강박장애는 이들 중 어떠한 것이라도 존재하는 것이 중요하며, 그것을 중요하지 않은 것처럼 다루는 것은 부정의 증거가 될 거라고 말할 것이다. 마음에서 일어나는 이러한 과정을 관찰하기 위해 호흡에 주의를 기울이면서, 순간적으로 자신을 멀리 떨어져서 보라. 그리고 다음과 같이 말해 보라. '생각이나 감정이 올라오면, 나는 그것에 '동성애자'로 꼬리표를 붙이고 그것을 알아내려 할 거야. 하지만 앞으로는 이 기회를 이용해서 알아내려는 충동을 내려놓고 나의 호흡으로 돌아올 거야. 그 충동이 머물러도 좋아. 그러나 그 충동이 내 명상을 지배하지는 않을 거야.' 당신이 "부인한다고" 느끼기 시작한다면, 그 감정들을 명상으로 통합하라. '부정'으로 느껴지는 것이 무엇이든 간에 호흡하라. 그것을 강박적으로 다루지 않고 당신의 몸을 통해 흐르게 하라. 문제를 해결하지 않는 것은 문제가 없는 것과 같다. 문제를 해결하기 위해 명상으로부터 벗어나게 될 때, 단순히 이것을 주목하고 현재로 돌아오는 연습의 기회로 삼아라.

성지향 강박장애를 위한 평가 도구

자신의 성지향을 입증하려는 노력에 정신적 에너지를 소모하고 있다면, 당신은 그 생각이 중요했고, 당신의 성지향을 의심할 몇 가지 이유가 있을 거라는 마음의 오해에 기여하는 것이다. 결코 이길 수 없는 강박장애 경연대회에 속지 말라.

성지향 강박장애는 당신의 성지향과 다른 성지향에 대한 생각을 떠올리는 것만으로도 당신이 그러한 성지향이라는 것을 의미한다는 **흑백논리**로 마음을 이끌 것이다. 그리고 이러한 유형의 강박장애에는 '내가 이러한 생각을 분석하지 않고 허용한다면, 그건 내 성지향을 변화시킬 것이고 내 삶은 끝장날 거야.'처럼 **파국적인 왜곡**을 추가한다.

긍정적인 면의 평가절하 인지 왜곡도 성지향 강박장애에서 주된 역할을 한다. 예를 들면, '비록 내가 이제까지 여성에게만 매력을 느꼈더라도, 체육관에서 그 남자의 복근에 눈길이 갔던 것으로 보아 나는 동성애자임이 틀림없어.'와 같은 생각을 할 수 있다. 사실과 불편한 감정을 혼동하는 것(**감정적 추론**)도 '나는 동성 친구들에 둘러싸여 있을 때 불편함을 느껴. 그러므로 나는 동성애자임에 틀림없어.' 또는 '데이트를 하는 지금, 이성에게서 성적인 감정이 느껴지지 않아. 그러니까 나는 동성애자임이 틀림없어.'라는 생각들 뒤에 자리하고 있을 것이다.

성지향 강박장애와 함께 **독심술**, **개인화** 인지 왜곡이 발생할 수도 있다. 예를 들어, 사람들이 당신의 성취향에 대해 생각하고 있다고 가정하는지 의식해 보라. 또는 그들이 당신을 동성애자라고 생각하기 때문에 그렇게 행동하는 것이라고 가정하는지 알아차려 보라.

성지향 강박장애의 촉발 요인을 분석하거나 피하도록 강요하는 전형적인 인지 왜곡이 당신에게 있다면 어떤 것들이 있는가?

____

____

____

____

연습 성지향 강박장애의 생각을 촉발하는 상황에서 자동적 사고 기록지에 기록하도록 노력하라. 다음의 자동적 사고 기록지 예시를 참고하라.

자동적 사고 기록지 예시

촉발 요인 무엇이 당신을 자극하는가?	자동적 사고 강박장애가 당신에게 뭐라고 속삭이는가?	도전하기 왜곡된 생각에 대하여 어떠한 대안적 생각으로 도전할 수 있을까?
영화에서 동성 간의 키스 장면을 보았다.	그 영화를 봤을 때 기묘한 느낌이 들었어. 그것은 내가 동성애자라는 것을 의미할 수도 있어. 나는 이것이 정상인지를 밝혀야 하고, 내가 결코 이전에 이러한 감정을 느끼지 않았다는 것을 확신하기 위해 나의 과거를 검토해야만 해.	성적인 이미지는 성적인 감각을 일으켜. 나의 과거를 검토하는 것은 나를 더욱 강박적으로 만들 뿐이야. 내가 느끼는 것은 무엇이든지 그것이 의미하는 것을 확실하게 하려는 노력 없이 수용해야 해. 내가 동성애자인지 아닌지 알 필요가 없어. 나는 알고 싶어 하는 충동을 가지고 있어. 내가 해야 할 일은 그냥 이 팝콘을 먹는 거야.

성지향 강박장애를 위한 행동 도구

성지향 강박사고에 대해 직면 및 반응 방지를 하는 것이, 동성애자가 되는 것에 대한 두려움을 극복하려고 동성애적 행위에 참여하는 것으로 오해한다면 당연히 염려가 될 것이다. 이는 두려움에 대해 직면하는 요점을 놓치는 것이다. 성지향 강박장애의 두려움은 동성애적 성행위에 대한 것이 아니라, 당신이 속하지 않는다고 생각하며 당신의 삶을 망치는 힘을 가지고 있다고 생각하는 생각, 감정, 감각에 붙잡혀 있는 것이다. 그것은 내적 경험이 당신이 원치 않는 무언가를 의미한다는 두려움에 대한 것이다. 따라서 이러한 두려움을 극복하기 위한 수단으로 당신의 이전 성취향과 다른 성적 접촉에 참여함으로써 자신을 시험하는 것은 일반적으로 역효과를 낳을 것이다. 그저 당신이 원하는 것을 하면 된다. 당신에게 자연스럽고, 즐겁게 느끼는 성적 행동에 참여하기를 원한다면, 그렇게 하라. 강박장애에 반응하여 오직 확실한 느낌을 얻으려 고안된 행동에는 참여하지 말라.

성지향 강박장애에서 실제 직면 및 반응 방지 기법

다른 성취향적인 생각들에 대한 직면과 당신이 스스로 생각했던 사람이 아니라는 두려움은 많은 형태로 나타날 수 있다. 강박장애의 마음이 당신에게 특정 생각들은 위험하므로 생각해서는 안 된다고 말할 것이다. 그러나 당신이 의도적으로 성지향에 관한 원치 않는 생각들에 자신을 직면시키면 당신의 이성적 자기는 이렇게 괴롭히는 생각들에 맞서 강박장애 회로를 태워버릴 힘을 갖게 된다. 직면 및 반응 방지는 시각적 직면과 상황적 직면으로 나눌 수 있다.

시각적 직면

시각적 직면은 전형적으로 원치 않는 생각들을 촉발하는 이미지나 비디오를 보면서 생각들을 설명하거나 중화하는 정신적인 의례에 저항하는 것을 포함한다. 이것을 효과적으로 하기 위해 당신은 매력적인 동성의 유명인 사진처럼 가벼운 촉발물로 직면의 형태를 시작할 수 있다. 이것에 두려운 반응이 일어나지 않는다면, 좀 더 성적인 사진을 반복적으로 바라보는 것으로 점차 노골적인 포르노물(적용 가능하다면)을 여러 번 보는 것까지 반복적으로 수준을 높일 수 있다. 직면이 효과적이려면 당신을 안심시키는 어떠한 충동에도 저항해야 한다. 만일 당신이 그 이미지를 즐겁게 느낀다면, 이것이 당신을 두렵게 할지라도 즐겨라.

시각적 직면에 대한 아이디어가 있다면 여기에 몇 가지만 열거해 보라.

상황적 직면

상황적 직면의 전형적인 예는 다음과 같다. 동성애자인 이웃을 방문하거나 동성애자들이 출입하는 술집이나 나이트클럽을 방문하기 등이다. '동성애자' 음악 듣기, 커밍아웃 이야기 읽기, 촉발하는 옷 입기, 동성애자인 지인과 시간 보내기 등을 포함한다. 여기에서 마음챙김에 기초한 목표는 이러한 환경에서 당신이 두려운 생각, 감정, 감각이 촉발됨을 허용하고, 그들로부터 도망치는 대신에 그들을 기꺼이 수용하는 연습을 하는 것임을 기억하라.

상황적 직면에 대한 아이디어가 있다면 여기에 몇 가지만 열거해 보라.

성지향 강박장애를 위한 상상 직면 기법

이러한 직면의 목적은 의도적으로 그러나 점진적으로, 원하지 않는 생각에 의해 유발되는 불안을 증가시켜 궁극적으로 당신이 이러한 생각들이 있어도 견딜 수 있다는 것을 당신의 뇌에게 보여 주는 것이다. 역으로, 강박행동은 정반대의 내용을 당신의 뇌에게 가르치는 셈이다. 당신이 불편함을 견딜 수 없다고 말이다.

상상의 각본 쓰기가 준비되었다면, 성지향 강박장애의 상상 직면을 안내하는 데 도움이 되는 다음의 질문을 사용하라. 준비되지 않았다면, 당신의 강박행동 목록을 작성하면서 당신이 회피하는 것들을 없애 버리기 시작하라. 상상 직면은 종종 당신의 위계에서 가장 도전적인 직면이 될 수도 있다. 따라서 당신이 마음챙김 할 수 있다고 느끼는 정도 이상을 감당하도록 자신을 압박하지는 않도록 하라.

당신이 강박장애의 생각들에 동의하고, 그동안 간주해 온 것과는 다른 성지향이었다고 고백한다면, 이런 것들이 당신에게 어떻게 들리는가?

이제 당신이 두려워하는 생각들이 사실이라면, 다음으로 당신은 무엇을 할 것인가? 누구에게 먼저 말할 것인가? 그 사람에게 어떻게 말할 것인가?

당신이 커밍아웃했을 때 사람들이 어떤 반응을 보일까?

이러한 새로운 삶에서 당신은 성적인 파트너 또는 연애 상대를 찾기 위해 어떤 단계를 밟을 것인가?

당신은 파트너를 어떻게 만날까? 그리고 성적 친밀감을 이끌어 내는 단계들은 무엇인가?

당신의 성적 경험에서 당신은 무엇을 하는가, 그리고 그것을 어떻게 느끼는가?

그 후에, 당신은 자신의 정서적인 세계가 어떻게 될 것이라고 상상하는가? 이것이 자신의 미래 행동에 어떻게 영향을 미치는가?

당신의 새로운 생활 방식의 장기적인 결과는 무엇인가? 당신은 늙어서 자신의 새로운 파트너와 함께 행복하게 죽는가? 아니면 일련의 부정적인 사건들이 당신을 지치게 만들어 결과적으로 외롭게 죽게 되는가?

앞의 질문을 읽는 것만으로도 직면이 충분하다고 자책하지 말라. 공포에 직접 접촉하는 것이 쉬운 일은 아니다. 당신이 정신적 의례를 하지 않고 저항에 전념해야만 직면 및 반응 방지가 이루어진다. 대신에 강박장애가 던지는 생각과 감정들이 무엇이든 저항 없이 마음챙김의 태도로 수용하라. 더 집중적인 직면 및 반응 방지를 할 때에는, 당신은 그 생각을 수용할 뿐만 아니라 그 생각에 능동적으로 동의하고, 두려움의 주위에서 발끝으로 살금살금 걷는 대신, 두려움 속으로 머리부터 다이빙해 들어가는 것이다. 당신의 성지향의 증거를 찾기 위해 직면을 분석한다면, 그것은 당신의 성취향이 논쟁거리임을 다시 확신하는 결과를 초래할 뿐이다. 바꿔 말하면, 당신의 성지향에 대한 확실함을 얻기 위한 목적의 정신적 강박행동을 멈추게 된다면, 그러한 확실함을 갖는 것이 꼭 필요하지는 않다는 것을 당신의 마음이 학습하게 될 것이다.

11장

소아성애 강박장애

소아성애 강박장애는 위해 강박장애와 성지향 강박장애의 가장 나쁜 점들이 합쳐진 형태로, 어린이의 포식자가 되는 강박사고는 당신의 기능 수준을 모든 면에서 떨어뜨릴 수 있다. 이 같은 강박사고는 자신에게 너무 혐오스러운데, 그런 생각들에 수반되는 신체 감각들은 그런 감각을 느끼지 않도록 아예 태어나지 않았더라면 하고 간절히 바라게 만들 수도 있다. 뿐만 아니라, 더욱 최악인 것은 이런 내용을 어느 누구에게도 털어놓을 수 없다는 점이다. 이러한 유형의 장애를 자주 치료한 경험이 있는 강박장애의 전문가가 아니라면, 그 누구도 당신이 말하는 내용에 대해 제대로 이해하지 못할 것이다. 당신은 자신이 비밀리에 어린이들을 학대하길 원할지도 모른다는 것(너무나 비밀스러워서, 심지어 자신조차 그런 사실을 모른다!)에 대해 두려워하고 있다는 것을, 또는 당신이 원하지 않지만, 어린이들을 학대하는 침습적 생각들(이런 생각을 원하지 않는다는 것을 사람들에게 어떻게 증명할 수 있을까?)을 친구나 사랑하는 사람은 물론이고 누구에게도 말할 수 없다고 느낀다.

이런 강박장애는 당신을 철저히 고립시킨다. 가장 취약하고 순진한 대상이 목표라는, 가장 역겨운 생각들의 짐을 진다는 것이 너무 가혹하다. 그러나 소아성애의 개념과 관련된 강박장애 공포는 실상 상대적으로 흔한 편이다. 그리고 비록 다른 강박장애 치료와 마찬가지로 힘들고 도전적이긴 해도, 적절한 치료가 이루어진다면 당신의 마음에 대응하는 방식을 조절할 수 있는 상태로 충분히 회복될 수 있다.

다음은 소아성애 강박장애의 전형적인 강박사고 유형이다.

- 갑작스레 소아성애자로 변하는 것에 대한 두려움
- 어린이를 부적절하게 만지는 것에 대한 두려움
- 소아성애적 성향을 부정하는 것에 대한 두려움
- 아동기 외상으로 인해 당신이 어린이를 학대하는 사람이 되었다고 생각하는 두려움
- 침습적인 사고들로 인해 어린이와 성행위를 하고 싶은 욕망이 커지는 것에 대한 두려움
- 다른 사람들에게 소아성애자로 인식되는 것에 대한 두려움

당신의 소아성애 강박장애의 두려움은 어떤 양상으로 나타나는가?

소아성애 강박장애의 강박행동에는 전형적으로 다음과 같은 유형의 행동들이 있다.

- 어린이가 있는 모든 장소를 회피하기(특히 혼자서 어린이와 함께 있는 것 피하기)
- 자극적인 어떤 대중매체라도 회피하기(아동복 카탈로그, 소아성애자에 관한 신문 기사)
- 어린이 주변에서 일어나는 모든 행동을 정신적으로 검토하기
- 소아성애 강박장애의 공포에 직면해서 자신을 안심시키기 위해 과거의 성적인 경험들을 정신적으로 검토하기
- 어린이 주위에 있을 때 자신에게 나타나는 서혜부의 반응을 정신적 또는 신체적으로 확인하기
- 성 또는 어린이와 관련된 모든 생각의 적절성을 분석하기

소아성애 강박장애의 두려움이 실현되지 않는다는 것을 확신하기 위해 당신이 행하고 있는 강박행동들에는 어떤 것이 있는가?

소아성애 강박장애를 위한 수용 기법

당신은 자신의 뇌가 제공하는 것 자체를 어느 지점에서든 통제할 수 없다는 것을 기억해야 한다. 당신의 마음은 신호(전조가 아니다!)를 수신하는 위성일 뿐이다. 이것은 당신의 뇌가 당신에게 일반적으로 '상상도 할 수 없는 것'이라 여기는 이미지를 제공할 때 특히 더 그렇다.

어떤 강박장애이든 강박장애에 대한 마음챙김을 할 때에는, 그 내용의 주제가 궁극

적으로 부적절하다는 것을 기억해야 한다. 생각들이 그저 떠오를 뿐이다. 어린이들이 떠오르고, 성관계에 대한 생각이 떠오른다. 소아성애라는 것이 현실에 존재한다. 이 모든 자명한 이치가 서로 부딪쳐, 어떤 생각을 만들어 낸다. 우리가 좋아하는 것과 끔찍하다고 여기며 무서워하는 것을 결합하는 생각들 말이다. 마음챙김은 우리가 이것이 마음에서 일어나는 것을 알아채야만 한다고 요청할 뿐, 주어진 시점에 마음이 무엇을 받아들이는지에 대한 숨겨진 의미나 전조, 위협 또는 다른 가정을 탐구하려고 하지 않는다. 다른 성적 또는 위해 강박사고에서와 마찬가지로, 그런 생각을 분석하고 중화하고 파괴하려는 자동적 충동이 압도적일 수 있는 자신의 예민함을 공격하는 형태로 소아성애자가 되는 것에 대한 강박적인 두려움이 나타난다.

소아성애 강박장애에서 나타나는 침습적 사고들은 사실상 정상적으로 발생하는 정신적 사건이다. 강박장애는 강박사고를 더 크고 더 밝게 만들어 줄 뿐, 여기에 의미를 좀 더 보태주지는 않는다. 수영복을 입은 어린이를 본 사람은 어린이와 수영복을 생각할 것이다. 수영복이라는 생각은 뇌에 비키니 수영복이나 해변 같은 생각을 떠올리도록 촉발할 수 있다. 비키니 수영복이나 해변은 우리의 뇌에 섹시함이나 수영복들을 소개하는 스포츠 관련 잡지 같은 생각들을 촉발할 수도 있다. 소아성애 강박장애로 괴로워하는 사람이라면, 마음속에 어린이와 섹시함이 동시에 나타나면 같은 생각으로 동일시할 것이다. 그러고 나면 그 생각들이 서로 직접 관련되어 있다고 가정하고, 자신이 소아성애적인 생각을 한다고 가정할 것이다. 이러한 개념을 두려워한 나머지, 당신은 그런 생각을 피하거나 저항하는 행동을 하게 될 것이다.

"나는 소아성애자의 사고 방식을 반드시 알아내야 한다."

이러한 형태의 강박장애에서 흔한 믿음은, 자신이 소아성애자와 같은 부류의 사람이 아니라는 것을 확실히 하려고 '진짜' 소아성애자의 사고방식이 어떤지 제대로 알아야 한다고 여기는 믿음이다. 이러한 유형의 생각들은 강박장애 환자를 매우 혼란스럽게 하며(그리고 같은 이유로) 매우 전형적이기 때문에, 당신은 소아성애를 즐기는 사람이 될 수 없다는 확실함을 얻기 위한 시도로 흔히 소아성애 장애의 역사를 조사하고 연구하고 싶은 충동을 가질 수 있다. 이것은 마음챙김에 있어서 중요한 도전인데, 절대적인 확실함은 연구를 통해서만 얻을 수 있다고 가정하기 때문이다. 이러한 연구는 당신이 상상할 수 있는 가장 나쁜 것이 되는 것으로부터 안전하다는 증거를 찾는, 온라인 또는 학술 연구, 심지어 자신의 성경험에 대한 연구의 형태로 나타날 수 있다. 그러나 이것이야말로 강박장애의 덫이다. 성적으로 어린이에게 해를 입히는 것을 두려워하는 사람과 성적으로 어린이에게 해를 입히는 것을 실제로 선택하는 사람 사이에는 분명한 차이가 있는데, 이를 보여 주는 증거가 아무리 많더라도 소아성애 강박장애를 만족시키지 못할 것이다. 그러므로 불만족함을 알아차리는 것이 점차 '잠재적 소아성애자'의 두려운 증거가 되어 버리고 만다.

어린이를 그저 알아차렸을 뿐이라는 것을 알아차리기

종종, 신체 발달을 알아차린 것이 촉발 요인이 되곤 한다. 이 말을 바꾸면, 실상 촉발 요인은 어린이의 특성이 아니고 바로 성인 특성의 존재이다. 성적으로 발달된 신체가 눈앞에 보일 때 동시에 불가피하게 떠올랐던 성적인 생각들에 대해 강박장애는 그런 원치 않는 생각들이 성지향을 뜻하는 것이라고 왜곡해 버린다. 이것이 바로 마음속에서, 부적절하게 어린 사람과 성적인 활동을 하는 것에 대한 소망으로 잘못 해석되고 마는 것이다. 따라서 소아성애 강박장애에서 마음챙김 도전의 시작은, 바로 촉발 요인이 사춘기 이후의 표식(가슴, 신체 모양 등)에 대한 건강하고 정상적인 반응과 함께 시작될 수 있다는 것을 인식하는 것이다. 물론 강박장애에서는 이러한 건강하고 정상적인 반응이, 뒤따르는 강박적인 분석 때문에 불길한 무언가로 흔히 변질되곤 한다.

침습적인 소아성애 강박사고에 대한 마음챙김 태도에 기초한 수용은 생각, 그로부터 유발되는 불쾌감 그리고 그것과 함께 나타났다가 그저 지나가 버리는 신체 감각들을 잘 관찰하는 것을 의미한다. 강박사고는 꼬리표 없이, 판단 없이, 그리고 각주 없이 지나가야 한다(예: 이것이 나쁜 생각인 건 알지만, 나는 강박장애를 겪고 있을 뿐이야, 나는 그저 그걸 내버려둘 거야). 강박사고는 주변의 생각일 뿐이다. 마음의 위성이 광범위하게 작동하기 때문에 이러한 성적 왜곡과 누군가에게 해를 입힐 것 같은 주변의 생각이 포착된 것뿐이다. 그래서 축복이기도 하고 저주이기도 하다. 소아성애 강박장애에서의 마음챙김은 마음이 받아들이는 것과 뇌가 나타내는 것을 멈추려 하지 않고 개방적으로 수용한다. 이러한 역설적인 수용을 통해 그러한 생각들이 결국 줄어들고 빠져 나간다.

연습 당신에게, 소아성애 강박장애로 인한 고통을 줄이기 위해 마음챙김 태도가 필요하다고 믿는 생각, 감정, 신체 감각 또는 다른 내부 자료가 있다면 어떤 것들이 있는가?

소아성애 강박장애를 위한 명상

소아성애 강박장애를 위한 마음챙김 훈련의 일부로 매일 명상하기를 선택했다면, 당신의 생각들에 홀로 마주할 준비를 하라. 당신은 이제, 당신에게 불쾌감을 주는 생각들과 마주할 것이다. 당신이 돌보는 사람을 희생자로 만드는 생각과도 마주할 것이다. 또한 두려움이라는 감정과 마주할 것이며, 당신을 위협하는 신체 감각과 마주할 것이다.

강박사고가 타당성이 있기 때문이 아니라, 두려움이 바로 당신의 현재 경험이기에 기꺼이 두려워하라. 명상의 핵심은 당신이 경험하고 있는 것과 함께 현재에 머물도록 허락하는 것을 연습하는 것이다. 명상은 현재의 경험으로부터 도망쳐 당신이 하고 싶었던 다른 경험을 하도록 달아나는 과정이 결코 아니다. 따라서 소아성애 강박장애가 당신을 호흡에서 끌어내려고 시도할 때 다음과 같이 반응하라. '좋아, 그것들이 거기에 있어, 그 생각들이. 그건 정말로 중요할 수도 있고 내가 무언가를 할 필요가 있을 지도 몰라. 그러나 아마도 아닐 거야. 지금 나는 그것들을 있는 그대로 놔두는 것을 연습하려고 여기에 있어. 그러니까, 이봐 거기, 생각들. 너는 네가 좋아하는 것을 하려무나. 나는 나의 주의를 호흡으로 돌릴 거야. 나는 내가 생각들을 가지고 있는 걸 잘 알아. 이 순간, 나는 내게 주어지는 것은 무엇이든 느끼고 나의 들숨과 날숨으로 돌아가기를 반복하도록 선택할 거야.'

소아성애 강박장애를 위한 평가 도구

다른 형태의 강박장애처럼, '흑백논리, 전부 아니면 전무'의 사고는 소아성애 강박장애에서도 전형적으로 나타나는 최악의 공격자이다. '만일 내가 어떤 어린이에 대해 한 가지 충격적인 생각을 가지고 있다면, 성인이 했다면 섹시해 보일 자세를 취하는 어린이를 보면서, 기저귀를 갈아주면서 잠시 내 손이 있어서는 안 되는 곳에 있다는 생각을 한다면, 나는 괴물이야.'

긍정적인 것을 평가절하하고 축소하기 또한 소아성애 강박장애의 생각에서 흔한 인지 왜곡이다. 단 한 번의 발상만으로도, 이제까지 결코 아무도 해치지 않았고, 어린이를 성애화하는 것을 항상 혐오해 왔고, 조카들을 천 번 이상 돌보아 준 당신의 모든 이력이 완전히 사라져 버린다. 당신에게 그저 생각 하나가 떠올랐을 뿐인데, 강박장애의 마음 안에서 그 생각이 그 모든 상황을 영원히 바꾸는 것이다.

선택적 추론은 소아성애 강박장애로 고통을 겪는 이가 어린이 근처에 있을 때, 또는 어린이와 관련된 곳에 있을 때마다 항상 작동하기 시작한다. 학교 근처 길을 걸어가다 보면 언제든 어린이가 나타날 수 있는 법이고, 당신이 그 어린이에 대한 생각을 할 수도 있는 것인데, 이 모든 것이 갑자기 악몽 속을 걸어가는 것처럼 느껴지게 되는 것이다.

어떠한 인지 왜곡들이 당신의 소아성애 강박장애에 기여하고 있는가?

연습 소아성애 강박사고를 유발하는 상황에 대한 자동적 사고 기록지를 작성해 보라. 다음의 자동적 사고 기록지 예시를 참고하라.

자동적 사고 기록지 예시

촉발 요인 무엇이 당신을 자극하는가?	자동적 사고 강박장애가 당신에게 뭐라고 속삭이는가?	도전하기 왜곡된 생각에 대하여 어떠한 대안적 생각으로 도전할 수 있을까?
생일파티에서 아홉 살짜리 어린이가 춤을 추고 있다는 것을 알아차렸다.	이 어린이의 귀여움을 알아차렸다는 것은 내가 그 어린이를 납치해서 강간하기를 은밀히 원하고 있음을 의미해.	나는 '귀여움'에 의해 촉발되는 경향이 있고 그것이 다른 걸 의미하는 것은 아닌지 걱정하고 있어. 사실 나는 내가 은밀히 무엇을 하기를 원하는지 분명히 알지는 못해. 나는 뇌의 비밀을 조사할 필요가 없어. 내게 필요한 것은 이 생일 케이크를 즐기는 거야. 어떤 생각을 알아차린 것과 터무니없는 무언가를 실제로 하게 되는 것은 전혀 관련이 없어. 나는 지금 불편하게 앉아 있긴 해야겠지만 케이크는 먹어야겠지.

전반적으로 말해서, 소아성애 강박장애에서의 인지 재구조화를 위해 알아두어야 할 것은 뇌와 마음의 작동에 대한 아주 거짓된 가정들을 믿어야 이런 왜곡들이 생긴다는 것이다. 그러한 가정들을 재구조화하기 위해서 언제나 마음챙김으로 되돌아와야 한다. 강박장애는 당신이 어린이를 회피하고, 어린이에 대한 부조리한 생각에 반대하며, 절대로 일어나서는 안 된다는 믿음을 알아채고 있는 당신을 처벌하기 원한다. 이것이 강박행동이며, 강박행동에 저항하기 위해서는 당신이 생각하는 것의 의미가 아니라, 마음이 이러한 생각을 수신하고 있을 뿐이라는 것을 받아들여야 한다.

소아성애 강박장애를 위한 행동 도구

소아성애 강박장애를 주된 강박사고로 갖고 있는 사람 중에는 심지어 그것이 강박장애라는 사실을 알았어도 치료받으려는 사람이 거의 없다. 치료자가 그것이 사실은 강박장애가 아니라 실제로 소아성애라고 말할까 봐 두려워할 수도 있고, 나아가 소아성애자에게 '혐오 요법' 같은 치료가 필요하다고 말할까 봐 두려워할 수도 있다. 이러한 두려움이 그들을 완전히 마비시켜 버릴 수 있는 것이다. 게다가, 정신분석가에게 도움을 요청하는 사람들이라면, 어린이에 대한 억압된 성적 감정을 불필요하게 촉발시키는 말들을 듣게 될 수도 있고, 또한 어린이에게 비열한 짓을 하려는 잠재의식 속의 욕망을 씻어 버리려는 욕구로써 이러한 것들을 처리하려 할지도 모른다.

당신이 소아성애 강박장애 때문에 고통받고 있다면, 우리는 이 강박사고를 강박장애 전문가 외에는 다른 누구와도 공유하지 않는 것이 최상의 선택이라고 권할 것이다. 자신의 영역을 넘어서는 치료를 하는, 교육받지 못한 치료자가 당신의 강박장애가 하는 것과 거의 동일한 방식으로 그 생각을 해석하고, 심지어 실수로 문제를 더 복잡하게 만들 수 있는 보고서를 제출하기도 하는 실제적 위험이 존재하기 때문이다. 이것은 당신의 생각이 끔찍하고 당신이 그것을 숨겨야 할 필요가 있기 때문이 아니다. 당신의 장애는 특정한 치료법을 필요로 하며, 강박장애를 이해하지 못하는 누군가에게 계속 치료를 받는 것이 당신에게 최선의 도움이 되지 않기 때문이다. 적절한 치료자를 만나기 위한 정보가 이 책의 17장에 제시되어 있다.

소아성애 강박장애를 위한 실제 직면 및 반응 방지 기법

때론, 직면 및 반응 방지 치료에 대한 저항이 존재하기도 하는데, 왜냐하면 강박행동은 당신을 안전하게 느끼게 해 주는 반면, '직면'이라는 단어는 당신에게 불길한 느낌을 주기 때문이다. "소아성애에 대한 직면이요? 사양하겠습니다!"라고 말할 수 있다. 물론, 두려움에 직면한다는 것이 실제 위험에 직면하는 것과 같은 것이 아니라는 점은 다른 형태의 강박장애와 마찬가지이다.

소아성애 강박장애의 직면 및 반응 방지는 불법적인 소아성애 포르노물을 보거나 어린이와 부적절한 행동을 하는 것이 결코 아니다. 강박장애에 의해 야기되는 불확실함을 견디는 힘을 키우고 당신을 가족이나 공동체로부터 분리하는 회피행동을 감소시키는 것이다. 실제 직면의 예는 다음과 같다.

- 자신을 안심시키는 것에 저항하면서, 유죄판결을 받은 아동 성추행범에 대한 기사 읽기
- 어린이들이 있을 수 있는 곳(공원, 장난감 가게 등)에 가보기, 그리고 중화되지 않는 촉발 사고를 허용하기
- 소아성애자가 등장 인물로 나오는 주류 영화를 감상하기
- 아동복 카탈로그를 살펴보기, 그리고 원치 않는 생각에 강박적으로 대응하고자 하는 충동에 저항하기
- 촉발요인이 될 수 있는 친척 어린이 돌보기에 자원하기

소아성애 강박장애의 치료를 위해 당신이 직면할 수 있다고 생각하는 촉발 상황에는 어떤 것들이 있는가?

직면 및 반응 방지 과정 그 어디에도, 실제 성행위의 필요성이나 어린이를 해할 위험성은 전혀 존재하지 않는다. 그럼에도 촉발 요인을 더 이상 회피하지 않을 때, 당신은 원치 않는 생각이 존재하는 것, 회피하지 않는 것, 그리고 마음챙김의 태도에 기초하여 수용하는 것을 매우 위험하다고 느끼게 될 수 있다. 이것이 바로 감정인데, 이를 그저 관찰하면서 강박행동을 하지 않고도 당신을 지나가게 할 수 있다는 점을 기억하라.

홍수법은 흔히 소아성애 강박장애의 치료에서 적극적인 역할을 할 수 있다. 간단히 말해서, 그 생각들에 문자 그대로 동의하는 것이다. 강박장애가 당신에게 이렇게 말할 수 있다. '너는 저 어린이가 예쁘게 미소짓는 것을 주목했어. 너는 역겨운 아동 포식자야.' 그러면, 당신은 이렇게 응대한다. '그래, 들켰네. 나는 승합차를 사서 점심 식사 후에 많은 어린이를 승합차 안으로 유인할 거야.' 이 기법을 사용할 때에는 그 자체가 강박행동이 될 위험이 있다는 것도 주의해야 한다. 그러니 필요시에만 사용하라. 3장의 '순간적 홍수법'과 4장에서 논의된 '강박적 홍수법'이 어떻게 다른지를 다시 살펴보라.

소아성애 강박장애를 위한 상상 직면 및 반응 방지 기법

소아성애 강박장애를 위한 상상 직면은 매우 큰 도움이 되고, 일반적으로 여러 가지 이유로 인해 치료의 필수적인 부분이 된다(위해 강박장애와 성지향 강박장애처럼). 흔히 다음과 같은 이유로 사람들은 성추행에 대한 상상 각본을 쓰는 것에 저항하곤 한다.

- 말로 표현하기가 너무 끔찍하다.
- 누군가 언제든 그것을 발견하고, 나에게 불리하게 사용할 수도 있다.
- 내가 그것을 쓰면, 그건 더욱 실제로 일어날 수 있다.
- 내가 그것을 쓰면, 내가 그것을 즐길 수도 있다. 그리고 바로 그것이야말로 내가 두려워하는 것을 입증할 것이다.

당신은 이러한 강박적인 두려움에 대한 상상 직면 각본을 쓰는 것의 어떤 점들을 염려하고 있는가?

숙련된 강박장애 전문가와 함께 작업하는 것이 소아성애 강박장애를 위한 상상 직면 작업에 접근하는 능력을 발전시키는 핵심 열쇠가 될 수 있다. 그러나 상상 직면 및 반응 방지를 혼자서 사용해 보려면 그 전에 이 책의 개념을 검토하고 다른 책(참고 자료 섹션에서 추천 도서들을 보라)에 제시된 소아성애 강박장애의 치료법에 대해 읽고, 가능한 한 스스로를 많이 교육하는 과정이 선행되어야 한다.

준비가 되면, 마치 당신이 괴물인 것처럼 괴물의 마음을 상상하면서, 무고한 희생자에 대한 당신의 강박사고를 어떻게 행동화할 것인지, 그 사람이 어떻게 반응할 것인지, 그다음에 당신은 어떻게 할 것인지, '소아성애자라는 주홍글씨가 적힌' 삶은 실제로 어떤 모습일지 자세히 묘사하면서 상상 직면 및 반응 방지를 할 수 있다. 다음 질문들을 길잡이 삼아 이 상상 직면 및 반응 방지 기법을 사용해 보자.

당신의 두려움이 사실이라면 어떻게 행동하겠는가?

당신의 희생자는 어떻게 생각하고 느낄 것인가?

행동 후에 당신은 희생자에게 어떻게 반응하겠는가?

당신은 체포될 것인가? 그렇다면 어떻게 체포될 것인가? 당신은 도망갈 것인가? 그렇다면 어떻게 체포될 것인가?

이런 행동을 범한 것을 알고 있다면, 당신은 어떻게 생각하고, 느끼고 행동하는가?

당신이 사랑하는 사람은 이 행동에 어떻게 반응하는가?

당신은 여생을 어떻게 살아가게 될 것인가?

마음챙김은 상상의 각본 쓰기 경험에 대처하는 필수 도구이다. 자신에게 친절한 가운데 자신을 소아성애 강박장애 각본이 가져다주는 공포로부터 끊임없이 되돌아오게끔 하는 과정은 몹시 힘든 작업이다. 그러나 다른 강박사고처럼, 공포에 대한 습관화는 반복적인 직면과 강박행동에 대한 저항을 통해 달성된다. 강박사고들은 공포 반응을 불러일으키지 않은 채, 우주에 놓인 그것들의 본래 자리로 되돌아가게 되어 있다. 마치 마음 주변부에서 포착된 실상은 아무런 주목할 가치가 없던 뇌의 불발 사건들처럼 말이다.

12장

관계 강박장애

강박장애는 당신의 삶에서 의미가 큰 것들을 표적으로 삼기 좋아한다. 당신의 도덕성, 성지향, 자녀 또는 건강이 표적이 될 수 있다. 우리 중 많은 사람에게 있어서, 인간관계 역시 강박장애가 군침을 흘리며 손을 떼지 못하는 높은 가치를 지닌 표적이기도 하다. 관계 강박장애란 관계의 질과 다른 사람에 대한 불확실한 감정의 진정성을 견디는 데 어려움을 겪는 장애이다. 하지만 이것은, 예를 들어 한 사람은 결혼할 준비가 되어 있고 다른 사람은 그렇지 않을 때 예상할 수 있는 상황에서 나타나는 전형적인 의심과는 전혀 다르다. 이것은 사랑과 정절 같은 개념에 서서히 스며들어 조금씩 갉아먹는 것과 같은 의심이다. 당신이 관계 강박장애로 고통을 겪는다면, 당신에게 편안함과 안전함을 주는 주요 원천(당신의 파트너)이 불안의 주요 원천이 되는 것이므로, 당신은 마치 진퇴양난에 빠진 것처럼 느낄 것이다. 강박장애는 자의적이고 도저히 만족시킬 수 없는 규칙들을 당신이 만약 따르지 않는다면 그 관계가 무너질 것이라고 말하며, 그것은 당신의 잘못일 뿐만 아니라, 당신이 세상에서 가장 사랑하는 사람이 당신보다 더 고통받게 될 것이라고 속삭인다.

관계 강박장애에서 나타나는 강박적 두려움은 전형적으로 다음과 같다.

- 내게 중요한 사람을 내가 진심으로 사랑하지 않는다면 어떻게 하지?
- 관계는 결국 깨질 것이고, 내가 지금 떠나야 된다면 어떻게 하지?
- 내 파트너가 나와 함께 이대로 지내는 것에 (정보에 입각한) 합리적인 결정을 내릴 만큼 나에 대하여 충분히 알고 있지 않다면 어떻게 하지?
- 내가 다른 누군가와 더 잘 어울린다면 어떻게 하지?
- 내 파트너에 관하여 나를 촉발시키는 것들(예: 신체적 특징, 개인의 성적인 과거, 철학적 차이)에 대한 생각을 멈출 수 없다면 어떻게 하지?
- 내가 파트너에게 끌려야 하는 건 당연한데, 만약 그렇지 않다면 어떻게 하지?

당신의 관계 강박장애는 어떤 유형의 생각과 감정을 당신에게 건네주고 있는가?

관계 강박장애에서의 전형적인 강박행동에는 다음과 같은 것들이 있다.

- 관계와 관련된 모든 것에 대한 정신적 검토
- 관계에 대한 의심에 대하여 강박적으로 고백하기
- 관계에 대한 안심을 추구하기
- 관계와 관련된 감정의 정신적 점검
- 있는 그대로의 관계에 대하여 시나리오 바꾸기나 대안 이론화하기

• 관계 강박사고를 촉발하는 상황 회피(예: 매력적인 사람을 주목하지 않으려고 노력하기, 성이나 관계에 대한 토론에 참여하는 것을 피하기, 촉발시키는 사람과 단둘이 있는 것 피하기)

관계에 대하여 확실한 느낌을 얻기 위해 당신이 하게 되는 강박행동에는 어떤 유형이 있는가?

"당신은 내게 있어 백만분의 일의 확률로 만난 정말 특별한 사람입니다."

어느 강박장애에서나 나오는 주제이지만, 최악의 두려움은 사실일 수도 있지만 실상은 아니라는 것이다. 당신의 두려움이 기본적으로 터무니없다는 것을 100% 입증할 수는 없지만, 터무니없음을 지지하는 증거들은 쉽게 찾을 수 있다. 그러나 관계 문제는 특히 높은 수준의 불확실성을 받아들이도록 요구하는 것만 같다. 당신의 파트너는 내일 떠날 수도 있다. 당신도 내일 떠날 수 있다. 당신과 함께 일하기에 '더 잘' '어울리는'이라는 정의가 있는 것으로 여겨지는 사람이 있을 수는 있다.

만일 당신의 파트너가 백만분의 일의 확률로 만난 그런 특별한 사람이라면, 그건 실로 축하할 일이다! 그것은 70억의 사람들이 사는 이 행성에서 당신을 행복하게 만드는 7,000의 잠재적 삶의 동반자가 있다는 것을 의미한다. 그러면 당신은 이것을 어떻게 만들 것인가? 아무것도 할 필요 없다. 당신은 바로 이 사람이라고 증명할 수 없는 누군가와 행복하게 연결되어, 그 사람을 '그 한 사람'이라고 부르며, 그를 '그 한 사람'으로 느끼며, 절대적인 확실성에 대한 필요성을 내려놓은 채로 자신의 삶을 살면 된다. 손을 잘 씻은 후 여전히 손이 깨끗하다고 절대적 확신을 하지는 못해도 손이 '깨끗한' 것처럼, 당신은 괜찮은 것이다.

관계 강박장애를 위한 수용 기법

관계는 경험이지 결코 계산이 아니다. 강박장애는 뭔가 입증하지 않는다면 사랑도 없을 것이고, 사랑이 없다면 관계도 없을 것이라는 주장을 펼칠 것이다. 이것은 강박행동을 취하도록 고안된 강박장애의 또 다른 속임수일 뿐이다. 관계에서의 두려움을 수용한다는 것이 학대를 받아들이거나, 당신을 경멸하는 사람과 억지로 함께 지내야 한다는 것을 의미하지는 않는다. 파트너 그리고 관계의 정당성에 대한 침습적인 생각들을 수용하는 것은 다른 사람의 삶과 연결되는 경험에 필연적으로 불편감이 따라오는 것을 수용하는 것이다.

확실하지 않은 자리에 변함없이 남아 있는 것은 매우 도전적인 일이다. 특히 강박장애가 당신을 조사하게 하고, 분석하게 하고, 해야 할 일을 밝혀내게 하고, 파국이 일어나기 전에 당장 그것을 확실히 처리하도록 다그치며 괴롭힐 때는 더욱 그러하다. 강박장애 없이도, 사람들은 의심하고 싸우고 걱정하고 때로는 서로 헤어지는 길을 선택하기도 한다. 강박장애는 당신이 무엇을 해야 할지 알 수 있을 만큼 충분히 오랜 관계에서 일어나는 일들과 함께 머무르는 것을 방해하고, 무엇을 해야 할지 지금 바로 결정하라고 강요하면서, 불가능한 것을 요구한다! 그러한 긴급한 불확실성의 상태에서 당신은 강박장애의 노예가 되고, 도피를 시도하기 위해 강박행동을 한 후에 또다시 강박행동을 계속하게 될 것이다.

설상가상으로, 이 문제에는 다른 사람이 직접적으로 관여되어 있다. 다른 사람의 인생이 어떻게 되는가에 대한 책임감의 문제가 있다. 잘못된 사람과 함께 지내는 것에 대한 두려움은 스스로 그렇게 허용한 것을 싫어하게 할 뿐만 아니라, 파트너가 당신과 함께하기 위해 선택한 것에 깊은 책임감을 느끼게 한다.

신체적 강박행동의 빈도가 높지 않은 다른 형태의 강박장애에서와 같이, 마음챙김 기술은 검토하려는 충동 또는 안심 추구 충동으로부터 원치 않는 생각의 존재를 분리시키는 중요한 부분이다. 관계 강박장애를 위한 마음챙김에 기초한 수용의 일부는 파트너와 다른 사람들이 당신을 실제의 당신과 아주 다른 누군가로 지각할지도 모른다는 불편감과 함께하는 것이다. 예를 들어, 당신은 파트너가 그 또는 그녀의 전 파트너와 함께 있는 심상에 대한 강박관념을 가질 수도 있고, 그것 때문에 다른 사람이 보기에 질투하는 사람으로 보일 수도 있다. 그러나 안심시키기와 정신적 검토에 대한 끊임없는 필요성을 일으키는 것은 질투의 감정이 아니다. 그것은 당신이 그 마지막 강박행동을 했더라면 어떻게든 바로잡았을 무언가가 어긋나 있는 느낌이다. 그것은 겉으로 질투로 보인다.

그와 비슷하게, 관계가 지속되지 않을 것이라는 강박적 두려움을 가진 사람은 다른 사람의 눈에는 그 관계의 밖에서 어떤 길을 찾고 있는 것처럼 보일 수도 있다. 역으로, 상황에 대한 끊임없는 정신적 검토는 자신을 사랑하는 사람과 함께 머물도록 자신에게 허용하는 감정을 만들도록 고안되었다! 따라서 여기에서 마음챙김의 도전은 당신의 생각과 감정들이 단순히 지나가는 것을 바라보는 것뿐만 아니라, 다른 사람에게 오해받는 것에 대해 가질 수 있는 생각과 감정들을 수용하는 것이기도 하다.

진정한 사랑 vs. 확인하는 사랑

관계 강박장애에서 마음챙김을 하는 데 있어 가장 흔한 도전 중 하나는 침습적인 질문으로부터 기인한다. 나는 내 파트너를 사랑하는가? 관계 강박장애로 고통을 받고 있는 사람들을 위해 아주 고전적인 예를 들어 보겠다. 한 남자가 있다. 그 남자는 아내가 걷는 것을 보면서 다음과 같은 생각을 알아차리게 된다. '그녀는 매우 아름다워. 나는 운이 좋은 녀석이야. 나는 내 아내를 사랑해.' 이제 강박장애가 다음과 같이 응수한다. '그것이 진정한 사랑인가? 확실해?' 이 미끼를 물고서, 이 남자는 '사랑'의 의미에 대해 의도적으로 골똘히 생각하기 시작한다. 뿐만 아니라 자신의 마음속으로 계속해서 깊이 파고들며, 자신이 진정 사랑의 느낌을 불러일으킬 수 있는지 확인하려 한다. 물론 잘 확인할 수도 있다. 그러나 이러한 감정은 바로 확인에 의한 것이며 의도적인 강압에 의한 것이기 때문에 결국, 그의 마음에서 느끼는 것은 그저 사랑의 느낌을 인위적으로 합성한 형태일 뿐이다. 사랑처럼 보이기도 하지만, 진정한 사랑처럼 보이기에는 못 미치는 것처럼 보인다. '보이지? 그것들의 실제는 보이는 것과는 달라.'라고 강박장애가 속삭인다. 그 남자는 불안이 일어나는 것을 알아차리게 되고, 그가 진정으로 진실하게 자신의 아내를 사랑하는지, 아니면 오랜 세월 동안 그렇게 믿도록 자신을 속였는지 알기를 원한다. 그리고 다시 파고들기 시작한다. 그는 그것을 다시 파헤치지만, 진정한 깊은 감정들을 합성한 형태를 다시 합성한 형태인 또 다른 홀로그램으로 끝나게 될 뿐이다. 이건 악몽이다! 그는 처음 아내에게 빠졌을 때 느꼈던 '진정한' 사랑과 그가 마음속에 생각해 내는 '합성된' 사랑의 감정 간 격차에 대해 지나치게 주의를 기울이기 시작한다. 그 격차는 넓어지고 마음속에 떠오를 때 언제든 반응하는 가장 중요한 생각이 된다. 그리고 그것은 언제나 존재한다! 이제 강박장애는 그를 지배하는 주인이 된다.

이 이야기에서 배우는 교훈은 진정한 감정적인 경험을 확인하는 동안 당신은 진정한 감정적인 경험을 할 수 없다는 것이다. 당신이 스스로를 간지럽힐 수 없는 것처럼 말이다. 당신은 자신이 그것을 하고 있다는 것을 알고 있기 때문이다. 관계 강박장애를 위한 마음챙김은 진짜라는 것을 증명하고자 하는 충동을 내버려두고, 사랑의 감정을 의심하지 않고, 있는 그대로 수용하는 것이다. 사랑에 대한 혼란스럽고 의심스러운 감정에 대해서도 마찬가지이다. 목표는 스스로 이러한 감정들을 경험하도록 허용하는 것이지, 그들이 들어가야만 한다고 생각하는 상자들에 꼭 들어맞는지를 확실하게 하는 것이 아니다.

연습 당신의 관계 강박장애를 완화하기 위해 마음챙김하여 수용할 필요가 있다고 믿는 생각, 감정, 신체 감각 또는 다른 내부 자료들이 있다면 어떤 것이 있는가?

관계 강박장애를 위한 명상

관계 강박장애를 위한 마음챙김 훈련의 일환으로서 매일 명상하기로 결심했다면, 명상 훈련이 당신의 관계의 의미를 이해하려고 노력하는 것이 아님을 명심하라. 역으로 당신이 명상에서 연습하는 것은 이해되지 않는 것과 함께 머무르는 것이다. 강박장애는 관계에 대한 모든 의심스러운 생각이나 감정을 마치 모든 것이 다 허물어지기 전에 긴급하게 해결되어야 할 문제인 것처럼 다루도록 이끌 것이다. 마음챙김 훈련으로서의 명상은 당신이 앉아서 그것들이 허물어지는 것을 지켜보게 하는 것이다. 당신의 마음 속에서 생각과 감정들이 서로 충돌하여 폭발이 일어나도록 놔두어라. 그들을 지켜보아라. 그들을 무시하지 말라. 그러나 그들을 분석하거나 분류하려는 충동에 저항하라. 단순히 그들이 일어날 때 잠깐 보고 그런 후에 명상으로 돌아오라. '나는 내가 사랑에 빠지지 않아도 괜찮도록 명상하는 건지도 몰라. 기다려. 그것은 생각이야. 나는 지금 당장 그렇게 할 필요가 없어. 나는 숨을 들이쉬고 있고 내쉬고 있어. 내 관계에 대한 생각들이 있어. 괜찮아. 나는 신경 쓰지 않아. 그들은 내가 숨을 들이쉬고 내쉬면서 여기에 머물러 있는 동안 일어날 수도 있어. 아마도 나중에 나는 모든 정신적 검토로 돌아가겠지. 그건 괜찮을 거야. 그러나 이 순간, 나는 여기에 머무는 것을 연습할 거야.'라고 생각하라.

관계 강박장애를 위한 평가 도구

모든 상황이 잘 돌아갈 때는 그저 다 좋게만 느껴진다. 그러나 강박장애가 이끌어 가는 상황에서는 모든 것이 허물어지는 것처럼 느껴질 것이다. 당신이 파트너를 떠나려 하거나, 파트너가 당신을 떠나려 하고 있다. 더 나쁜 경우에는 영원히 후회와 의심에 억눌려 살아가는 운명을 맞게 될 수도 있다. 특히 다음과 같은 인지 왜곡에 주의해야 할 것이다.

- **전부 아니면 전무의 사고**: '나는 항상 내 파트너와 100%의 사랑만 느껴야 해. 그렇지 않으면 우리는 서로에게 잘못된 거야.' 이런 식의 생각이 강박장애의 설정 배경이 되는 이유는 아무도 이렇게 할 수 없기 때문이다. 감정이라는 것은 한결같이 확고하지 않다. 감정은 유동적이다. 감정은 원래 그렇게 하기로 되어 있는 것처럼 진전되고, 확대되고, 줄어들고 그리고 끊임없이 이동한다.
- **재앙화**: '이 사람이 정말 나랑 맞는 사람이라는 것을 내가 확실히 알 수 없다면, 내 삶과 파트너의 삶은 파멸로 이어질 거야.' 여기에서 관계의 끝이나 변화는 당신 마음에 가장 큰 두려움일지라도 세상의 끝이 아님을 기억할 필요가 있다. 따라서 우리는 관계의 미래를 예측할 수 없을 뿐만 아니라, 최악으로 예측된 상황도 알 수 없는 방식으로 경험하게 될 것이다.
- **선택적 추론**: '저 흠집을 내가 영원히 볼 수는 없어!' 마음챙김은 사랑 그 자체로 세부의 흠집을 포착하는 것이 아니라, 더 큰 그림을 받아들이는 것에 관한 것이다. 연애 감정에 빠질 때, 당신은 자신에게 던져질 수 있는 부정적인 세부 사항을 적극적으로 무시한다. 당신이 진정한 사랑에 빠질 때 그러한 부정적인 세부 사항을 보기 시작하지만, 그것은 더 이상 부정적이지 않다. 당신은 이러한 세부 사항들조차 당신이 사랑하는 사람의 일부로서 사랑한다.

- **독심술 및 개인화**: '그녀는 내가 똑똑하다고 생각하지 않아. 우리의 관계가 거짓임을 알기 때문에 내 문자 메시지에 답하지 않은 거야.' 여기에서 당신은 자신이 다른 사람들의 생각에 접근해서 알 수 있고, 사람들의 행동은 모두 고유한 의미가 있다고 가정하는 함정에 빠진다. 이 두 가지 모두 사실이 아니다.
- **과도한 책임감**: '내가 외도할지도 모른다는 걸 그에게 얘기해야 할 것 같아. 물론 지금 이걸 입증할 방법은 없지만 말이야. 그에게 얘기해 두지 않으면 그는 사랑할 가치조차 없는 사람과 결혼생활하느라 나머지 인생을 다 쓰게 되는 셈이잖아. 그 사람이랑 딱 맞는 사람이 다른 어딘가에 있을지도 모르는데, 그 사람의 기회를 망치는 셈이잖아. 이건 내 책임이야.' 다른 형태의 과도한 책임감과 마찬가지로, 강박장애는 당신의 파트너가 인생에서 올바른 선택을 하도록 보장하는 과업을 당신에게 부여한 것처럼 보이게 하지만, 그것은 당신이 통제할 수 있는 것이 아니다.

당신이 관계 강박장애를 앓고 있다면, 당신에게는 어떤 유형의 인지 왜곡들이 있는가?

연습 당신의 관계 강박장애 사고를 촉발하는 상황에서 자동적 사고 기록지를 작성해 보라. 다음의 자동적 사고 기록지 예시를 참고하라.

자동적 사고 기록지 예시

촉발 요인 무엇이 당신을 자극하는가?	자동적 사고 강박장애가 당신에게 뭐라고 속삭이는가?	도전하기 왜곡된 생각에 대하여 어떠한 대안적 생각으로 도전할 수 있을까?
일하는 중에 매력적인 사람을 주목함.	이 사람이 내 파트너보다 나에게 덜 매력적인지 확실히 알아야만 해. 이 사람이 더 매력적이라면, 나는 파트너에게 내 생각을 말해야 해.	정신적 의례에 빠지는 것은 내게 어떠한 도움이 되는 정보도 제공할 수 없고 더 강박적이게 할 뿐이야. 이 사람이 내가 감탄하는 특징을 가지고 있다면, 그걸로 됐어, 그리고 나는 그것이 파트너에 대한 내 감정에 대하여 무엇을 말하는지 몰라. 내 생각을 파트너에게 강박적으로 고백하는 것은 불편한 감정을 피하려고 노력하는 내 방식일 뿐이야. 그리고 그렇게 하면 끝에는 항상 우리 둘에게 안 좋은 결과로 돌아왔어. 나는 이것에 마음챙김 기술을 사용하는 것이 더 나아.

관계 강박장애를 위한 행동 도구

관계 강박장애에서 가장 흔한 유형의 강박행동은 다양한 형태의 '정신적 검토, 안심 추구, 고백하기'이다. 다른 강박장애에서 논의된 것처럼, 여기에서의 마음챙김은 종종 그 자체가 중요한 직면이다. 관계에 대한 생각이 나타날 때, 그것은 두려운 감정과 종종 불편한 신체 감각과 동시에 일어난다. 관계를 정신적으로 검토하고, 모든 것이 잘못되거나 괜찮은 이유를 알아내고, 안전감을 확보하려는 충동에 휩싸일 수 있다.

마음챙김은 당신이 이러한 생각, 감정, 신체 감각을 있는 그대로 관찰하고, 그들을 변화시키기 위한 행동 반응을 하지 않도록 요구한다. 그들은 당신을 통과해 지나가고 있다. 그러면, 직면은 생각, 감정, 감각이 지나가는 동안 확인되고 검토되지 않은 채 지나가도록 허락한다. 내면에서 일어나는 과정들이 최악의 공포를 나타내고, 내면에 있는 정보들이 당신을 지나치도록 허락함으로써 그 공포를 실감하게 되는 위험을 감수하라. 그것이 흘러지나가는 것을 느끼면서 앉아 있어라.

관계를 재검토하는 자신을 발견해 내고, 그것에 강박행동이라고 꼬리표를 붙여라. 그것은 자동적인 불가피함이라 느껴질 수 있겠지만, 그것에 능동적으로 참여하는 것은 항상 자발적인 행동 선택이다. 배경에서는 계속 돌아가도록 내버려 두지만, 당신이 그 영화의 감독이 되어서는 안 된다. 일단 강박적인 정신적 검토에 꼬리표를 붙이면, 그것으로부터 풀려나와 현재로 돌아올 수 있다. 여기에서 현재는 일이나 책처럼 관련 없는 무언가일 수 있으며, 현재는 또한 감정 그 자체일 수도 있다. 감정을 분석하지 말고 관찰하라.

안심을 추구하는 것은 저항하기 매우 어려운 것일 수 있다. 당신이 관계 강박사고에 직면하여 안심 추구에 저항하는 것이 불가능하다는 생각이 들더라도 부끄러워하지 마라. 관계 강박장애로 고통받는 많은 사람은 그들의 파트너로부터 모든 것이 괜찮을 거라는 확인 없이는 안심 추구에 저항할 수 없다고 느낀다. 당신의 파트너가 치료에 동의

하고 당신과 강박장애 사이의 차이를 기꺼이 알고자 한다면, 안심시키기에 저항하는데 그나 그녀의 도움을 요청하라. 이것을 수행하는 방법에 대한 조언은 4장의 '안심 추구' 부분을 다시 보라.

당신의 파트너에게 관계 강박장애에 대해 설명해 주기

강박장애와 싸우기 위해 파트너와 팀을 이룰 때, 파트너가 당신이 겪고 있는 경험에 대하여 어느 정도 이해하는 것이 중요하다. 파트너가 강박장애를 가지고 있지 않다면 전부를 이해하는 것이 힘든 일일 수도 있으나, 그것의 기본적인 의미를 기꺼이 숙고하려 한다면 훨씬 더 진전이 이루어질 것이다. 강박사고가 특별히 상대방에 대한 것이 정말 아니라는 것을 당신의 파트너에게 알려주어라. 관계에 대한 강박장애의 왜곡된 형태를 반증하는 것이 바로 강박사고이다. 당신의 마음이 붙잡고 싸우고 있는 말들이 다음과 같이 들릴지도 모른다. '나는 당신을 사랑하지 않는 것이 두려워.' 다음과 같이 표현하는 것이 최선일 것이다. "나는 내 마음속에서 점점 커지는 세부 사항에 꼼짝 못하고, 그것을 분석하려고 노력할수록 내 강박장애가 더욱 나를 정복하게 돼. 내가 강박에서 벗어날 때까지 안심 추구로부터 나를 막기 위해 당신의 도움이 필요해. 그동안, 내가 우리에 관해 말하는 그 어느 것도 너무 심각하게 여기지는 말아줘."

관계 강박장애를 위한 실제 직면 및 반응 방지 기법

관계에 대한 두려움을 상기시키는 것들을 회피하고 있는 자신을 발견한다면, 이러한 것에 초점을 둔 직면 전략이 도움이 될 것이다. 항상 반응 방지와 함께 직면 계획을 고수하는 것이 중요하다. 당신을 불편하게 하는 것들과 접촉을 유지하지만, 촉발되는 생각과 감정을 마음챙김의 태도로 수용하라. 스스로 괜찮다고 반복해서 말하지 말라. 자신에게 아무 말도 하지 말라. 생각과 감정을 중화하려는 노력 없이 그들을 경험하라.

여기에서의 핵심은 정신적 검토나 다른 강박행동 없이 자신의 두려움과 맞닥뜨리는 것이다. 관계 강박장애로 고통받는 사람들을 위한 효과적인 직면이 될 수 있는 활동의 예로는 다음과 같은 것이 있다.

- 촉발시키는 영화를 보거나 노래를 듣기
- 강박사고를 촉발하는 사진 보기(이들은 일반적인 직면에도 좋다. 3장의 '일반 직면' 부분을 보라)
- 관계 강박사고를 촉발시키는 장소에 방문하기
- 불편한 영역으로 들어가는 대화를 포기하거나 조종하려는 충동에 저항하기
- 촉발시키는 사람과 둘만 있는 것을 피하려는 충동에 저항하기(예: 매력적인 직장 동료와 함께 엘리베이터 타기)
- 안심을 추구하거나 촉발시키는 생각을 당신의 파트너에게 고백하고 싶은 충동에 저항하기

관계 강박장애의 두려움과 접촉하기 위해 당신이 시작해 볼 수 있는 실제 직면에는 어떤 것이 있을까?

____

____

____

____

관계 강박장애를 위한 상상 직면 및 반응 방지 기법

관계 강박장애를 위한 상상 각본은, 당신이 특정 징후를 알지 못하고, 관계가 깨질

운명이며, 당신은 파트너에게 치유될 수 없는 마음의 상처를 주거나, 죽거나 이혼할 때까지 강박장애를 가진 채 불행한 관계를 지속할 운명이라는 생각에 초점을 두는 내용이어야 한다. 상상 각본에는 파트너와 함께하는 관계가 잘못되었다고 강박장애가 말하는 것, 다른 사람에게 매력을 느끼는 것에 대한 고통스러운 인정, 당신의 생각과 감정에 대해 즉각적으로 행동하는 데 실패함으로써 망가진 당신의 삶에 관한 불길하고 부정적인 환상에 대한 솔직한 진술들이 적혀 있어야 한다. 이 기법을 사용할 준비가 되었다면 다음 질문들을 안내 삼아서 상상 각본의 개요를 구성해 보라.

이 관계는 왜 불행한 결말을 맞게 되어 있는가?

이제 그것을 인정했으니, 당신은 그것에 대해 무엇을 할 것인가?

당신의 파트너는 당신의 이 선택으로 인해 어떻게 영향을 받는가?

당신은 이것에 어떻게 대응할 것인가?

헤어질 경우, 당신의 삶은 앞으로 어떻게 진행될 것인가? 파트너와 함께 머문다면, 당신은 그 관계를 얼마나 견딜 수 없게 될 것인가?

다른 사람들은 관계에 대한 당신의 선택에 대하여 어떻게 생각할 것인가?

노년기에 이러한 선택을 회상할 때 당신은 어떻게 생각하고 느끼게 될 것인가?

당신이 아직 당신의 두려움을 각본으로 쓸 준비가 안 되었다고 느껴도 괜찮다. 안심 추구를 없애고 고백 행동을 피하면서 직면을 시작하라. 관계 강박장애가 불러오는 불편감을 인식하고 함께 있도록 노력하라. 불편감이 존재할 때 당신의 주의를 옮기는 방법에 대해서도 주의를 기울여 보라. 할 수 있는 한, 최선을 다해서 자신을 현재로 되돌리며, 한 번에 한 걸음씩 불편감을 주는 방향으로 서서히 나아가라.

13장

양심결벽성 강박장애

양심결벽성 강박장애는 철학, 종교, 삶의 규칙이나 법칙, 실존적 의미에 높은 가치를 두는 사람들을 표적으로 삼는다. 이 장애는 때로는 종교적 강박장애로 불리기도 하지만, 비종교적인 도덕적 개념에 대하여도 동일하게 적용될 수 있다. 종교적 양심결벽성을 지닌 사람들은 주로 자신들이 속한 종교의 규칙이나 의도를 이행하고 지켜가는 데에 자신이 실패하고 있다는 생각에 초점을 둔다. 도덕적 양심결벽성을 지니고 있는 사람들은 종교가 무엇이든 관계없이 그들의 행동과 생각이 절대적으로 옳거나 그르다거나 하는 흑백논리적인 개념에 주로 초점을 둔다.

종교적 양심결벽성

시아로치(Joseph W. Ciarrocchi 1995)는 그의 책 『의심병(The Doubting Disease)』에

서 종교적 양심결벽성과 이를 위한 인지행동치료에 대해 아주 잘 설명하고 있다. 그는 '양심의 가책(scruples)'이라는 단어가 라틴어로 작고 날카로운 돌을 의미하는 단어인 'scrupulum'에서 왔다는 것을 지적한다. 양심결벽성 강박장애와 함께 산다는 것은 신발 속에 돌이 있는 것을 알지만, 그것을 완전히 제거하지 못한 채 매우 먼 거리를 여행하려 하는 것과 같다. 다른 형태의 강박장애에서와 마찬가지로, 무언가가 응당 그래야만 하는 방식으로 존재하지 않는다는 느낌에 압도되고, 바로 이것이 강박행동으로 이어지게 되는 것이다.

종교적 양심결벽성에 나타나는 흔한 강박사고의 예로는 다음과 같은 것이 있다.

- 나는 종교 경전을 잘못 해석하고 있어.
- 나는 내 종교에 완벽하게 속하지 못해서 심판을 받게 될 거야.
- 나의 종교적 성상이나 그 반대되는 것에 대한 내 생각들이 부적절해.
- 특정 사건, 말, 숫자의 존재는 비난의 징조야.
- 내 신앙이 부족해.

당신에게 종교적 양심결벽성의 일부로 나타나는 침습적인 생각이나 경험이 있다면, 어떤 종류인가?

종교적 양심결벽성에 나타나는 흔한 강박행동의 예로는 다음과 같은 것이 있다.

- 반복적이거나 엄격하고 의례적인 기도

- 종교적인 개념에 대하여 안심 추구하기
- 생각의 중화: 반종교적인 생각을 친종교적인 생각으로 바꾸려 하기
- 종교적인 생각에 대한 정신적 검토 또는 종교에 대한 감정의 정신적 확인
- 과장된 종교적 행위(예: 관용에 관한 경전 내용에 반응하여 지나치게 기부하기)
- 다른 종교와 관련된 사람, 장소, 이미지, 매체 등을 회피하기
- 자신의 강박사고와 관련된 숫자나 상징에 지나치게 주의를 기울이거나 회피하기 (666, 십자가, 다윗의 별 등이 혼함)

당신에게 종교적 양심결벽성의 두려움이 실현되지 않을 것을 확신하기 위해 행하는 강박행동이 있다면 어떤 것들이 있는가?

종교적 양심결벽성을 이해하려면, 먼저 종교가 필연적으로 의례를 포함한다는 것을 알아야 한다. 의례는 당신의 신앙과 연결되도록 고안되어 있으며, 그것이 바로 본연의 목적이다. 사람들이 집단으로 동일한 의례에 참여하기로 동의했을 때, 그들은 자신의 신앙 안에서 의례를 통해 서로 연결된다. 이러한 맥락에서의 의례는 매우 좋은 것이며, 의례는 당신을 신앙에 가까워지게 한다. 그러나 강박장애가 신앙을 자신의 표적으로 삼을 때에는, 강박장애가 의례를 경직된 강박행동으로 바꿔놓는다. 경직된 강박행동으로 바뀐 의례는 신앙과의 연결이라는 본연의 목적과는 거리가 멀어지고 오히려 불편감의 해소에만 초점이 맞추어진다.

함정은, 당신이 그러한 강박장애(그 자체를 자신의 신앙으로 표시하는)를 따르려고 노력할수록, 당신은 더욱 신앙으로부터 단절된다고 느끼게 된다는 것이다. 통상적으로

종교적 양심결벽성의 치료는 강박장애 치료자와 영적 조언자 간의 어느 정도의 의사소통을 포함한다. 어떠한 치료자도 당신이 종교적인 규칙을 어기도록 노력하는 입장에 서서는 안 된다. 치료자의 과제는 당신이 강박장애와 종교를 잘 구별하도록 돕는 것이며, 치료의 대상은 신앙이 아니라 오직 정신건강의 문제가 되어야 한다.

당신은 직면 요법이 자신을 신앙에서 멀어지게 할 것이라고 매우 두려워할 수도 있다. 이것은 다른 강박장애를 가진 사람들이 치료를 두려워하게 만드는 것과 같은 마음 상태이다('오염물질에 대한 직면 요법을 받는다면 나는 아프거나 무책임하게 될 거야.' '성적인 강박사고에 대한 직면을 하면 그러한 사고들이 나를 규정짓게 될 거야.' 등). 그와는 반대로, 신앙에 대한 연결이 강박장애로 인해 끊어지고, 강박장애로부터 자유로워질 때, 당신은 신앙에 대해 더욱 강하고 건강한 헌신을 할 수 있게 될 것이다.

도덕적 양심결벽성

종교적 양심결벽성이 주로 신에게 처벌받는 것에 대한 두려움에 초점을 맞추고 있는 반면에, 도덕적 양심결벽성은 사회로부터의 죄책감이나 처벌에 대한 두려움에 초점을 맞춘다. 그것은 좋은 것이건 나쁜 것이건 어떤 유산을 남기느냐에 대한 강박사고이다.

도덕적 양심결벽성에 나타나는 흔한 강박사고의 예로는 다음과 같은 것이 있다.

- 나는 선천적으로 나쁜 사람이야.
- 나는 모든 요구에 '네'라고 대답해야 해.
- 나는 이기심의 모든 가능성을 피해야 해.
- 나는 어느 누구도 불쾌하게 해서는 안 돼.
- 나는 나의 모든 행동이 옳거나 윤리적인지 확실히 알아야만 해.
- 나는 누군가가 부적절하다고 볼 수 있는 제품을 결코 사용해서는 안 돼(예: 불공정

노동이 행해지는 나라에서 만들어진 옷, 포르노물, 술).

- 나는 제한된 자원(예: 물, 전기, 가스)을 결코 낭비해서는 안 된다고 확신해야 해.

당신의 도덕적 양심결벽성이 나타내는 두려움에는 어떤 것들이 있는가?

도덕적 양심결벽성에 나타나는 흔한 강박행동의 예로는 다음과 같은 것이 있다.

- 부도덕성의 근거를 찾기 위해 모든 행동에 대한 지나친 정신적 검토
- 이론화(도덕적 시험을 하나 가정해 보았을 때, 그 상황에서 나라면 어떻게 행동했을까?)
- 무언가가 100% 도덕적이지 않았을 것이라고 고백하기
- 도덕적 강박사고와 관련된 제품 사용을 피하기
- 당신이 도덕적인 사람이라고 안심 추구하기
- 자신을 처벌하기(두려운 도덕적인 죄에 대한 반응으로 지나치게 자기 비판적이 됨)
- 제품이 안전하거나 자원이 낭비되지 않는지 보장하기 위해 과도하게 확인하기

당신의 도덕적 양심결벽성 강박장애에서 보이는 강박행동에는 어떤 것이 있는가?

양심결벽성 강박장애를 위한 수용 기법

양심결벽성 강박장애의 주요 문제는 당신의 신념 체계에 대한 관계를 강박장애가 과잉해석하여 괴롭히도록 한다는 점이다. 양심결벽성 강박장애를 위한 마음챙김은 철학적 과정을 있는 그대로 수용하고, 관련된 생각과 감정을 그대로 수용하면서, 조사하거나 판단하지 않는 것이다. 많은 종교는 다른 사람을 판단해서는 안 된다는 생각을 강조하지만, 정작 당신이 양심결벽성 강박장애를 가질 때에는 종종 자신을 함부로 판단하게 된다.

다른 강박사고에서처럼, 당신의 생각이 진실이 될 잠재적 가능성이 있다는 가정을 가지고 시작해야 한다. 하지만 '잠재적'이란 것은 결론적인 것과는 다른 말이다. 도리어, 결론적인 것의 반대라고 할 수 있다. 잠재적 가능성을 수용하지 않고는, 자동적으로 판단하지 않으면서 생각, 감정, 감각의 내용을 마음챙김하여 관찰할 수 있는 방법이 없다. 생각은 통제가 가능하고 통제되어야만 한다거나, 생각의 존재만으로도 행위를 한 것과 동일하다는 종교적 신앙을 가지고 있다면, 당신은 마음챙김에 기반한 인지행동치료와 신앙을 조화시키는 데 어려움을 겪을지도 모른다. 종교에 도전하지 않고, 강박장애를 치료하면서 앞으로 나아갈 수 있는 길을 찾기 위해 영적 조언자와 강박장애 전문가가 함께 의사소통을 하는 데 도움이 될 수 있는 또 다른 부분이 여기에 있다.

종교적 양심결벽성에서, 당신은 마음챙김을 돕기 위해 당신의 신앙을 사용할 수 있을지도 모른다. 침습적인 사고는 처음에는 위협처럼 보이지만 신앙 실천의 기회로 재구성될 수도 있다. 종교에 모순되는 생각을 판단하지 않고 마음을 통과하도록 허용하는 것은 신앙에 대한 헌신에 큰 시험이 될 수 있다. 당신은 그러한 생각들을 오고 가게 놔두면 그 생각의 내용을 믿는 것과 같다며 두려워할 수도 있다. 하지만 대신에 판단하지 않기를 실천하고, 무엇보다도 확실성에 대한 욕구를 내려놓는 것이 신의 뜻이라고 생각할 수도 있다.

일부 종교에 속한 사람들은 마음챙김이 불교적 원리와 관련되어 있기에 처음에는 마음챙김에 대하여 염려할 수도 있다. 그러나 당신은 자신과 내면에서 보는 자신이 같지 않고, 자신의 내부 과정을 관찰할 능력이 있다는 마음챙김의 기본 개념에 대한 소유권을 그 어느 종교도 가지고 있지 않다는 점을 기억하는 것이 중요하다.

마음챙김은 도덕적 양심결벽성에는 당신이 무언가를 잘못했다는 생각을 관찰하게 하고, 종교적 양심결벽성처럼 자신을 판단하지 않도록 인도한다. 잘못된 행동에 대한 생각을 주목하라. 의례적인 반응에 방해받지 말고, 그것이 당신을 지나쳐 가는 것을 지켜보라. 생각이 지나갈 때 생각 사이로 호흡하고 그런 후에 돌아오라. 현재로 돌아오라. 이 책으로 돌아오거나 아니면 당신이 완벽하지 않을 수 있음을 알아차리기 전에 했던 그것, 그것이 무엇이든 그 행위로 돌아오라.

당신의 양심결벽성 강박장애를 완화시키기 위해 마음챙김적으로 수용할 필요가 있다고 믿는 생각, 감정, 신체 감각 또는 다른 내부 자료들은 어떤 것이 있는가?

양심결벽성 강박장애를 위한 명상

양심결벽성 강박장애에 대한 마음챙김 훈련의 일환으로 매일 명상을 하려고 결정했다면, 당신은 잘못되었다는 경험을 강렬하게 알아차리는 자신을 발견할 것이다. 잘못된 생각, 잘못된 감정, 잘못된 신체 감각을 갖게 될 것이며, 그들은 모두 함께 공모하여 당신이 자신을 사랑할 자격이 없거나, 신과 연결될 자격이 없거나, 사회에서 받아들일 자격이 없다고 느끼게 만들 것이다. 당신의 들숨과 날숨, 당신의 몸 그리고 존재하는 것에 주의를 기울이면서, 이러한 잘못되었다는 느낌 역시 품을 수 있도록 하라. 당신의 마음이 강박장애로부터 어떻게 신호를 취하는지, 어떻게 잘못된 것을 즉시 해결하고 불편감에서 벗어나려고 시도하는지를 관찰하라. 관찰하고, 인정하고, 현재로 돌아오라. '나는 나쁜 사람이라는 생각과 안과 밖의 판단하는 감정을 알고 있어. 나는 그 생각과 감정을 지금 있는 그대로 수용할 수 있어. 돌이켜서 호흡으로 돌아올 때, 나는 불편감을 수용할 수 있어. 내가 이 생각과 감정이 호흡과 함께하길 원한다면, 나는 그들에게 저항하지 않고 그들과 관계를 맺지도 않을 거야.'

양심결벽성 강박장애를 위한 평가 도구

전부 아니면 전무의 사고를 제일 먼저 주의하라. '만일 내가 반종교적이거나 비도덕적인 생각을 한다면, 나는 절대자로부터 탈락되거나, 영원히 저주받거나, 영구적으로 나쁜 사람으로 낙인찍힐 거야.' 우리는 다른 사람들을 이 기준에 따르게 하지 않는다. 우리는 가벼운 죄를 용서하고(주로 우리가 사랑하는 사람들이 저지르는), 도덕과 신앙에 있어서 사실상 중간 지대가 있음을 인정한다. 바로 그러한 중간 지대가 신앙이라는 개념을 구성한다. 증거를 요구하면서 신앙을 가질 수는 없다. 신앙은 확실한 것과 우리가 진리라고 믿는 것 사이의 간격을 연결하는 것이다.

양심결벽성에서 나타나는 재앙화는 강박행동을 못하거나 완벽하지 못했을 때, 오직 가능한 결과는 견딜 수 없는 형벌이라는 가정에 초점을 둔다. 종교적 양심결벽성에서, 처벌은 흔히 영원한 저주이다. 우리는 여기에서 이런 개념적 정의를 시도하지는 않을 텐데, 왜냐하면 그것은 당신의 고유한 철학적 경험을 통해서만 가장 잘 이해되기 때문이다. 그러나 남아 있는 도전은 당신이 받는 형벌이 당신이 했을지도 모르는 어떤 생각과 그것이 잘못되었다는 느낌에 기초해서만 일어난다는 가정이다. 도덕적 양심결벽성에서 재앙화적 가정은 사회가—또는 더 나쁘게는 당신이—자신을 '나쁘다'고 영원히 표시하는 것이다. 비록 달리 증명할 방법이 없을지라도, 강박장애는 하나의 가정을 가정으로서 마음챙김하기보다는, 당신이 그 가정을 사실로 보도록 몰고 갈 것이다.

정의상, 작은 것들에 대한 양심의 가책과 염려는 과장하기와 관련된다. 예를 들어, 그저 탄산음료 캔을 재활용하지 못했을 뿐인데도, 강박사고의 마음에서 이러한 상황은 괜찮은 사람이 되지 못하고 실패한 자로 왜곡되어 나타날 수 있다. 마음챙김은 철학적 체계 안에서 경미한 위반을 그저 경미한 위반 자체로 보도록 요구한다. 그들을 그 자체로 보고, 마음에서 보이는 것처럼 보지 않는다. 혹여 그들이 중요한 것을 의미할 수도 있겠지만, 단지 두려움만으로 이것을 받아들이는 것은 강박장애로 인도할 뿐이다.

죄책감은 양심결벽성 강박장애에서 매우 고통스러울 수 있기에, 감정적 추론은 주의해야 할 중요한 왜곡이다. 죄책감이 드는 것이 범죄를 저질렀다는 증거는 아니다. 그렇다면 그러한 범죄에 대한 조사는 강박적인 의례이며, 당신이 이러한 행동을 해야 한다는 증거 없이 참여하는 행동이다. 잘못되었다는 느낌과 잘못된 것은 똑같은 것이 아니다. 당신이 느끼는 것과 믿는 것 사이의 간격에 관한 불확실성과 함께하는 것이 마음챙김에서 도전해야 할 부분이다.

당신의 양심결벽성 강박장애에서 작용하는 인지 왜곡이 있다면 어떤 것들이 있는가?

____

____

연습 양심결벽성 강박장애를 촉발하는 상황에서 자동적 사고 기록지를 작성해 보라. 다음의 자동적 사고 기록지 예시를 참조하라.

자동적 사고 기록지 예시

촉발 요인 무엇이 당신을 자극하는가?	자동적 사고 강박장애가 당신에게 뭐라고 속삭이는가?	도전하기 왜곡된 생각에 대하여 어떠한 대안적 생각으로 도전할 수 있을까?
종교적인 인물이 성행위를 하는 것에 대한 생각을 가짐	내가 이러한 생각을 했기 때문에, 나는 천국에 갈 수 없는 역겹고 뒤틀린 사람이야.	나는 머릿속에 불쑥 떠오르는 생각을 조절할 수 없고, 내가 조절할 수 없는 것 때문에 내 자신을 벌하는 것은 말도 안 돼. 내 경험상 나는 종교적인 인물에 대해 성적으로 공상하려고 애를 쓰는 경향이 없었어. 그리고 내 마음 안에서 일어나는 것이 내가 누구이고 내가 무엇을 믿는지를 나타내는 지표라는 증거는 없어. 이러한 생각을 알아차리는 것을 신이 어떻게 해석하시는지 나는 알 수 없다는 걸 받아들여야 해. 그리고 나는 강박장애의 도전에 맞서야 해.

양심결벽성 강박장애를 위한 행동 도구

직면 및 반응 방지 기법이 효과적으로 작동하는 과정에서 마음챙김이 필수적 요소라는 것은 아무리 강조해도 지나치지 않다. 양심결벽성 강박사고를 촉발하는 그림에 직면하는 시도를 함에 있어, 그러는 내내 자신에게 나는 그것을 싫어하고, 그것은 잘못되었고, 모든 것이 그저 잘될 거라고 말하려 한다면, 마치 당신은 더러운 것을 만지면서 동시에 손을 씻는 것이다. 당신은 공포의 경험에 저항하고 있는 것이지 수용하고 있는 것이 아니다. 어쨌든 강박적으로 반응하고 싶은 충동을 견디며 고통스러워도 마음챙김의 태도로 관찰하지 않으면, 그것은 목적이 없는 고통일 뿐이다. 그 생각은 역겨우면서도 방심 못할 만큼 창의적일 수 있지만, 당신이 해야 할 일은 그런 생각들이 지나가도록 지켜보고 자신에게 위협이 아니라는 것을 뇌에 보여 주는 것이다. 자신의 신앙에 확신하기를 원한다면, 생각이나 감정처럼 사소한 무언가가 두려움에 맞서는 것을 낙담시킬 만큼 대단한 것으로 간주하면 안 된다는 것을 마음에게 보여 주어야 한다.

양심결벽성 강박장애를 위한 실제 직면 및 반응 방지 기법

양심결벽성은 여러 측면에서 강박사고가 되어 버릴 수 있다. 그렇기 때문에 당신이 해야 할 첫 번째 일은 자신이 두려워하는 것을 좀 더 구체적으로 세밀하게 숙고하는 것이다. 예를 들어, 당신이 기독교인이고 하나님과 멀어지게 하는 악마에 대한 침습적 사고를 다루고 있다면, 당신은 마음에 악마의 개념을 불러일으키는 것들에 직면하는 것을 치료의 표적으로 삼을 수 있다. 그 예로는 다음과 같은 것이 있다.

- 당신의 주변 어딘가에 '666'이라고 써 놓거나, 이것을 컴퓨터 배경화면으로 사용하기

- 악마에 대한 예술적 묘사를 살펴보기
- 악마가 등장인물로 나오거나 영화 주제가 되는 영화들을 감상하기

이러한 작업들은 자신의 종교적 관점에서 경미한 위반이 될 수도 있는 문제일 수 있기에 어려운 일일 수도 있다. 이런 면에서, 한편으로는 당신의 정신건강을 향상시킬 목적으로, 어떤 종류의 죄를 범하는 것이 자신의 신에 의해 용서받을 수 있는지에 대해 영적 조언자와 함께 작업하는 것이 현명하다. 많은 사람이, 어떻게든, 자신의 몸이 '성전'이라는 유대교와 기독교의 성경적 묘사와 관련되어 있고, 뇌는 우리 몸에 속해 있기 때문에, 우리는 우리의 정신건강을 돌볼 책임이 있다. 강박장애가 증상을 나타내도록 놔두는 것이 아마도 당신이 실수를 저지르도록 놔두는 것보다 더 큰 죄가 될 것이다. 다른 한편으로는, 주로 강박적인 안심 추구의 목적으로 영적 조언자의 도움을 받는 것을 조심할 필요도 있다. 당신이 가이드라인을 정하도록 그들이 도울 수는 있겠지만, 당신이 이 가이드라인을 지키지 못하는지 여부에 대한 불확실성과 기꺼이 함께 있는 것은 궁극적으로 당신이 해야 할 부분이다.

도덕적 양심결벽성에 있어서, 당신은 강박행동의 위계를 구성할 수 있다. 예를 들면, 다음과 같다.

- 사람들에 대한 부정적인 생각들을 일시적으로 생각해 보도록 자신에게 허용하기
- 당신 자신이 정직하지 않다는 것을 알지만 아무도 상처받지 않는 작은 거짓말을 의도적으로 하기(예: 당신이 쓴 돈보다 약간 더 많이 썼다고 말하기)
- 의도적으로 쓰레기통에 재활용품을 넣거나, 요리 후 남은 식용유를 싱크대에 부어 버리거나, 양치질하는 시간 내내 수도꼭지를 틀어놓기

여기에서의 목표는 '나쁜' 사람이 되거나 신의 사랑을 잃어 버리는 것이 아님을 기억하라. 여기에서의 목표는 자신의 '고유한' 가치 있는 삶을 사는 것이고, 강박장애의 침

습적인 요구로부터 독립하여 건강한 행동을 취하는 것에 전념하는 것이다.

양심결벽성 강박장애를 위한 상상 직면 및 반응 방지 기법

양심결벽성 상상 각본은 종교적 양심결벽성으로 고통받는 사람을 매우 쉽게 압도시킬 수 있고, 도덕적 양심결벽성으로 고통받는 사람을 매우 쉽게 우울하게 만들 수 있다. 이러한 기술은 상당히 효과적일 수 있지만, 치료 전문가를 만날 수만 있다면, 전문가의 지도하에 이러한 각본으로 작업할 것을 권한다. 혼자서 할 경우라면 강박사고와 강박행동을 인정하고, 강박장애에 맞서 싸울 때 수용할 필요가 있는 것을 상기하면서 수용 각본으로 시작하라(3장의 '수용 각본' 부분 참조).

양심결벽성 상상 각본은 당신이 되고 싶어 하는 괜찮은 사람이 아니고, 당신의 생각과 감정이 자신이 누구인지를 정의한다고 (거짓으로) 시인하면서 시작한다. 그런 후 당신은 이러한 시인으로 오는 결과와 당신과 사랑하는 사람이 어떻게 영향받는지에 대한 서술을 따라간다. 이것은 이 땅에서나 내세에서의 끔찍한 처벌을 묘사하는 것일지도 모른다. 다음에 제시된 몇 가지 질문들이 당신을 안내해 줄 것이다.

경건하고 도덕적으로 책임감 있는 방식으로 행동하지 못하게 될 무언가가 있다면 그게 무엇일까?

당신이 이런 나쁜 선택을 하였으며, 여기에 책임이 있다는 것을 알게 되었을 때 어떻게 느끼게 될까?

당신의 나쁜 선택으로 인해 타인들은 어떤 영향을 받을까?

당신의 실패로 인해 남은 인생 동안 어떤 다른 결정들을 내리게 될까?

이러한 결정들은 어떤 심판(당신의 신 또는 사회로부터의 심판)을 초래할까?

결국 당신은 어떤 처벌을 받을 것인가? 처벌에 대하여 자세히 묘사하라.

여기에서의 목표는 두려움이 진실이라고 자신을 납득시키려고 하는 것이 아님을 기억하라. 목표는 강박사고와 함께 일어나는 생각, 감정, 신체 감각에 접촉하고, 그들과 접촉한 상태에서 마음챙김의 태도로 머무는 것이다. 습관화하는 데 아무리 오랜 시간이 걸린다고 해도 말이다. 강박장애가 '의미 버튼'을 누르지 않는다면, 당신은 언제나 현재로 되돌아올 수 있다.

14장 과각성 강박장애

과각성 강박사고의 뒤에는 다음과 같은 주제가 자리 잡고 있다. '누구도 신경 쓰지 않는 것에 대해 나는 의식적으로 잘 알아차리고 있어. 나 역시 그것을 알아차리는 것을 이제는 멈추고 싶지만 그럴 수가 없어.' 어쩌면, 과도한 마음챙김이라고 보는 것이 이 강박사고의 본성을 바라보는 한 가지 방식일 수 있겠다. 다시 말하면, 마음챙김에 대한 집착이요, 현재 순간에 주의를 기울이는 것에 대한 집착인 것이다. 그러나 실제로 현재 순간의 경험으로부터 당신을 떼어 놓는 것은 바로 알아차림에 대한 저항이다. 그러므로 '미쳐 날뛰는 마음챙김'이 문제는 아니다. 그것은 그저, 다른 각도에서 공격하는 강박장애의 하나일 뿐이다. 마음챙김의 태도에 기초한 수용은 순간에 대한 알아차림과 함께 여기에 따르는 어떠한 불편감에 대한 수용도 포함해야만 한다. 마음챙김은 붙잡는 생각, 감정, 감각이 무엇일지라도, 알아차림의 경험에서 끌어내는 대신 그것과 함께 머물도록 요청한다.

신체적 강박사고(때때로 감각운동성 또는 신체형 강박사고라고 불리는)는 불수의적인 신체 과정을 알아차리는 침습적 감각을 다룬다. 이것은 전형적으로 다음 사항들을 포함하지만 꼭 이것에만 국한되지는 않는다.

- 호흡에 대한 알아차림
- 눈 깜빡임에 대한 알아차림
- 침 삼킴에 대한 알아차림
- 자세에 대한 알아차림(예: 신체의 나머지 부분과 관련하여 팔의 배치)
- 해롭지 않은 신체 감각 또는 기원을 알 수 없는 신체 감각에 대한 알아차림(예: 가려움, 온기, 심장 박동 등)
- 이명에 대한 알아차림
- 눈 '부유물'에 대한 알아차림

과각성의 범주에서 몇 가지 다른, 부가적으로 흔한 촉발 요인들로는 다음과 같은 것이 있다.

- 일상적인 소리에 대한 알아차림(예: 새소리, 풍경 소리, 교통 소음)
- 노래를 기억하는 것에 대한 알아차림(노래가 머릿속에 계속 맴돌아서, 때때로 '귀벌레'라고 불림)
- 특정 이미지의 기억에 대한 알아차림(때로는 일상적인 기억이고, 때로는 불안감을 주는 기억이기도 한데, 두 경우 모두 그것들과 붙어 있는 감각을 포함)
- 당신 자신의 사고 과정에 대한 알아차림. 마음이란 것을 지녔고, 부담스러움을 느낄 수준으로 생각이 떠오른다는 것을 알아차림

당신에게 불편감을 줄 수 있는 당신의 과각성에는 어떠한 것들이 있는가?

과각성과 관련된 주된 강박사고들에는 다음과 같은 것이 있다.

- 이러한 것들을 저절로 하던 원래 모습으로 결코 되돌아갈 수 없을 거야. 계속해서 부자연스럽고 이상한 방식으로 하게 될 거야.
- 내 알아차림이 너무나 힘겨워서 나는 적절히 기능할 수 없게 될 거야. 나아가 우울해지거나 미쳐버리고 말겠지.

당신에게는 과각성과 관련하여 어떤 두려움들이 있는가?

과각성 강박사고와 관련된 주된 강박행동들로는 통상 다음과 같은 것이 있다.

- 촉발 요인에 대한 정신적 점검(호흡, 침 삼킴 등)
- 촉발 요인의 수의적 또는 불수의적인 특성에 대한 정신적 검토
- 알아차림의 중요성에 대한 정신적 검토
- 이것이 심한 정신 질환의 징후가 아니고, 특정 시간이 지나면 사라질 것이라고 확신하기 위한 안심 추구(특히 치료 제공자에게)
- 강박사고를 촉발할 수 있는 상황 회피(예: 새소리 때문에 공원 피하기, 과각성이 상황

을 틀어지게 할 수 있는 사회적 상호관계 피하기)

당신에게 과각성 강박사고를 저항하기 위해서 하는 강박행동들이 있다면 어떤 것들이 있는가?

____

____

____

____

과각성 강박장애를 위한 수용 기법

아마도 어떤 종류의 강박장애에서보다도, 과각성 강박사고를 완화하기 위한 핵심적인 방법이 마음챙김일 것이다. 이러한 종류의 강박사고에 대한 가장 큰 직면은 바로 수용이다. 그것은 마치 이전에는 창문이나 풍경이 있음을 알아차리지 못하던 곳에서 강박장애가 창문을 열어 풍경을 보게 하는 것과 같다. 이러한 창문을 통해 보는 것에 저항하는 것과 창문의 존재에 저항하는 것은 더 크고 더 많은 불안을 유발한다. 강박사고를 계속해서 잡는 것을 운명으로 받아들이라는 말이 아니다. 오히려 생각이 오고 가는 것처럼, 생각을 수용하는 경험에 반대되는 행동을 생각하거나 분석하는 행동이다.

이러한 강박사고의 문제점은 강박사고의 존재를 단순히 알아차리는 것이 아니다. 알아차리는 것을 알아차리는 바로 그 경험에 저항하는 것이다. 이러한 형태의 강박장애에서의 수용은 우리가 바로 알아차리는 것을 알아차리는 것과 싸우는 것을 내려놓도록 요구한다. 이것은 다음과 같이 고통스러운 생각을 잘 관찰하는 것을 의미한다. '생각하지 않고는 결코 침을 삼킬 수 없을 거야.' '나는 항상 내 사고 과정이 부담스럽다고 생각

할 거야.' '나는 항상 이 소리 때문에 신경이 쓰일 거야.'

'생각에 대한 과각성'과 '생각 듣기'의 구별

강박장애가 당신의 알아차림을 공격하는 것은 몹시 무서운 경험이다. 어쩌면 당신은 "생각이 들려요."라거나, "생각이 너무 시끄러워요." 등으로 당신의 경험을 묘사할 수도 있겠다. 훈련을 받지 못한 치료자들은 이러한 증상을 환청으로 혼동하고, 조현병 진단을 시사하는 것으로 여길 수도 있을 것이다. 하지만 결코 그렇지 않다. 생각에 대한 과각성은 목소리를 듣는 경험과는 전혀 다르다. 환청은 뇌 청각 부위에 활성이 나타나고, 이를 측정할 수 있다. 환청에서는 당신이 외부에서 소리를 지각할 때와 같은 방식으로 목소리를 듣게 된다. 당신의 내면의 목소리를 알아차리는 것은 자신의 생각을 오디오 기록 장치에 녹음해서 듣는 것과는(상상의 직면 기법에서 활용하는 방식) 다른 것이다. 생각에 대한 과민 지각이 당신의 목소리를 듣는 것처럼 느껴지는 부분이 있다 할지라도, 침습적 생각의 존재와 환청의 존재를 서로 혼동해서는 안 된다. 간단히 말하자면 당신은 미친 것이 아니다. 당신이 과각성 강박장애를 앓고 있다면, 당신은 생각하고 있다는 생각에 단지 과도한 조명을 비추고 있을 뿐이다. 그것만이 과각성 강박장애를 가지고 있지 않은 사람과의 차이라고 할 수 있다.

연습 당신의 과각성 강박장애를 완화하기 위해 마음챙김 태도로 수용할 필요가 있다고 믿는 생각, 감정, 신체 감각 또는 다른 내부 자료들이 있다면 어떤 것이 있는가?

과각성 강박장애를 위한 명상

순간에서 이루어지는 명상이든 혹은 특정 명상 수행에서 이루어지는 명상이든, 명상은 비록 자신의 호흡을 알아차리는 것에 대한 강박사고를 가지고 있을지라도, 과각성 강박사고를 치료하는 데 중요한 역할을 할 수 있다. 어떠한 형태의 명상에서건, 당신은 생각하는 것으로부터 떨어져 나와 현재의 호흡하는 경험(또는 걷기, 먹기, 명상 세션에서 당신의 닻이 되는 현재의 것들은 무엇이든)으로 돌아오게 하는 정신적인 근육을 강화시키는 작업을 하고 있는 것이다. 당신이 호흡에 초점을 둘 때, 당신은 현재에 주의를 기울이는지 아니면 지나치게 다른 것에 주의를 기울이는지에 대한 생각들을 알아챌 수 있다. 그러한 생각에 주목하라. 당신의 마음이 명상의 행동을 취하고, 그것을 수행 검토로 옮긴 것을 인정하라. 그러한 경험을 기꺼이 수행하고, 비록 호흡이 강박장애에서 역할을 하는 것처럼 보일지라도 당신을 호흡으로 돌아오게 하라. '나는 내 호흡에 대해 생각하고 있어. 나는 이러한 생각이 일어나는 것을 수용하고, 그것에 적극적으로 참여하는 것에서 떨어져 나올 수 있어. 비록 나는 지금 그것을 알아채는 작업에 참여하고 있지만, 이 순간 완전하지 않아도 괜찮아. 내가 그저 시간을 보내게 내려놓고, 이 순간 어떠한 문제 해결도 내려놓자. 생각을 멈출 수 없으면 어때? 그것은 또 다른 생각일 뿐이야. 나는 그러한 생각을 지닐 수 있고, 지금만큼은 그런 생각을 지녔다는 것에 신경 쓰지 않고, 다시 호흡으로 돌아갈 수 있어.'

과각성 강박장애를 위한 평가 도구

이러한 형태의 강박장애에서 주로 나타나는 왜곡된 생각은 알아차림의 경험이 견딜 수 없고, 끝나지 않을 것이며, 결국 삶의 즐거움을 파괴할 것이라는 점이다. 주된 인지 왜곡은 전형적으로 생각의 과장, 견딜 수 없는 미래에 대한 재앙화, 알아차림하거나 알아차림하지 말아야 한다고 믿는 당위 진술이다. 인지 재구조화는 보조 도구로 강박행동에서 떨어져 나와 현재로 돌아오는 분투를 돕기 위해 사용되는 장치라는 점을 기억하라. 치료를 위한 접근 도구로 인지 재구조화를 지나치게 강조하면 자칫 정신적 의례의 도구로 더욱 쉽게 이용될 수 있으므로 이에 유의하면서 이용하라.

당신의 과각성 강박장애에서는 어떤 유형의 인지 왜곡들이 작용하고 있는가?

____

____

연습 당신의 과각성 강박장애를 촉발하는 상황에서 자동적 사고 기록지를 작성해보라. 다음의 자동적 사고 기록지 예시를 참고하라.

자동적 사고 기록지 예시

촉발 요인 무엇이 당신을 자극하는가?	자동적 사고 강박장애가 당신에게 뭐라고 속삭이는가?	도전하기 왜곡된 생각에 대하여 어떠한 대안적 생각으로 도전할 수 있을까?
나의 눈 깜박임에 대한 생각이 시작됨.	나는 눈을 정상적으로 깜박거리지 않고 있어. 왜냐하면 나는 깜박임에 대해 생각하고 있기 때문이야. 그러므로 이상하게 보이는 것을 피하려면 나는 지금 깜박이는 것보다 더 또는 덜 깜박거려야 할지를 결정해야 해.	내가 어떻게, 언제 눈을 깜박이는지는 중요하지 않아. 다른 사람들이 그것을 정상 또는 비정상으로 여기는지를 알 방법이 없어. 나는 내가 깜박거릴 때 그것이 때때로 내게 불편하게 느껴지는 것을 수용해야만 해. 나의 눈 깜박임을 알아차리는 것이 문제가 되는 것은, 단지 내가 그것을 문제로 간주하고 대응하기로 선택할 때뿐이야.

과각성 강박장애를 위한 행동 도구

당신은 자신이 강박행동을 하고 있음을 모르고, 그저 좌절감을 느낄지도 모른다. 그리고 강박장애의 정신적 의례에 익숙하지 않은 치료자는 이러한 당신의 잘못된 두려움을 확인해 줄지도 모른다. 그러나 만일 생각, 감정, 감각이 마치 거기에 있기로 되어 있지 않은 것처럼 반응하고 있다면, 당신은 바로 강박행동을 하고 있는 것이다.

과각성 강박장애를 위한 실제 직면 및 반응 기법

과각성을 위한 실제 직면 및 반응 방지는 촉발 요인을 회피하는 행동을 제거하고, 그들로부터 도망치는 대신, 생각을 생각하려고 의도적으로 노력하는 것을 의미한다. 다른 형태의 강박장애에서처럼, 특히 원치 않는 생각을 알아차리는 것에 강박적으로 저항하는 것을 포함하는 몇 가지 전략에는 회피와 정신적 검토가 있다. 폭력적인 생각이나 오염에 대한 두려움은 어떻게든 다른 것으로 볼 수 있는 반면에, 호흡하기, 눈 깜박이기, 생각하기 같은 것은 본질적으로 정상적이기 때문에, 당신은 원치 않는 생각을 피할 수 없다고 믿게 될지도 모른다. 그러나 여기에서의 강박사고는 눈 깜박이기, 침 삼키기 등에 관한 것이 아니다. 당신의 알아차림이 즐거움을 경험하지 못하게 하거나 자신을 광기로 내모는 것을 두려워하는 것이다. 따라서 본질적으로, 그것은 정신적으로 오염되는 것에 대한 두려움이다. 이와 같이 이러한 마음의 두려움을 씻어내기 위해 행하는 것은 무엇이든 강박행동으로 보아야 한다. 따라서 직면 요법은 당신이 특별히 과각성될 수 있는 상황에 자신을 의도적으로 둔 후에 정신적으로 검토하거나 회피하려는 충동에 저항하는 것을 의미한다.

생각하기에 대한 과각성에서는, 메뉴를 보고 음식을 주문하는 것 같은 몇 가지 부가적인 정신적 과정을 요할 수 있는 사회적 상호작용에 참여하도록 노력하라. 당신이 메뉴를 보는 것처럼 무엇을 주문할지 모르겠다고 자신에게 말하라. 그리고 당신 앞에 너무 많은 정보가 있다는 생각을 잡고 있도록 노력하라. 제공자가 도착할 때까지 기다린 후, 완전히 잘못 고를 위험을 무릅쓰며 마지막 몇 분 동안 메뉴를 무작위로 골라라.

호흡하기에 대한 과각성에서는, 의도적으로 호흡에 대하여 명상하라. 당신이 원하는 이상으로 호흡을 알아차리고 있는 것을 알아차리기 시작할 때, 이것은 매우 끔찍하고 정신 이상을 일으킬 것이라고 자신에게 말하라. 주의해야 할 것은, 이것은 실제 마음챙김의 태도에 기초한 명상과는 완전히 다른 과정이라는 것이다. 당신의 호흡에 대한 생각을 알아차리고, 그것이 거기에 있어도 괜찮다고 승인한 다음, 그 생각을 판단하지 않고 흘려보내는 것이다. 이러한 직면 형태의 명상의 목적은 두려움과 함께 오는 불안을 만들어 내고, 이 불안을 습관화하는 데 있다. 침 삼키기나 눈 깜박이기에 대한 과각성에서는, 당신이 그것을 잘못하고 있다고 자신에게 말하면서 침을 삼키는 것을 연습할 수 있다. 이것을 공공장소에서 하는 것이 불안을 더 높일 수 있다.

과각성 강박장애를 위한 상상 직면 및 반응 기법

올바른 치료 목표를 위해서는 하루에 한 번 확인할 수 있는 과각성에 대한 수용 각본으로 시작하는 것이 좋다(3장의 '수용 각본' 부분 참조). 수용 각본의 핵심은 당신의 강박사고가 구체적으로 무엇인지 식별하는 것을 포함해야 한다. 기억하라. 그것은 단순히 —당신의 침습적 생각의 내용인—단어만이 아니라 그러한 내용이 당신에게 영향을 끼칠 것에 대한 끝없는 알아차림을 갖는 것을 생각하는 것이다. 당신이 강박사고를 알아냈다면, 자신을 안심시키거나 강박사고가 사라지도록 노력하기 위해 당신이 행하는 것들에 대해 인정하라. 당신이 참여하고 있을 수 있는 정신적인 강박행동이나 이러한 생각의 존재에 저항하는 다른 방법을 살펴보라.

과각성에 대한 좋은 상상 각본의 핵심은 당신이 정말로 두려워하고 있는 것을 식별하는 것이다. 다음 질문들을 안내 삼아서 당신의 각본을 전개시켜 보라.

무엇에 대하여 당신은 영원토록 생각할 것인가?

무엇이 이러한 끝없는 알아차림을 견딜 수 없거나 받아들일 수 없게 만드는가?

그것은 '정상적인' 사람들이 경험하는 것과는 어떻게 다른가?

강박사고가 매우 오랫동안 계속된다면, 그것을 다루기 위한 당신의 전략은 무엇인가?

이러한 전략이 실패하고, 이러한 강박사고가 결코 사라지지 않을 것을 알게 되면, 당신의 정신적 안정성에는 어떤 일이 일어날 것인가?

당신이 이런 사회에서 더 이상 기능할 수 없게 되기 전에 어떤 일들이 일어날까?

당신이 돌보는 주변 사람들은 이 일을 어떻게 다루는가?

당신은 결국 어떤 처지에 처하게 될까?

지금 바로 이러한 특별한 여행을 떠날 준비가 되어 있지 않다고 느껴도 괜찮다. 이러한 강박사고와 맞서 싸우고 있다면, 당신은 아마도 이러한 질문들에 답변이 곤란한 어두운 장소로 가지 않으려 노력하는 데 이미 많은 시간을 보내왔을 것이다. 먼저 안심 추구 행동과 회피 행동을 제거하도록 노력하라. 마음챙김 기술에 대하여 계속 읽고 연습하라. 당신이 두려움에 더욱 직접 접촉할 준비가 되었을 때, 당신은 깨닫게 될 것이다.

숨 고르기

당신은 많은 것을 거쳐 왔다. 1부를 읽었다면 당신은 마음챙김이 무엇인지, 마음챙김이 강박장애를 치료하기 위해 인지행동치료와 함께 어떻게 사용되는지에 대해 많은 정보를 얻게 되었을 것이다. 2부의 모든 장을 읽었거나, 당신에게 직접적으로 적용된다고 생각되는 장만 읽었거나, 또는 자신의 강박장애와 관련된 장 하나만 읽었더라도, 당신의 삶에 대한 통제권을 되찾는 데 커다란 한 걸음을 옮긴 것이다. 마음챙김의 태도에 기초한 수용, 인지치료 또는 직면 요법에 대한 제안이 지금 당장 지나치게 도전적이라고 생각되더라도 낙심할 필요는 없다. 치료자와 함께 작업하고 있다면, 당신이 감당할 수 있는 속도로 이 과정을 안내받을 필요가 있음을 치료자에게 알려라. 이 워크북을 당신 혼자서 보고 있다면, 여기에서 자가 치료자가 되어, 이것이 어렵다는 것을 자신에게 되짚어 생각해 보게 하라. 이 질환을 극복하는 데 경쟁 같은 것은 없으며, 고통을 겪는다 해도 상 같은 것은 없다.

연습을 하고 있지만 어려움을 겪고 있다면, 1부로 돌아가서 더 큰 개념을 검토하라. 아니면 잠시 휴식을 취하다가 이러한 방식으로 강박장애와 싸우는 것의 고유한 불편함과 함께할 준비가 되었을 때 돌아오라. 연습은 하지 않고 다음 단계로 갈 힘을 기르기 위해 이 책을 단지 읽고만 있다고 해도 괜찮다. 당신의 적에 대하여 잘 알아야 한다. 전투 전략이 분명해졌을 때, 바로 그때 공격하라.

3부

마음챙김, 강박장애 그리고 당신

●●●

지금까지 이 워크북의 초점은 당신과 당신의 강박장애에 맞춰져 있었다. 그러나 강박장애가 단지 우리가 생각하거나, 느끼거나, 감각을 느끼는 등의 내면에서 일어나는 방식에만 영향을 주는 것처럼 느끼는 사람은 거의 없을 것이다. 외부 세계, 우리가 사랑하는 사람들, 우리가 하는 일, 우리가 추구하는 지지 체계, 그것을 추구하는 방식, 이 모든 것이 강박장애의 영향을 받는다. 3부에서는 강박장애를 가지고 살아가고, 강박장애에 관해 의사소통하며, 강박장애에 대하여 도움을 받을 때 나타나는 어려운 점들을 탐색하고자 한다. 또한 마음챙김이 이러한 영역에서 어떻게 성공할 수 있도록 돕는지도 함께 다룰 것이다.

15장

당신의 강박장애 경험을 공유하기

사람들은 알아차린다. 물론 그들은 자신들이 알아차리고 있다는 것을 모를 수도 있다. 하지만 당신이 강박장애로 인해 고통을 겪고 있고, 사람들 주위에서 상당한 시간을 보내고 있다면, 아마도 불편한 질문을 받곤 했을 것이다. 어쩌면 그런 질문을 하는 사람에 대해 많은 것을 말해 주는 것처럼 보이겠지만, 실제로 그들은 누군가가 강박적이라는 것을 알게 되었을 때 그들의 호기심을 억누르느라 힘든 시간을 보낸다. 아마도 그 사람들은 당신이 많은 비누를 사용하거나, 집을 떠나기 전에 오랜 시간을 보내는 것을 알아차릴 것이다. 또는 그저 당신이 생각에 오래 잠겨 있는 것처럼 보이는 것을 알아차릴지도 모른다. "무슨 생각을 하고 있어?"라고 질문하거나, "무슨 문제 있어?"라고 물을지도 모른다. 그들에게 진실을 말한다면 그들의 표정이 어떻게 바뀔까?

사람들은 무엇을 보는가

사람들이 당신의 강박장애를 알아차리는 것에 대해 잠시 생각해 보자. 앞의 문장을 읽는 것만으로도, 개인화와 독심술을 시작하고 싶은 충동을 느낄지도 모른다. '사람들이 내 강박장애를 알아차리고 있나?' '그들이 끔찍한 것을 생각하고 있나?' 당신의 마음이 그러한 방향으로 먼저 뛰어든 것을 알아차려야 한다. 그중에는 판단하기와 명명하기가 포함된다. 이제 다시 돌아와서 외부에만 집중하라. 사람들은 실제로 무엇을 보고 있나? 당신이 불편해질 때 대화를 멈추는 것을 그들이 보는가? 당신이 편의점의 셀프서비스 카운터에서 첫 번째 종이컵은 놔두고 더 깨끗한 두 번째 종이컵을 집는 것을 그들이 보는가? 당신이 직장에 늦게 도착하는 것을 그들이 보는가? 사람들이 강박장애 때문에 당신에게서 뭔가 다른 것을 보게 된다면 그것은 무엇일까? 여기에 적어 보라.

누군가 당신의 행동에 대하여 물을 때, 이것이 일으키는 감정은 주로 질문을 받는 방식에 좌우될 수 있다. 당신의 강박장애에 관해 질문받고 싶지 않은 것들에는 어떤 것이 있는가?

그런 질문을 받았을 때 어떤 감정이 느껴지는가?

당신의 강박장애가 더 이상 묵인될 수 없는 여건이라면, 당신은 그것에 관해 어떻게 질문받는 것이 가장 좋다고 생각하는가?

이러한 경험을 통해 당신은 어떤 종류의 감정을 알아차리게 되는가?

마음챙김은 종종 그것이 무엇인지와 당신의 생각에 그것이 무엇을 의미하는지를 분리해서 바라보게 한다. 당신의 이전 반응을 기록하는 것은 외부 세계가 당신의 강박장애를 인지하는 방식과 당신에 관하여 다른 사람이 인지하는 것이 의미하는 바의 차이를 식별하는 데 도움이 될 수 있다.

누가 알게 되는가

강박장애는 흔한 정신건강의 문제이고, 그것을 치료하는 것은 거의 불가능한 것처럼 여겨지며, 그저 이상하고 알 수 없는 것처럼 여겨지기도 한다. 게다가, 당신의 강박장애를 임상적 문제로 보지 않고 성격적 결함인 것처럼 대하는 것은 치료에 큰 장애가 될 수 있다. 따라서 당신의 강박장애를 임상적으로 접근하는 방식의 일부로 마음챙김을 하여, 마치 강박장애가 그저 어떤 대상 혹은 사물일 뿐인 것처럼 여기며 강박장애를 다른 이들과 공유하는 것이 필수적이다.

강박장애 공유의 장점과 단점

당신의 강박장애를 다른 사람과 공유하는 것의 장점은 다음과 같다.

- 가까운 관계를 더 가깝게 할 수 있다.
- 직장이나 학교에서 특정한 편의를 받는 것과 관련될 수 있다.
- 비밀유지에 대한 생각과 감정을 견디는 것을 더 쉽게 할 수 있다(그러나 강박적 고백하기가 되지 않도록 주의하라).
- 적절한 도움을 찾는 절차를 쉽게 만들 수 있다.

당신의 강박장애에 대한 정보를 공개하는 것에는 어떠한 잠재적 장점이 있다고 생각하는가? 그리고 당신이 누구에게 이러한 정보를 공개할 것으로 생각하는가?

당신의 강박장애를 다른 사람과 공유하는 것의 단점은 다음과 같다.

- 상대가 병을 받아들이거나 이해하는 것이 어려울 경우, 관계가 깨질 수 있다.
- 직장이나 학교 사람들이 편견을 가질 수 있다.

• 공개된 정보와 관련하여 또 다른 강박사고가 생길 수 있다.
• 건강보험 문제와 관련해서 문제들이 생길 수도 있다.

당신의 강박장애를 공개하는 것에는 어떠한 잠재적 단점이 있다고 생각하는가? 그리고 당신이 정보를 공개하지 않고 싶은 사람들이 있다면 그들은 누구인가?

우리가 제기한 마지막 두 질문에서 '잠재적'이라는 단어를 사용한 것에 주목한다면, 누구와 무엇을 공유할지 수용하는 것에는 상당한 정도의 불확실성이 존재한다는 것을 알 것이다. 비록 이전의 질문들을 통해 어느 정도 지식을 가지고 추측할 수는 있겠지만, 지식에 기반한 추측이 여전히 추측에 불과하다는 것을 아는 불편감을 감수해야 할 것이다. 이러한 불편감은 정상적이고, 강박장애를 공개할 때 예상되는 것임을 기억하도록 노력하라.

"당신에게는 어떤 강박장애가 있나요?"

"당신에게는 어떤 강박장애가 있나요?"는 지극히 사적인 질문이다. 또한 당신이 강박장애가 있다고 공개하자마자 받을 법한 질문이기도 하다. 만일 누군가가 당신에게 자신이 과민성 대장 증후군이 있다고 고백한다면, 이 상황에서의 예의 바른 반응은 "아, 참 힘드시겠네요."와 같은 것이 될 것이다. 분명 당신은 "하루에 몇 번이나 화장실에 가야 하나요?"라고 직접 묻지는 않을 것이다. 그러나 강박장애가 지닌 특별한 무언가가, 어쩌면 강박장애가 대중매체에 그려지는 방식일 수도 있는데, 여하튼 이러한 것이 강박장애가 없는 평범한 사람이 당신이 가진 강박장애의 종류와 당신이 하는 행동을 알 권리가 있는 것으로 만든다. 사실 당신을 모욕하려는 의도가 있는 것은 아닐 가능성이 높다는 점은 기억해야 한다. 그것은 악의에서 나온 것이 아니라 무지에서 온 것일 가능성이 높다.

당신이 어떻게 생각하는지 설명하기

당신이 강박장애에 대해 말하기로 결정했다면, 당신도 모르게 인지 왜곡이 일어날 수 있음을 주의해야 한다. 예를 들어, 당신은 자신의 강박장애를 완벽하게 설명해야 한다고 생각할 수 있다. 그러나 당신은 그 무엇도 완벽하게 할 필요가 없다. 완벽하지 않다는 감정과 공존할 의지가 있다면 말이다. 공유한 사람의 반응을 극단적으로 나쁘게 예상할 수도 있다. 그러나 당신은 그 사람이 어떤 반응을 할지, 그 반응이 당신에게 어떤 생각과 감정을 불러일으킬지 알지 못한다. 당신은 강박장애를 공유하기로 한 사람이 당신과 당신의 강박장애에 대해 특정한 생각을 가진다고 추측하는 독심술과 개인화를 하고 있음을 알아차릴 수도 있다.

잠깐 2장의 '인지 왜곡에 도전하기'를 돌아보자. 그중 어떤 것이 당신의 강박장애를 공유하기로 결정하는 데 영향을 주는 요소가 될 것 같은가?

당신의 강박장애를 설명하는 데 완벽한 방법이란 없다. 여기에 몇 가지 예들이 있다.

"나는 어떤 특정한 세부적 요소에 집착하게 돼요. 그것을 내 머릿속에서 반복해서 돌이켜 보다 보면, 그것이 아주 중요하게 느껴져요. 그러다 보면 그 생각에서 벗어나기 힘들어요."

"나의 뇌는 특정 대상의 잠재적 위험성에 매우 예민한 편이에요. 그래서 그런 대상을 정말 피하게 만들고, 그것과 접촉하지 않았다는 것을 확인하게 만들어요."

"가끔 내 마음은 내가 되고 싶은 사람이 되지 못하는 것에 대한 생각으로 흘러넘쳐서 아주 불편해져요. 그래서 나는 올바르게 보이는 방식을 만드는 데 많은 시간을 쏟고, 이것에 많은 에너지를 소모해요."

앞의 예시들 어디에도 당신의 실제 생각의 구체적 내용을 공개하지 않았다는 점을 주목하라. 공개의 정도 여부는 당신에게 달린 것이지, 질문하는 사람에게 달린 것이 아니다. 다음의 공간을 활용하여, 마음속의 가장 사적인 통로를 공개하지 않으면서도 당신의 강박장애를 설명할 수 있는 방식에 대해 적어 보라.

받아들이기

당신은 당신의 강박장애를 친구, 동료, 사랑하는 사람들과 공유한 뒤, 어느 정도 안도하면서도 만족할 수 없는 기분을 동시에 느낄 수 있다. 당신은 배우자나 좋아하는 사람이 그저 받아들이지 못한다고 느낄 수도 있다. 이는 그저 상대가 정신건강에 대해 열린 태도를 취하지 못하는 것을 반영하는 것이다. 다시 말하면, 그 사람은 받아들이고 싶지 않은 것이다.

그러나 더 일반적으로, 사랑하는 사람이나 당신의 삶에서 중요한 사람이 당신의 말을 들었을 때, 전적으로 이해했다고 대답하더라도 완전히 받아들이는 데는 어려움이 있다. 그녀는 "그래요, 하지만 당신이 강박행동을 해서는 안 된다는 것을 알고 있고, 두려워하는 그것이 그저 강박사고라는 것을 알고 있다면, 왜 강박행동을 그만두지 않는 거예요?"라고 말할 수 있다. 이 말은 고통받지 않는 사람이 강박장애의 사고 과정을 더 잘 이해하려는 질문이지만, 강박장애로 고통받는 사람은 많은 경우 이것을 자신에 대한 공격으로 받아들이며, 이 장애로 인해 얼마나 고립될 수 있는지에 대한 예시이기도 하다.

사실 그녀가 강박장애가 없다면, 어쩌면 정말 받아들일 수 없다는 점을 고려하라. 그리고 그녀가 꼭 받아들여야만 하는 것도 아니다. 강박장애와 공존한다는 것은 이러한 불확실성과의 싸움을 마음챙김의 태도로 받아들이는 것이다. 당신의 손이 깨끗하거나, 당신의 생각이 안전하다고 100% 확신할 필요는 없다. 그러므로 당신의 머릿속에 있지 않은 사람이 당신을 100% 이해할 필요는 없다. 80%만 이해해도 충분하며, 이는 상대방이 이해할 수 있는 최대치일 수 있다. 이 정도면 충분하다.

당신도 다른 사람의 경험의 80%만 이해할 수도 있다. 당신의 배우자든, 가장 친한 친구이든, 80%만 공감해도 여전히 충분히 공감한 기분을 느낄 수 있는 다양한 방식이 있다. 당신과 가장 가까운 사람이 당신의 강박장애를 이해하는 데 꼭 필요한 부분이 무엇인지 생각해 보는 시간을 가져라. 이를 위한 몇 가지 제안이 있다.

> 나는 강박장애가 어떤 생각을 하게 하더라도 사랑하는 사람에게는 상처를 주지 않을 거야.
>
> 사랑하는 사람의 극심한 공포를 내가 촉발시킬까 봐 두려워.
>
> 나는 믿을 만한 사람이야.
>
> 나는 미치지 않았어.

당신의 강박장애를 가장 잘 이해해 줬으면 하는 어떤 사람이 있다고 가정해 보자. 그 사람이 당신의 강박장애를 받아들이는 것에 확신을 갖기 위해 당신에게 필요한 것이 있다면 무엇인가?

여기에서의 마음챙김은 당신에게 완전히 이해받지 못하고 있다는 생각과 감정이 있음을 관찰하는 것이다. 뿐만 아니라 당신의 강박장애로 인한 간극을 메꾸려는 충동도 관찰하는 것을 의미한다. 당신의 불편함에 대한 직면을 위해서라도 그 간극은 그냥 그대로 내버려 두어도 괜찮다.

16장

마음챙김과 궤도에 머물기

강박장애는 만성적인 질환이기 때문에, 강박장애를 통달하는 과정의 마지막이란 결국 강박장애를 잘 다루는 기술을 통달하는 것일 수밖에 없다. 강박장애에 완치란 있을 수 없다. 강박장애는 정의상 장애이고, 장애라는 것은 본래 정상적인 과정이 과장되어 나타난 경험이다. 원치 않는 생각, 감정, 신체 감각은 본디 정상적인 사건들이다. 그것을 피하려는 충동도 정상적인 충동이다. 아무리 강박적이라 할지라도, 우리가 강박사고를 회피하기 위해 채택하는 강박행동의 전략들도 통상 정상적인 행동들인 것이다. 그렇다면 강박장애를 장애로 만드는 것은 무엇일까? 강박의 악순환에 갇혀 버리고, 이 악순환이 당신의 일상 기능을 극도로 손상시키는 것, 그것이 바로 강박장애를 장애로 만드는 것이다. 단지 정상적인 사건들이 존재하는 것만이 강박장애가 아니다.

마음챙김은 강박장애의 증상들에 대항할 무기 중에 주요한 도구이다. 인지행동치료 기법과 결합하여 일생에 걸쳐 연마해야 할 기술들로서, 이는 무술고수가 가능한 가장 높은 단계의 벨트인 검은 띠를 따고도 계속해서 트레이닝을 하는 것과 같다. 당신은 마음챙김에 기반한 인지행동치료 기술에서 이미 검은 띠일 수도 있으나, 결국 이것은 앞으로도 절대 포기하지 않겠다는 철학을 가지고 있는 것을 포함한다. 이는 살을 빼기 위한 목표로 단기 속성 다이어트를 하는 것이 아니라, 삶의 방식을 바꾸어 가는 것처럼 무기한의 향상을 목표로 하는 것을 의미한다.

다른 만성적인 상태들과 같이, 이는 일생에 걸쳐 호전과 악화를 반복한다. 당신을 지배할 강박장애의 힘을 키우고, 장애에 대항할 당신의 의지를 감소시키는 몇 가지 요소들이 있다. 이를 스트레스 요인이라고 일컫는다. 어떤 스트레스 요인이 강박장애를 악화시키는지를 아는 것은 증상의 강도가 변화하는 것에 준비할 수 있도록 도우며, 당신이 증상에 압도되기 전에 마음챙김과 인지행동치료 기술을 사용할 수 있도록 돕는다.

스트레스 그 자체

무엇보다도 단순하고 전통적인 스트레스만큼 강박장애를 악화시키는 것은 없다. 스트레스는 장애 그 자체 혹은 주변 사건들에 대한 당신 특유의 지각으로 인해 발생할 수 있다. 사실 우리는 스트레스가 많은 시대에 살고 있고, 스트레스를 유발하는 여러 가지 책임을 지고 있다는 기본적인 현실 때문에 발생되기도 한다. 당신이 장시간 근무를 한다면, 부모나 보호자로서 역할을 해야 한다면, 재정적 어려움이 있다면, 의학적 문제가 있다면—이들 중 어느 것이라도 우리가 '스트레스'라고 말하는 경험을 불러올 수 있다.

우리가 예상할 수 있는 것이 감당할 수 있는 것이라면, 우리는 이를 받아들일 수 있는 스트레스로 본다. 감당할 수 있다고 믿는 것 이상이라면, 우리는 어떻게든 이를 다루겠지만 받아들일 수 없는 스트레스라고 부른다. 스트레스를 받을 때, 당신은 더 많은 침습적 사고와 강박적 충동, 회피하고 완화하고자 하는 소망을 경험할 것이다. 강박장애의 존재 이외에 당신의 삶에서는 어떤 것이 스트레스를 유발하는지 다음에 적어 보라.

이러한 상황이 발생하면, 동일한 마음챙김 기반 인지행동치료 기술들을 사용하여 스트레스 경험을 관리하고 받아들일 수 있음을 알 것이다. 이러한 스트레스 요인 중 하나라도 당신의 힘으로 변화시킬 수 있는 경우라면, 우선 직접적 행동을 통하여 변화시켜 보라. 이러한 방법은 종종 스트레스에 대처하기 위해 단순히 노력하는 것보다 더욱 효과적일 것이다. 예를 들어, 근무 시간 단축이나 전화통화 횟수 감소, 또는 자녀 양육에 대한 더 많은 도움을 요청할 수 있다. 당신의 삶에서 스트레스를 제거할 때, 당신은 죄책감과 무능감 또는 타인들의 실망에 대한 걱정 등을 알게 될 것이다. 이런 생각과 느낌들이 스트레스 요인 자체가 되지 않도록 마음챙김을 사용하라.

당신의 삶에서 스트레스 요인을 줄이는 것을 고려할 때, 당신에게 떠오르는 생각과 감정은 무엇인가?

무엇보다도, 스트레스가 강박장애를 악화시킬 때 기억해야 할 것은, 장애로 인한 정신적 잡음이 늘어나는 것이 자신이 지닌 생각의 중요도를 나타내는 지표는 아니라는 것이다. 스트레스를 많이 받는 동안, 손을 더 많이 씻고, 잠금을 더 많이 확인하고, 성적인 혹은 폭력적인 강박사고를 더 많이 반추한다는 것을 알게 된다면, 이 촉발 요인들이 얼마나 더럽고, 안전하지 못하고, 위협적인지의 여부와는 상관이 없다는 사실을 기억하라. 강박사고에 대한 당신의 경험은 단순히 장애의 악화로 인해 왜곡되어 있다. 이것이 왜곡되고 있음을 스스로에게 보여 주고, 다음과 같이 스스로 상기하라. '이전과 같은 상황일 뿐이야. 나는 그저 스트레스 때문에 촉발 요인에 더 예민해진 거야. 나는 여전히 불안정함을 받아들여야 하고, 강박장애에게 강박행동을 제공하는 것을 견뎌야 해.'

강박장애를 지닌 여성에게 나타나는 호르몬 변화

부링크와 동료 연구자들(Nienke Vulink et al. 2006)은 여성의 호르몬 변화와 강박장애가 악화되는 것 사이에 어느 정도 상관이 있음을 발견하였다. 월경(월경 전 포함), 폐경, 임신 등은 모두 증상의 악화를 포함하는 것으로 밝혀졌다(일부 연구 참가자들은 임신 중 증상이 감소되는 것을 보고하기도 했다). 우리는 많은 여성 내담자가 갑작스럽고 되돌릴 수 없을 것처럼 보이는 강박장애의 재발 때문에 완전히 압도되고 좌절한 채로 찾아오는 것을 보아왔다. 마치 그들이 나아지기 위해 행했던 모든 노력이 무의미했다고 여기는 것처럼 말이다. 강박장애와 함께하는 것이 얼마나 어려운지, 강박장애를 치료하는 것이 얼마나 어려운지, 이 끔찍한 장애에 맞서 싸우는 것이 얼마나 용감한 일인지에 대해 장시간 토론한 후에, 그 회기는 "아, 나 지금 생리 중이네요!" 하고 끝이 난다. 이처럼 우리는 강박장애 증상이 임신 중 또는 임신 직후 극적으로 악화되는 여성들을 많이 치료해 왔는데, 이 중에 가장 빈번한 증상은 신생아를 해치는 두려움에 몰두되어 있는 것이었다.

어떤 여성은 다른 여성에 비해 호르몬 변화에 더 민감한데, 당신이 강박장애 증상이 악화되는 것을 알아챈다면, 특히 그것이 임신이나 월경 주기와 일치한다면, 폭풍이 강타하기 전에 마음챙김에 들어갈 기회를 얻을 수 있다. 호르몬 변화가 일어나기 때문에 촉발 요인에 항상 더 민감해졌다는 것을 알고 있다면, 당신은 매번 그런 개념을 가지고 마음챙김의 태도로 돌아갈 수 있을 것이다. 강박장애가 괴물로 돌아오는 게 아니라, 그저 호르몬이 움직일 때 당신이 가진 신체적 경험의 또 다른 증상으로 볼 수 있게 될 것이다.

여기에서 자기 처벌 모드로 빠지지 마라. 자신이 나약하다고, 자신의 몸 안에서 전쟁이 일어나는 동안 강박장애와 싸우고 싶지 않다고 자책하지 마라. 대신 볼륨 스위치를 적극적으로 조정하려 하지 않은 채, 당신의 생각과 감정의 볼륨 크기가 위아래로 오르락내리락 하도록 그냥 내버려 두어라. 그저 모든 것을 지켜보면서 다음의 사실을 기억하라. "이 또한 지나가리라."

부적응적 대처 전략

마음챙김은 존재하는 것을 그대로 포용하는 기술이다. 자신을 받아들임으로써 자신을 변화시키는 것이다. 이것은 생생히 살아있는 역설이다. 마음챙김을 하는 것은 곧 현실에 문을 열고 받아들이는 것이다. 그러나 현실은 고통과 침투 사고, 두려움, 의심을 포함하고 있다. 당신에게 현실은 강박장애를 포함하고 있다. 이것이 의미하는 바는 비현실의 상태가 마음챙김과 정반대라는 것이다. 알코올, 다른 약물, 포르노는 모두 비현실로의 회피라는 매력을 지니고 있다. 이것들을 조금이라도 사용하는 것이 다 나쁘거나, 모든 사람에게 나쁘다고 이야기하는 건 아니다. 그러나 이 과정이 회피의 일종이라면 강박장애 치료에 있어서는 큰 문제가 된다.

때로는 우리가 불편함을 느낄 때, 현실에서 도피하기 위해 혹은 기분이 좋아지기 위해 하는 일들이 추가적인 불편함과 스트레스의 원천이 되기도 한다. 그들이 유혹하는 순간, 당신의 마음에 엄청난 양의 비현실성을 밀어 넣음으로써 얻을 수 있는 이러한 침묵의 순간들은 그저 강박장애를 더욱 커다랗게 키울 뿐이다. 도피는 지금 이 현실을 견딜 수 없다는 매우 분명한 메시지를 보낸다. 그래서 당신이 선택한 비현실성의 원천이 무엇이든 상관없이 그것이 가져다주는 쾌락을 즐기고 있는 동안에도 강박장애는 여전히 당신이 돌아오기를 기다릴 것이고, 떠난 이유를 고스란히 상기시켜 줄 것이다.

도피가 모두 나쁘거나 파괴적이라는 말은 아니다. 일시적으로 떠나는 것은 때로 긍정적이고 적응적인 장소로의 전환이 될 수 있고, 돌아오는 것은 보다 건강한 관점을 가져다 줄 수 있다. 휴가나 격렬한 운동 또한 스트레스에서 벗어나는 형태일 수 있다. 그리고 모든 도피가 특별히 의미 있어야 하는 것도 아니다. 좋아하는 TV 프로그램이나 비디오 게임으로 잠깐 도피하는 것은 하루 종일 현실에 머물기 위한 건강하고 긍정적인 보상이 될 수 있다. 아마도 당신을 사랑하는 사람 혹은 치료자로부터 도움을 받아 어떤 형태의 도피가 적응적이고 어떤 형태가 파괴적인지 평가하는 것이 필요할 수도 있다.

어떤 종류든 중독으로 어려움을 겪고 있는 경우, 강박장애 치료 작업과 함께 도움을 받고 치료를 하는 것이 중요하다. 한 문제가 다른 문제를 악화할 수 있는 반면에, 중독은 그 자체로 야수처럼 위험하며, 보통 고유한 치료 전략이 필요하다.

당신의 삶에 가치를 부여하는 적응적인 도피 방법에는 어떤 것들이 있는가?

가치 있기보다는 단지 더욱 문제만 되는 파괴적인 도피 방법에는 어떤 것들이 있는가?

다른 스트레스 요인들

강박장애를 악화시킬 수 있는 다른 스트레스 요인들에는 다음과 같은 것이 있다.

- 다른 정신건강 문제(예: 우울, 양극성 장애 또는 성격 장애)
- 불면증 또는 다른 수면 문제
- 가족 문제
- 직업 문제
- 재정적 문제
- 의료 보건 문제

당신의 삶에서 강박장애 증상을 증가시키는 것과 관련 있어 보이는 스트레스 요인은 무엇인가?

이러한 스트레스 요인이 강박장애를 악화시킨다는 것을 알게 되었을 때 어떤 마음챙김 개념이 유용할 것인가?

잠깐의 탈선인가, 아니면 재발인가

완벽하려 하는 것은 어느 누구에게도 합리적인 목표가 아니다. 완벽하게 마음챙김과 인지행동치료 기술을 습득한다고 해도 원하지 않는 모든 경험이 완전하게 없어지지는 않을 것이다. 장애를 치료하기 위해 노력한다면, 그리고 마음챙김을 기반으로 한 인지행동치료에 투자한다면, 삶의 질을 상당히 향상시킬 수 있다. 그러나 당신은 이 여정에서 여전히 비틀거리며 나아갈 것이다. 당신은 스스로 '이제 다 알겠어.'라고 생각할 것이다. 그리고는 강박장애의 거미줄(비유하자면)로 곧장 걸어 들어갈 것이다. 당신은 거미가 물지 않았다는 것을 확신하기 위해 어떤 강박행동을 해야만 할지 알아내려고 허둥지둥하는 동안 마음챙김 기반 인지행동치료의 조언을 따르는 것을 완전히 그만두었음을 알게 될 수도 있다. 이 시점에서 어떻게 이러한 인식을 형성하느냐에 따라 강박장애에서 얼마나 오래 고통을 경험하는지에 큰 영향을 미칠 것이다.

잠깐의 탈선은 결코 재발이 아니다

강박행동을 할 때마다 원점으로 돌아가 다시 시작하는 것은 아니다. 강박장애 관리의 성공은 크게 나누어 강박행동의 빈도와 중요성의 감소로 측정할 수 있다. 일주일 동안 가스를 이중 점검하지 않으려 애쓰다가 어느 날 아침에 2~3번 확인을 했다고, 일주일 동안의 진전이 모두 쓸모없게 되었다는 것이 아니다. 2주일 동안 강박사고에 대해 파트너에게 확인하는 것을 참아오다가 어느 날 "하나만 물어봐도 될까?"라는 말이 입에서 나왔다고 강박장애를 이길 수 없다는 것을 의미하지는 않는다.

좌절과 관련하여 발생할 수 있는 왜곡된 생각에 도전할 수 있도록 자동적 사고 기록지를 작성해 보라. 예를 들어, 당신이 가스를 켜두었는지 강박적으로 확인하려는 충동에 저항하고 있다고 상상해 보라. 그러면 삶의 스트레스 요인이 나타나고, 불편함을 견뎌내는 능력이 저하되었다고 느끼게 된다. 당신은 강해지고 저항할 필요가 있다는 것을 알고 있지만, 현재 힘이 없기에 결국 예전의 익숙한 방식으로 돌아가게 된다.

자동적 사고 기록지 예시

촉발 요인 무엇이 당신을 자극하는가?	자동적 사고 강박장애가 당신에게 뭐라고 속삭이는가?	도전하기 왜곡된 생각에 대하여 어떠한 대안적 생각으로 도전할 수 있을까?
가스를 다시 과도하게 점검하기 시작함	잘 지내다가 지금 다시 점검하기 시작했기 때문에, 나는 실패했고, 강박장애를 결코 이겨낼 수 없을 거야.	이런 추가적인 스트레스를 받으면서도 충동을 더욱 조심스레 관찰하는 것은 나에게 도움이 될 거야. 자기 처벌은 내가 강박장애를 극복하는 데 도움이 되지 않을 거야. 나는 이미 힘든 시간을 보내고 있어.
공포 영화를 본 후에 불안감이 놀라울 정도로 올라감	나는 모든 직면 및 반응 방지 작업을 끝낸 후에 이걸 끝내야 해. 나는 다시 위험에 집착하기 시작할 것이고, 이번에는 그걸 다룰 수 없을 거야.	나는 미래에 무슨 일이 일어날지 몰라. 강한 충동은 때때로 일어나고, 이렇게 자극을 받은 지 오래 되었어. 그래서 나는 전반적으로 잘하고 있는 것처럼 보여. 더 많은 직면 작업을 해야 할 필요가 있다면, 치료자와 상담을 할 수 있어. 공포 영화는 가끔 사람들을 자극하곤 해!

강박장애를 위한 마음챙김은 거시적으로 생각하기를 요구한다. 강박장애 치료에서의 거시적 관점은 험한 산길과도 같다. 당신은 바위에서 미끄러지고, 무릎을 긁히고, 심지어 아래로 미끄러져 내려가기도 해야 한다. 잠깐의 탈선은 오히려 귀한 가르침의 순간이 될 것이다. 불확실성을 못 견디고 강박행동을 선택하게 되는 그 순간, "아주 좋아요, 강박장애 씨. 내가 당신한테 당했네요."라고 말하며, 다음번에는 그런 상황에서 어떻게 대처할 수 있을지 준비하면 된다.

17장 도움 받기

당신이 이 책을 읽고 있다면, 뭔가 제대로 돌아가고 있지 않다는 결론에 이르렀을 수도 있다. 아마도 당신은 자신이 강박장애를 지니고 있음을 이미 알고 있었을 수도 있고, '강박장애'라고 이름 붙인 원치 않는 생각과 감정에 자신이 왜 시달리는지 궁금했을 뿐일 수도 있다. 이런 문제를 '정신건강 문제'라고 부르든, 아니면 바꿀 준비가 되어 있는 삶의 한 방식으로 부르든, 이 문제에 대해 무언가를 하고 싶다는 결론에 도달했을 것이다. 이 책은 자기계발서이므로 분명한 것은 당신이 일종의 자가 치료자가 된다는 것이다. 우리는 지금까지 논의한 도구들을 실행하는 것이 증상을 완화할 뿐 아니라, 강박장애에 대한 관점을 완전히 변화시킬 것이라고 믿는다. 그럼에도 불구하고, 마음챙김 기반 인지행동치료 훈련을 받은 강박장애 전문가와의 치료 작업의 가치는 아무리 강조해도 지나치지 않다. 스스로 비판단적인 관찰자가 되는 것을 배우는 것이야말로 강력한 업적이다. 훈련되어 숙련되고 유능한 치료자가 당신을 위해 비판단적인 관찰자의 위치에서 시작하도록 하는 것은 실로 엄청난 자산이 될 수 있다.

물론 도움을 구하는 것은 힘든 일이다. 강박장애는 그것을 일종의 약점으로 치부해버릴 가능성이 있다. 당신이 언제, 어디서, 어떻게 도움을 받을 수 있는지 아는 것이야말로 실제로 당신 강점의 증거라는 진실을 바라보지 못하게 만들 수 있다. 그러나 이것이야말로 우리가 여기에서 말하는 당신의 삶이다. 그러므로 우리가 약물치료의 필요성을 관리하는 정신건강의학과 의사에 대하여 말하든, 치료 프로그램을 지도하는 인지행동치료사에 대하여 말하든, 당신은 두뇌 화학과 생각에 대한 당신의 관점을 바꾸는 데 참여하는 누군가에게 도움을 청하고 있는 것이다. 도움을 청한다는 것은 굉장히 가치 있는 일이고, 당신이 누구를 선택하고 그 전문가가 무엇을 하느냐가 의미 있으며 중요하다는 것을 뜻한다.

강박장애에 대해 전문적인 도움을 구한다는 생각이 불편하게 느껴진다면, 이 순간 당신이 알아챈 떠오르는 생각이나 감정은 무엇인가?

어디서부터 시작해야 할까

세상에 존재하는 여러 치료 방식이 각각 서로 다른 강점과 약점을 지니고 있지만, 강박장애에 있어서 현재까지 가장 잘 이해되고 연구되며 효과적으로 입증된 치료는 인지행동치료이다.

당신이 사는 곳 근처에서 강박장애 전문가를 찾는 직접적인 방법은 www.ocfoundation.org/treatment_providers.aspx에 방문하여 검색어를 입력하는 것이다. 국제 강박장애 재단(IOCDF)은 강박장애 커뮤니티에 헌신하는 가장 큰 비영리 조직이고, 막대한 양의 신뢰할 수 있는 자원을 보유하고 있다. 지역 내 강박장애 전문가를 찾기 어렵다면, 온라인이나 전화로 치료 작업을 할 수 있는 사람이 있는지 살펴보라. 또는 가능한 집단이나 집중적인 치료 옵션을 찾는 것에 관심이 있을 수도 있다. IOCDF에 등록된 전문가 중 접근 가능한 전문가가 없는 경우, 다른 검색 기능을 통해 근처의 가능한 전문가를 찾기 원할 수도 있지만, 해당 전문가가 강박장애 치료 경험이 있는지 확인해야 한다.

물어볼 필요가 있는 것

치료자에게 전화할 때, 먼저 그가 강박장애를 치료한 경험이 얼마나 되는지와 강박장애 치료에 있어 치료자가 배운 기술이 얼마나 사용되고 있는지를 질문해야 한다. 많은 치료자는 강박장애를 자신의 치료 리스트 중 일부로 포함하지만, 효과적으로 강박장애를 치료하기에는 충분히 숙련되지 못할 수도 있다. 특히 전문가에게 직면 및 반응 방지 기법에 대해 질문해야 한다. 직면 및 반응 방지 기법의 수행 없이 강박장애를 치료할 수는 없기 때문이다.

언제 달려야 할까

강박장애 전문가는 많은 것을 말하고 질문한다. 그들은 강박장애의 치료와 목표 달성에 초점을 맞추고 있다. 또한 치료 개념을 가르치고, 과제를 내주고, 치료 작업을 검토한다. 그들은 상담실에서 당신이 작업하는 것을 돕는다. 당신에게 그저 "말해 보세요."라고 하거나 '자유연상'을 하도록 하는 치료자는 돈을 낭비할 뿐만 아니라, 오히려 강박행동을 더 심하게 할 수도 있다.

즉, 치료가 당신의 생각과 감정을 왜 가지고 있는지 깊이 있게 분석하는 데 초점을 맞추어서는 안 된다. 당신은 어떤 것의 뿌리를 찾거나 비밀스러운 정체성을 밝힐 필요가 없다. 어떤 분석은 장래에 어느 정도 쓸모가 있을 것이고 자기감에 대한 가치 있는 통찰력을 보여 줄 수도 있지만, 강박장애를 타개하는 목표에는 도움이 되지 않을 것이다. 반대로, 당신이 더 열심히 생각하게 만들 뿐이다. 강박장애를 치료할 방법을 찾고 있다면 당신은 이미 충분히 생각했다. 치료 작업을 하고 싶다는 의사를 치료자에게 밝혀라.

추가적인 마음챙김 훈련

당신이 이 워크북과 다른 책들을 사용하여 자가치료를 하고 있거나 강박장애 전문가와 작업하고 있다면, 이러한 치료들 외에 다른 추가적인 마음챙김 훈련을 하는 것이 도움이 된다. 마음챙김에 대한 당신의 이해를 확장할 수 있는 세미나, 명상 수행, 다른 도구들을 제공하는 다양한 기관들이 있다. 일반적으로 마음챙김에 대하여 읽고 연습하는 것은 강박장애에 대항하여 싸우는 작업에 긍정적으로 기여할 것이다.

크게 숨을 고르라

이제까지 당신은 아주 많은 정보를 받아들였다. 이 책을 읽으면서 자신의 가장 원치 않는 생각, 감정과 함께했을 것이다. 저자들의 바람이긴 하지만, 편안함을 느끼고, 안심하고, 미래를 위한 영감을 받았을 때도 있었을 것이다. 스스로 기특하다고 칭찬하라.

당신은 인정받을 자격이 있다. 이 특별한 순간에서 이 구절은 당신이 당신 자신에게 무엇인가를 줄 수 있다는 것을 암시한다. 당신 자신에게 인정, 지지, 호의를 베풀 수 있다는 의미를 내포하는 것이다. 강박장애와 씨름하고 있음에도 불구하고, 당신이 인생에서 하는 것처럼 잘하기 위해, 그리고 건강한 방향으로 한 걸음 내딛기 위해 스스로를 칭찬하고 격려하라.

이 마지막 내용들을 다 읽은 후에, 아마도 책으로 돌아가 내용의 일부를 재검토하고, 특히 그것이 당신에게 혹은 당신에 대하여 무엇을 의미하는지에 관하여 열심히 생각하고 싶은 충동을 알아차릴지도 모른다. 이러한 충동을 가져도 괜찮다. 잠시 이를 알아차릴 기회를 가지면 된다.

책읽기를 모두 끝내고 잠시 동안 자신을 자유롭게 내버려 두자. 당신은 앞으로 할 일이 아주 많을 것이다. 전문적인 치료에 연결하고, 강박장애와 싸울 기술을 연마하며, 전투를 지휘할 준비를 할 것이다. 혹은 무언가를 해야 한다는 느낌에 지칠 수도 있다. 더 나아지기 위해 일을 계속하는 것보다는 잠시 그냥 있는 것도 좋을 것이다. 그러니 지금은 아무것도 하지 마라.

강박장애와 싸우기 위해 열심히 일하고 싶은 기분, 또는 그것을 모두 다루고 싶지 않은 기분, 지금 이 순간 당신에게 무엇이 진실이든 그 기분과 함께 머물러라. 그저 잠시 앉아서 자신이 느끼는 기분을 느끼도록 할 때, 치료 작업은 이미 시작된 것이다.

자료

다음 자료들은 우리가 발견한 좋은 책들의 목록이다. 관련된 책을 모두 빠짐없이 열거하지는 않았다. 강박장애와 마음챙김을 설명한 훌륭한 책들이 시중에 많이 나와 있지만, 이 책을 포함한 그 어떤 책도 모든 내용을 담고 있는 완벽한 한 권이 될 수 없다. 이는 강박장애의 특징 때문이기도 하다. 사람마다 필요한 자료가 다를 수 있으므로, 당신에게 맞는 정보를 충분히 얻기 위해 강박장애와 마음챙김에 대한 자료를 가능한 한 많이 읽을 것을 권한다.

강박장애 관련 도서

다음에 제시한 강박장애에 대한 책들은 모두 인지행동치료를 다루고 있으며, 저자들마다 다른 방식으로 표현하고 있다. 강박장애가 무엇이고 어떻게 치료해야 하는지에 대한 저자들의 모든 아이디어에 공감하기는 어려울 것이다. 강박장애를 다룬 책을 읽는 것, 그 자체를 연습이라고 생각하며 책을 읽도록 하라. 책을 한 권씩 읽어 나가며, 강박장애와 치료법에 대하여 더 많이 이해하게 될 것이다. 어쩌면 당신은 강박장애가 당신이 좋아하지 않는 정보, 또는 당신에게 안 되는 것처럼 여겨지는 작은 부분들에 얽매이는 것을 알아차리게 될 수도 있다. 당신이 읽고 있는 것을 항상 이해해야 한다고 생각하지 마라. 당신이 가지고 있는 불편함이 무엇이든(당신이 각각의 책에 있는 최고의 정보를 충분히 흡수하지 못하고 있다는 생각을 포함하여), 직면하기를 연습하라.

Baer, L. 2001. *Imp of the Mind: Exploring the Silent Epidemic of Obsessive Bad Thoughts*. New York: Dutton. This is an important book for understanding the nature of "bad" thoughts and why we have them. If you are struggling with obsessions of a violent or sexual nature, this is a must-read.

Grayson, J. 2003. *Freedom from Obsessive Compulsive Disorder: A Personalized Recovery Program for Living with Uncertainty*. New York: Jeremy P. Tarcher/Putnam. This book is an excellent self-help resource that carefully deconstructs the role of uncertainty in OCD and its treatment.

Hyman, B. M., and C. Pedrick. 2010. *The OCD Workbook: Your Guide to Breaking Free from Obsessive-Compulsive Disorder*. 3rd ed. Oakland, CA: New Harbinger Publications. This is an excellent self-help workbook with an emphasis on challenging distorted thinking and constructing effective hierarchies for behavioral therapy.

Osborn, I. 1998. *Tormenting Thoughts and Secret Rituals: The Hidden Epidemic of Obsessive-Compulsive Disorder*. New York: Pantheon Books. This book provides an excellent overview of OCD and its treatment, from both a historical and practical perspective.

Purdon, C., and D. A. Clark. 2005. *Overcoming Obsessive Thoughts: How to Gain Control of Your OCD*. Oakland, CA: New Harbinger Publications. Here you can find especially useful tools for challenging faulty appraisals of intrusive thoughts.

Schwartz, J. 1996. *Brain Lock: Free Yourself from Obsessive-Compulsive Behavior*. With B. Beyette. New York: ReganBooks. This book offers a comprehensive explanation of how

OCD works in the brain.

앞의 이 책들은 단지 일부 예에 불과하다. 더 많은 책의 목록을 알고 싶다면 다음 사이트를 방문하여 참고하라. www.ocfoundation.org/Books.aspx 입력하면 www.iocdf.org로 연결됨.

마음챙김 관련 도서

마음챙김을 다룬 책을 정하여 천천히 읽는 방법을 추천한다. 당신이 지금 읽고 있는 이 책이 아니어도 괜찮다. 마음챙김은 선형적인 사고를 요구하는 책이 아니므로, 소설을 읽을 때처럼 한자리에 앉아 책 한 권을 끝내는 방법은 최선의 방법이 아닐 수 있다. 한 번에 조금씩 읽어라. 마음챙김을 다룬 책들은 각 챕터들이 대체로 짧은 경향이 있다. 그러므로 책을 읽는 동안, 당신을 휘젓는 사고와 감정들을 알아차리며 매일 몇 분씩만 집중하여 읽도록 하라.

마음챙김에 대한 책을 읽는 것은 마치 명상을 하는 것과 같다. 이 책 내용이 당신의 개인적인 철학과 맞지 않거나 이해하기 어렵다는 이유로, 당신의 강박적 마음이 이 책에서 읽은 여러 내용에 대하여 가치를 깎아내리는 것을 알아차렸을지도 모르겠다. 이런 일이 일어나도록 내버려 두어라. 가끔 '이 사람 도대체 무슨 말을 하는 거야?'라는 생각이 들더라도 당황하지 마라. 그저 책을 읽으며 무언가를 얻으려고 시도하라. 시간이 지남에 따라 통찰력이 축적되어, 당신 안에서 마음챙김에 대한 정의가 점점 진화되어 나아갈 것이다.

다음에 제시한 짧은 도서목록은 마음챙김에 대한 특히 유용한 책들이다.

Chödrön, P. 1991. *The Wisdom of No Escape: And the Path of Loving-Kindness*. 1st ed.

Boston: Shambhala Publications. This is an excellent primer on mindfulness, acceptance, and the concept of "loving-kindness" toward oneself and the world.

Hayes, S. C. 2005. *Get Out of Your Mind and Into Your Life: The New Acceptance and Commitment Therapy*. With Sam Spencer. Oakland, CA: New Harbinger Publications. This workbook for acceptance and commitment therapy is an excellent tool for understanding mindfulness, the role of acceptance in well-being, and the pitfalls of avoidance. [번역서: 민병배, 문현미 역(2010). **마음에서 빠져나와 삶 속으로 들어가라**. 서울 학지사]

Kabat-Zinn, J. 2005. *Wherever You Go, There You Are: Mindfulness Meditation in Everyday Life*. New York: Hyperion. This book focuses on mindful meditation and the value of staying present in daily life. [번역서: 엄성수 역(2019). **존 카밧진의 왜 마음챙김 명상인가?** 서울: 불광출판사]

Nhat Hanh, Thich. 1987. *The Miracle of Mindfulness: A Manual on Meditation*. Rev. ed. Trans. by M. Ho, drawings by V.-D. Mai. Boston: Beacon Press. Here you can learn about meditation and mindfulness principles, and practice increasing your awareness.

Siegel, D. J. 2007. *The Mindful Brain: Reflection and Attunement in the Cultivation of Well-Being*. New York: W. W. Norton and Company. This book integrates the concepts of mindfulness with recent developments in the world of neuroscience research.

Tolle, E. 2004. *The Power of Now: A Guide to Spiritual Enlightenment*. Vancouver, BC: Namaste Publishing; Novato, CA: New World Library. This is an interesting exploration of the relationship between the mind and the observing self, with an emphasis on staying in the moment. [번역서: 유명일, 노혜숙 역(2008). **지금 이 순간을 살아라**. 서울 양문]

온라인 자료

강박장애를 지원하고 다양한 정보를 무료로 제공하는 여러 사이트가 있다. 다음은 강박장애와 관련된 여러 사이트 중 일부이며, 각각 다양한 자료를 제공하고 있다.

International OCD Foundation(www.iocdf.org)

Beyond OCD(beyondocd.org)

OCD-UK(ocduk.org)

ADAA(adaa.org)

강박장애 치료에 도움을 얻는 데 논의 게시판을 활용하는 것이 매우 유용할 것이다. 물론 게시판을 통해 안심 추구 행위를 하게 될 위험이 존재하기는 하지만, 게시판으로 소통하면서 당신만이 이런 어려움을 겪는 것이 아니라는 사실을 알게 되는 것은 매우 유익한 경험이 될 것이다.

참고문헌

Aardema, F., and K. O'Connor. 2007. "The Menace Within: Obsessions and the Self." *Journal of Cognitive Psychotherapy* 21 (3):182-97.

Abramowitz, J. S. 2006. "The Psychological Treatment of Obsessive-Compulsive Disorder." *Canadian Journal of Psychiatry* 51 (7):407-16.

Barrera, T. L., and P. J. Norton. 2011. "The Appraisal of Intrusive Thoughts in Relation to Obsessional-Compulsive Symptoms." *Cognitive Behaviour Therapy* 40 (2):98-110.

Bell, J. 2007. *Rewind, Replay, Repeat*. Center City, MN: Hazelden.

Bennett-Levy, J. 2003. "Mechanisms of Change in Cognitive Therapy: The Case of Automatic Thought Records and Behavioural Experiments." *Behavioural and Cognitive Psychotherapy* 31 (3):261-77.

Berman, N. C., J. S. Abramowitz, M. G. Wheaton, C. Pardue, and L. Fabricant. 2011. "Evaluation of an In Vivo Measure of Thought-Action Fusion." *Journal of Cognitive Psychotherapy* 25 (2):155-64.

Bloch, S. 2004. "A Pioneer in Psychotherapy Research: Aaron Beck." *Australian and New Zealand Journal of Psychiatry* 38 (11-12): 855-67.

Brady, R. E., T. G. Adams, and J. M. Lohr. 2010. "Disgust in Contamination-Based Obsessive-

Compulsive Disorder: A Review and Model." *Expert Review of Neurotherapeutics* 10 (8):1295–1305.

Cha, K. R., M.-S. Koo, C.-H. Kim, J. W. Kim, W.-J. Oh, H. S. Suh, and H. S. Lee. 2008. "Nonverbal Memory Dysfunction in Obsessive-Compulsive Disorder Patients with Checking Compulsions." *Depression and Anxiety* 25 (11):E115–20.

Chödrön, P. 1991. *The Wisdom of No Escape: And the Path of Loving-Kindness*. 1st ed. Boston: Shambhala Publications.

Ciarrocchi, J. W. 1995. *The Doubting Disease: Help for Scrupulosity and Religious Compulsions*. Mahwah, NJ: Paulist Press.

Clark, D. A. 2005. "Focus on 'Cognition' in Cognitive Behavior Therapy for OCD: Is It Really Necessary?" *Cognitive Behaviour Therapy* 34 (3):131–39.

Clark, R. E. 2004. "The Classical Origins of Pavlov's Conditioning." *Integrative Physiological and Behavioral Science* 39 (4):279–94.

Einstein, D. A., and R. G. Menzies. 2004. "Role of Magical Thinking in Obsessive-Compulsive Symptoms in an Undergraduate Sample." *Depression and Anxiety* 19 (3):174–79.

Fairfax, H. 2008. "The Use of Mindfulness in Obsessive Compulsive Disorder: Suggestions for Its Application and Integration in Existing Treatment." *Clinical Psychology and Psychotherapy* 15 (1):53–59.

Frost, R. O., and V. Hristova. 2011. "Assessment of Hoarding." *Journal of Clinical Psychology* 67 (5):456–66.

Hayes, S. C. 2005. *Get Out of Your Mind and Into Your Life: The New Acceptance and Commitment Therapy*. With S. Smith. Oakland, CA: New Harbinger Publications.

Houghton, S., D. Saxon, M. Bradburn, T. Ricketts, and G. Hardy. 2010. "The Effectiveness of Routinely Delivered Cognitive Behavioural Therapy for Obsessive-Compulsive Disorder: A Benchmarking Study." *British Journal of Clinical Psychology* 49 (4):473–89.

McCallie, M. S., C. M. Blum, and C. J. Hood. 2006. "Progressive Muscle Relaxation." *Journal of Human Behavior in the Social Environment* 13 (3):51–66.

Moritz, S., D. Jacobsen, B. Willenborg, L. Jelinek, and S. Fricke. 2006. "A Check on the Memory Deficit Hypothesis of Obsessive-Compulsive Checking." *European Archives of Psychiatry and Clinical Neuroscience* 256 (2):82–86.

Nickerson, R. S. 1998. "Confirmation Bias: A Ubiquitous Phenomenon in Many Guises." *Review of General Psychology* 2 (2):175-220.

Peck, M. S. 1978. *The Road Less Traveled: A New Psychology of Love, Traditional Values, and Spiritual Growth*. 1st ed. New York: Touchstone.

Rector, N. A., A. R. Daros, C. L. Bradbury, and M. A. Richter. 2012. "Disgust Recognition in Obsessive-Compulsive Disorder: Diagnostic Comparisons and Posttreatment Effects." *Canadian Journal of Psychiatry* 57 (3):177-83.

Ruscio, A. M., D. J. Stein, W. T. Chiu, and R. C. Kessler. 2010. "The Epidemiology of Obsessive-Compulsive Disorder in the National Comorbidity Survey Replication." *Molecular Psychiatry* 15 (1):53-63.

Saxena, S. D., E. Gorbis, J. O'Neill, S. K. Baker, M. A. Mandelkern, K. M. Maidment, S. Chang, N. Salamon, A. L. Brody, J. M. Schwartz, and E. D. London. 2009. "Rapid Effects of Brief Intensive Cognitive-Behavioral Therapy on Brain Glucose Metabolism in Obsessive-Compulsive Disorder: PET Study of Brief Intensive CBT for OCD." *Molecular Psychiatry* 14 (2):197-205.

Siegel, D. J. 2007. *The Mindful Brain: Reflection and Attunement in the Cultivation of Well-Being*. New York: W. W. Norton and Company.

Staddon, J. E. R., and D. T. Cerutti. 2003. "Operant Conditioning." *Annual Review of Psychology* 54 (1):115-44.

Vulink, N. C., D. Denys, L. Bus, and H. G. Westenberg. 2006. "Female Hormones Affect Symptom Severity in Obsessive-Compulsive Disorder." *International Clinical Psychopharmacology* 21 (3):171-75.

Weinrach, S. G. 1988. "Cognitive Therapist: A Dialogue with Aaron Beck." *Journal of Counseling and Development* 67 (3):154-64.

Williams, M. T., and S. G. Farris. 2011. "Sexual Orientation Obsessions in Obsessive-Compulsive Disorder: Prevalence and Correlates." *Psychiatry Research* 187 (1-2):156-59.

Williams, M. T., S. G. Farris, E. Turkheimer, A. Pinto, K. Ozanick, M. E. Franklin, M. Liebowitz, H. B. Simpson, and E. B. Foa. 2011. "Myth of the Pure Obsessional Type in Obsessive-Compulsive Disorder." *Depression and Anxiety* 28 (6):495-500.

저자 소개

Jon Hershfield, MFT

강박장애와 마음챙김에 근거한 인지행동치료를 주특기로 하는 정신치료자로서, 미국 로스앤젤레스에 있는 UCLA의 Resnick Neuropsychiatric Hospital에서 아동 강박 집중 외래치료 프로그램의 부감독으로 있다. 국제강박장애 재단의 연례 학회에서 자주 연사로 초청되며, 다양한 강박장애 포럼에서 특히 강박적 의례와 관련된 온라인 토론을 주재하고 있다.

Tom Corboy, MFT

1999년에 설립된 로스앤젤레스 강박장애센터의 실행감독이다. 그는 강박장애와 불안관련 장애의 치료에 마음챙김에 근거한 인지행동치료를 사용하는 심리치료 전문가이다. 국제강박장애 재단의 연례 학회에 초청연자로 활약하고 있다. 개인 진료 이외에도 많은 임상가 수련을 하고 있다.

역자 소개

최영희(Younghee Choi)

정신건강의학과 전문의이며 의학박사이다. 미국 UCLA 산하 Research Center for Severe Mental Illness/Clinical and Research Fellowship을 마치고, 인제대학교 서울백병원/신경정신과 책임교수를 역임하고, 현재 메타 통합심리치료 연구소장으로 재직 중이다. Academy of Cognitive Therapy(ACT) 공인 인지치료 전문가 겸 Fellow이며, International Society of Schema Therapy 공인 스키마 치료 전문가이다. 한국인지행동치료학회 회장을 역임하였고, 2022년 제주도에서 개최하는 제10회 세계인지행동치료학회(WCCBT 2022)의 학술위원장으로 활동 중이다. www.mettaa.com

한미리(Miri Han)

이화여자대학교 대학원 발달 및 발달 임상전공 석 · 박사 통합과정을 졸업하고, 메타 아카데미 통합심리 자가치유 전문가 과정을 수료하였다. 메타스테이션 연구원을 역임하였으며, 현재 마음클래스 대표로 활동하고 있다. UCSD Center for Mindfulness, Mindfulness-Based Professional Training Institute "Mindfulness-Based Stress Reduction(MBSR)"로부터 Teacher in Training 자격을 가지고 있다.

신승민(Seung Min shin)

이화여자대학교 특수교육학과를 졸업하고, 강원대학교 의과대학을 졸업하였으며, 정신건강의학과 전문의로 메타 아카데미 통합심리 자가치유 전문가 과정을 수료하였다. 현재 메타 정신건강의학과의원 부원장으로 재직 중이다.

설지환(Jee Hwan Seol)

메타 아카데미 통합심리 자가치유 전문가 과정을 수료한 정신건강의학과 전문의이다. 현재 아름드리정신건강의학과의원 원장으로 재직 중이다. 인천해밀학교 자문의, 인천서부교육지원청 Wee센터 자문의로도 활동하고 있다.

최상유(Sangyoo Choi)

미국 University of North Texas 심리학과를 졸업하고, 고려대학교 임상심리학 석사학위를 취득한 후 메타 연구소의 대표로 활동 중이다. 스트레스를 다루는 앱 개발 활동을 하고 있다.

강박장애 극복을 위한 마음챙김 워크북

-마음챙김과 인지행동치료를 통한 강박장애 극복 길잡이-

The Mindfulness Workbook for OCD: A Guide to Overcoming Obsessions and Compulsions Using Mindfulness and Cognitive Behavioral Therapy

2020년 10월 25일 1판 1쇄 인쇄
2020년 10월 30일 1판 1쇄 발행

지은이 • Jon Hershfield · Tom Corboy
옮긴이 • 최영희 · 한미리 · 신승민 · 설지환 · 최상유
펴낸이 • 김진환
펴낸곳 • ㈜학지사
04031 서울특별시 마포구 양화로 15길 20 마인드월드빌딩
대표전화 • 02-330-5114 팩스 • 02-324-2345
등록번호 • 제313-2006-000265호

홈페이지 • http://www.hakjisa.co.kr
페이스북 • https://www.facebook.com/hakjisa

ISBN 978-89-997-2221-9 93180

정가 17,000원

이 도서의 국립중앙도서관 출판시도서목록(CIP)은 서지정보유통지원시스템 홈페이지(http://seoji.nl.go.kr)와 국가자료공동목록시스템(http://www.nl.go.kr/kolisnet)에서 이용하실 수 있습니다.
(CIP 제어번호: CIP2020042111)